GEE MY 'N MÁN!
Die begindae van die Kalahari-gemsbokpark

Deur dieselfde skrywer, uitgegee deur Protea Boekhuis:
*Veldwagter!* (2009)

# Gee my 'n mán!

Hannes Kloppers

Protea Boekhuis
Pretoria
2010

*Gee my 'n mân!* – Hannes Kloppers
Eerste uitgawe, eerste druk, 1970 deur Afrikaanse Pers-Boekhandel
Tweede uitgawe, eerste druk, 2010 deur Protea Boekhuis

Posbus 35110, Menlopark, 0102
Burnettstraat 1067, Hatfield, Pretoria
Minnistraat 8, Clydesdale, Pretoria
protea@intekom.co.za
www.proteaboekhuis.com

Redakteur: Annie Klopper
Proefleser: Kristél de Weerd
Bandontwerp: Hanli Deysel
Voorplatfoto: Hentie Burger
Bladuitleg en ontwerp: Ada Radford
Tipografie: 11 op 13.5 pt Zapf Calligraphy
Gedruk en gebind: Creda, Kaapstad

© 1970, 2010 Hannes Kloppers
ISBN 978-1-86919-352-2

Geen gedeelte van hierdie boek mag sonder skriftelike verlof van die uitgewer gereproduseer of in enige vorm of deur enige elektroniese of meganiese middel weergegee word nie, hetsy deur fotokopiëring, skyf- of bandopname, of deur enige ander stelsel vir inligtingsbewaring of -ontsluiting.

# Inhoud

Beeld vooraf   11
Wording   31
"Gee my 'n mán"   47
*Dedi in deserto aquas...*   69
Grootkolk: Drama en verdigsel   95
Oorlogswolke   121
Die Verlore Stad van die Kalahari   151
'n Nuwe era   171
Dors   203
Bloeddors   229
'n Erfenis vir die nageslag   253
Metriseringstabel   280
Veranderde plekname   280

**Redigeernota**

*Gee my 'n mán!* is die eerste keer in 1970 gepubliseer en verouderde tydsaanduidings, maat- en geldeenhede is onveranderd gelaat. Insidente in die verhaal wat aanstoot gee, moet in die konteks van daardie tyd beskou word. Woorde wat aanstoot gee, is waar moontlik vervang of weggelaat maar om soortgelyke insidente weg te laat, sou die verhaalgang versteur.

*Hierdie werk word deur twee mans opgedra aan één.*
*Die skrywer en die hoofkarakter wil dit graag opdra aan 'n man "wat doen wat reg is as die regter weg is" – 'n man aan wie hulle veel dank verskuldig is. Terselfdertyd wil hulle egter ook die dank oordra van die ander amptenare verbonde aan die tien nasionale parke en die ganse nasie van die Republiek van Suid-Afrika.*
*Hierdie man is Rocco Knobel.*

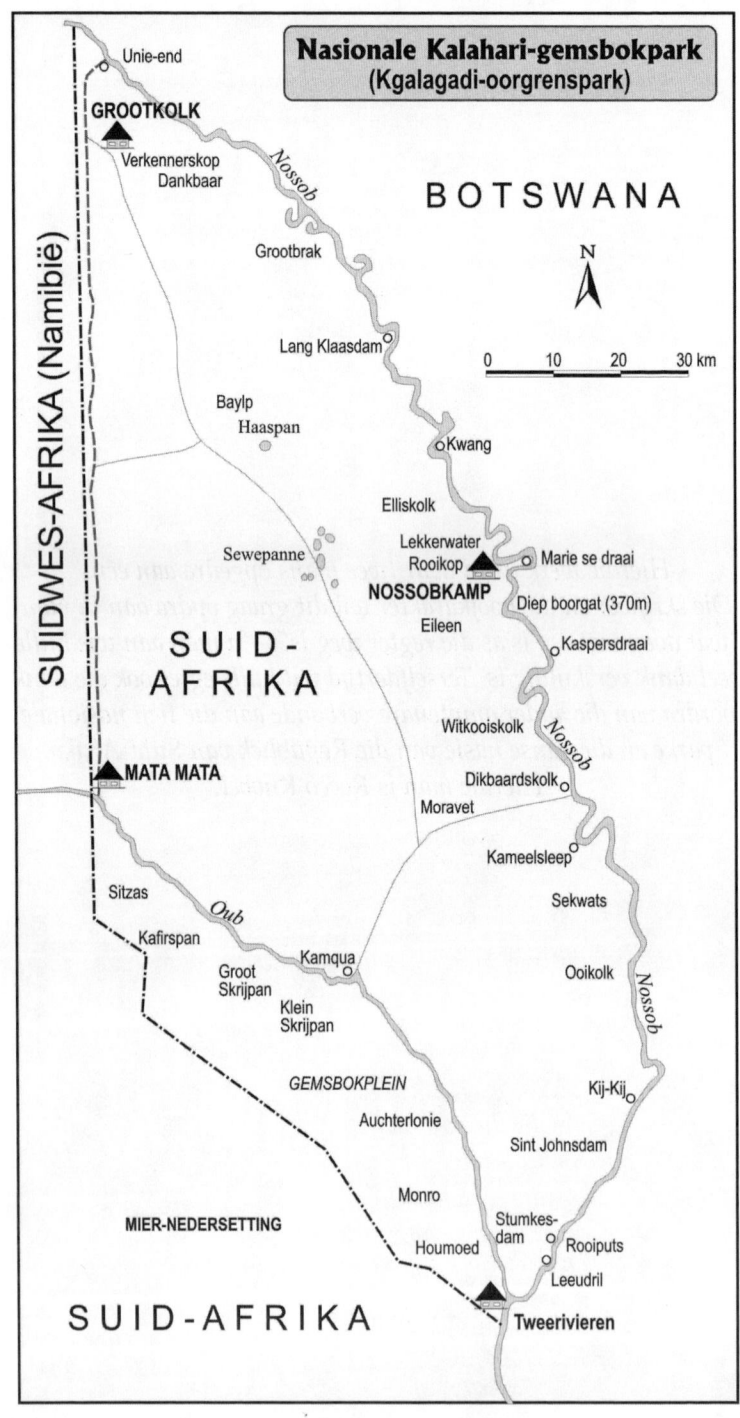

Joep le Riche

*Gee my 'n man*
*wat sê wat waar is*
*As die duiwel daar is*
*Wat doen wat reg is*
*As die regter weg is*
*Wat trou by sy gewete bly*
*as hy straf in plaas van beloning kry.*

C.J. Langenhoven

# Beeld vooraf

Hierdie boek vertel die verhaal van 'n stuk ongerepte natuur. En die weë van mense daarmee.
En die weë daarvan met mense.
'n Stuk ongerepte natuur in die Dorsland.
Dit is ook die verhaal van die lewe en werk van 'n man – iemand wie se spore so diep op hierdie bodem afgedruk lê dat geen westewind of spoordoodmakertjie, soos hulle 'n fratsbui in dié wêreld noem, dit ooit in die niet sal laat verdwyn nie. Dié man, die held van ons verhaal, is Josef le Riche, of sommer net oom Joep.

Die verhaal is van die wêreld waarin hy woon en werk – daardie oneindige paradoksale stuk duineveld, die Kalahari. Meer spesifiek die Gemsbokpark, want baie jare lank was Joep le Riche die Gemsbokpark en die Gemsbokpark was Joep le Riche.

Die Kalahari-gemsbokpark is geleë in Kaapland noord van die Oranje, vroeër bekend as die Transgariep na aanleiding van die Hottentotnaam, "Gariep", vir die Oranjerivier. In 1760 is die rivier ontdek en toe het wit mense dit die eerste maal oorgesteek en hierdie gebied binnegegaan.

Die Le Riche-familie staan sedert hul verhuising van Frankryk na Suider-Afrika tot vandag toe as 'n pioniersfamilie geteken. Reg deur die geskiedenis vleg daar, soos 'n goue draad, die vreeslose betreding van die onbekende, die doelgerigte verkenning van verre horisonne en daarmee saam die beplande bevordering van die nuwe oorde.

So het die stamvader, Louis le Riche, na 'n verre Suiderland verhuis, 'n land van misterie wat nog woes en leeg daar gelê en wag het. Hy en sy mede-Hugenote, het met hul geloof en durf gehelp om 'n nuwe nasie op te bou.

Bykans twee eeue lank was die familie reeds aan die suidpunt van Afrika gevestig toe Joep se pa, die latere legendariese Christoffel le Riche, verveeld begin raak het met die rustige, alledaagse lewe in die Vishoek-distrik. Soos die Voortrekkers voor hom, het hy omstreeks 1880 geleidelik noordwaarts begin trek.

Weldra het hy in die Oranje-Vrystaat aangeland en sonder noemenswaardige sukses deelgeneem aan die goudstormloop by Swartkoppies. Sy rustelose pioniersgeaardheid het hom egter voortgedryf, eers na Venterstad en toe na Kimberley.

Van Kimberley af het Christoffel le Riche 'n handelstog onderneem wat beskou kan word as een van die mees doodsveragtende ondernemings wat hierdie land nog geken het. Omstreeks 1884 het hy byna 'n duisend myl (1609 km) ver na die destyds nog barbaarse Damaraland in Suidwes getrek, waar hy met veespekulasie 'n fortuin wou opbou. Sy roete het grotendeels deur die onherbergsame Dorsland gelê, deur die gebied van agterdogtige of selfs openlik vyandige inheemse stamme.

Alhoewel die onderneming, uit 'n finansiële oogpunt beskou, 'n groot sukses was, sou die dood Christoffel le Riche by meer as een geleentheid in die gesig staar. So is sy geloof in Damaraland die eerste maal tot die uiterste beproef.

(Enkele jare later sou Farini byna dieselfde roete volg toe hy op pad was om die "verlore stad" te ontdek. Maar hieroor meer in 'n latere hoofstuk.)

Hoewel dit aanvanklik moeilik was, het hy tog weldra die kaptein se toestemming gekry om ruilhandel in Damaraland te dryf. 'n Bees vir 'n perd – vir dié tyd 'n uiters voordelige transaksie.

Dit het egter nog nie die einde van sy probleme beteken nie. Een môre het 'n gewapende eenheid Damaras onverwags by sy kampplek opgedaag. Dit was klaarblyklik geen hoflikheidsbesoek nie.

Sonder veel omhaal het die indoena die doel van hul sending bekend gemaak. Die kaptein, het hy gesê, was doodsiek. Hoewel die simptome 'n reusekarbonkel aan sy nek was, met hoë koors en swaar hoofpyn, was die oorsaak duidelik. Dit was die witman se teenwoordigheid en die feit dat hy in hul land handel dryf. Hulle kon hom terstond doodmaak, soos hy verdien het, het die leier gesinspeel, maar sou dit nou hul kaptein se lewe op hierdie late stadium red? Miskien moes die witman die geleentheid kry om reg te maak wat hy verbrou het. Of...

Christoffel le Riche het die inboorlinge goed genoeg geken om te weet dat hy in doodsgevaar verkeer het.

Langs die wawiel het hy neergesink en sy Skepper om hulp gesmeek.

Toe hy sy oë enkele minute later oopmaak, val sy blik op die kan ghries waar sy drywer die vorige middag die wa gesmeer het.

Die kan ghries? Sou sy gebed verhoor wees? Waarom moet hy dít juis die eerste raaksien toe hy sy oë oopmaak? Is ghries dan nie 'n erkende boereraat vir karbonkels nie? Hy het nie langer getalm nie.

"Laat ons loop!" het hy aan die leier van die impi gesê. "Laat ons gaan kyk wat jul kaptein makeer."

Terug by die wa het hy 'n rustelose nag deurgebring. In die Damarastat was alles doodstil.

Om te vlug was onmoontlik en buitendien was Christoffel nie die soort man wat sou vlug nie.

Toe die rooidag breek, is die stilte van die lang winternag meteens verbreek. Stemme het van die kaptein se kraal af weerklink en geleidelik al harder geword.

Benoude oomblikke het vir die mense by die waens gevolg. Christoffel was nie 'n bang man nie, maar hy was merkbaar verlig toe dit duidelik word dat hierdie mense nie gekom het om die kaptein se dood te wreek nie. Inteendeel! Die karbonkel het gedurende die nag oopgegaan, die koors was gebreek, en die swaar hoofpyn weg ... die kaptein sou lewe!

Nou moes Christoffel saamkom sodat sy trop geskenkbeeste uitgekeer kon word.

Hierna het togte na Ovamboland en ander dele van Suidwes gevolg. Geleidelik het hierdie pionier besef dat daar iets in die verlate vlaktes van die Kalahari was, iets ondefinieerbaar, wat hom gelok het met 'n mag sterker as hyself. Die eindelose voue van duinrug op duinrug, die skroeiende somerson en kraakkoue nagte, die venynige noordewind en troostelose driedoringtakkies ... dinge wat ander met vrese en weersin vervul het, het sy hart bekoor en daarvan besit geneem – dié harde wêreld met sy sagte tinte, die saaie noordweste met sy verloklike rondinge, en sy beskeie, groen somerkleed. So kon hy dan nie anders nie, hy moes verhuis. Weliswaar was daar die goeie handelsmoontlikhede ook, veral in die Bastergebied van kaptein Dirk Vilander, bekend as Mier, op die Suidwesgrens. Maar eintlik was dit sekondêr – eintlik het die pioniersdrang hom geen ander keuse gelaat nie. Hy het dit min male erken – daar is dinge wat te ná aan die hart lê om dikwels oor te praat.

Vroeg in 1883 het Christoffel, sy jong vroutjie, hul twee klein kindertjies en enkele bediendes vanaf Kimberley vertrek. Drie transportwaens, hoog opgestapel met handelsware, persoonlike besittings en huisraad, het die hele trek gevorm.

Die trek het gestrek oor 'n afstand van meer as 300 myl (483 km) en hulle moes dieselfde gevare as die Voortrekkers trotseer. Daar was so min van hulle dat die verlies van 'n enkele lewe 'n katastrofe kon beteken en die Dorsland het voor in al sy woestheid gelê en wag. Die trek was uit elke oogpunt onvoldoende toegerus behalwe in één opsig: geloof.

Hulle het die groot riviere agtergelaat en langsamerhand het water 'n seldsaamheid geword. Hulle was nou afhanklik van die waterhoudende woestynvruggie, die tsamma. Met die tog reeds maande onderweg het dit gelyk asof die pad vir hulle doodgeloop het. Water was eenvoudig nie te verkry nie en die maer, klein rankies met hul ronde, bont komkommertjies het ook uiteindelik iets van die verlede geword. Steeds het die trek voortgegaan en almal het hul oë seer gekyk oor duine en sand om die kosbare vruggie te probeer raaksien.

Toe die osse se kragte min begin word het, is eers een wa en later ook 'n tweede agtergelaat. Al die osse is daarna voor een wa gespan, maar spoedig kon hulle met hortende asems, brandende kele en tonge wat barsdroog by die bekke uithang, eenvoudig nie meer die wa voortsleep nie. Die middag teen uitspantyd het die somberste verwagtings vlak op hul pad gelê.

Terwyl hulle nog besig was om uit te span, het die moeë trekdiere skielik tekens van nuwe lewe begin toon en die laaste paar het selfs losgebreek voordat hulle behoorlik uitgespan was. Almal het noordweswaarts koers gekies en oor die naaste duin verdwyn.

Christoffel kies toe die pad agter die osse aan en toe hy die duin oor is, vloei die vlak, vaal stroom van die Kuruman daar voor hom in die breë kalkvallei af. Onwetend het hulle byna op die oewer uitgespan – die oewer van 'n rivier wat in elk geval slegs enkele kere in elke eeu vloei.

Uiteindelik het die trek op Rietfontein aangekom. Hier sou Christoffel le Riche 'n handelspos stig en hier in die noordweste is die seuntjie wat nog sulke diep spore in die Kalahariwêreld sou trap, jare later gebore. So diep was die spore dat die verhaal van Joep le Riche volkome onlosmaakbaar sou word van die geskiedenis van die suidelike Kalahari en veral van die Kalahari-gemsbokpark. Die geskiedenis van die park is dié van die Le Riche-familie.

Rietfontein het op die grens van Suidwes gelê en was, in teenstelling met die Dorsland daaromheen, besonder waterryk. Moontlik is dit die rede waarom dit die ietwat vreemde

Namanaam van *"Hâs"* dra – wat, letterlik vertaal, "baarmoeder" beteken. Dit was destyds, en is vandag nog, die hoofsetel van die Bastergebied Mier.

Die wit gemeenskap van Rietfontein het bestaan uit slegs die bekende Vader Pabst van die Rynse Sendinggenootskap en sy gesin wat in 1885 daarheen verhuis het. Saam het hulle die sendingstasie gestig en selfs 'n kerk op die "kalk" gebou. Op die tafelplatvlakte het weldra ook 'n pastorie verrys wat vandag nog staan. Die kleimure is hoog om die somerhitte uit te hou en dit het onmiskenbare Oosterse trekke. Laasgenoemde effek word verhoog deur die lushof van dadelpalms daaromheen – inderdaad 'n klein oase in die Dorsland, waar vroeër selfs vye en druiwe in oorvloed geproduseer is.

Vir Martie, Christoffel se vrou, was die nuwe lewe 'n beproewing. Sy was gewoond aan die beskermde, geordende lewe van die Vrystaatse pastorie waar sy grootgeword het en hierteenoor het dié van die Dorsland in skrille kontras gestaan. Die eensaamheid was groot, want die enigste ander vrou was die veel ouer mevrou Pabst. Verder was dit net mans met wie hulle aan huis in aanraking gekom het. Die wit pioniers was nog maar 'n handjie vol en dit sou nog baie jare duur voordat 'n wit gemeenskap opgebou sou word. 'n Mens vra jou onwillekeurig af wat die heel eerste pionier, Willem Spangenberg, besiel het om hom in dié afgeslotenheid van die Dorsland te vestig.

Die Le Riche-gesin het maar enkele jare op Rietfontein gewoon toe die Anglo-Boereoorlog in 1899 uitbreek. Al dadelik, met die beleg van Mafeking, het die oorlog die inwoners van die Transgariep, wat natuurlik Britse onderdane was, wesentlik begin raak. Menige Kaapse rebel het hom ook nou aan die kant van die Republieke geskaar en die wapen opgeneem.

Ander het weliswaar nie die wapen opgeneem nie maar op ander terreine hulp verleen. Sommige het deur hul persoonlike kontakte daarin geslaag om wapens en ammunisie in te voer toe die grense (ook van Mosambiek) daarvoor gesluit was. Christoffel le Riche was een van hierdie mense. Hy was die saak van die twee Republieke baie goedgesind en sou nie terugdeins om hulle te help nie. Sy winkel het ook 'n wapen- en ammunisie-afdeling ingesluit; die plaas Saulstraat, wat hy van Vilander gekoop het, het op die Suidwesgrens geleê. Sy bestellings is deur Luderitz uit Duitsland gelewer en so kon hy aan die Boeremagte, wat soms daar 'n draai gemaak het, wapens en ammunisie verskaf.

In hierdie tye het selfs die sandduine ore gehad en weldra het een van die Basters die groot nuus aan die Engelse bevel gaan verklap.

Een goeie môre teen dagbreek het 'n sterk Engelse patrollie op Rietfontein opgedaag. Toe Martie haarself kom kry, het Christoffel met sy hande agter sy rug teen die winkelmuur gestaan terwyl 'n vuurpeloton reeds besig was om hom in gereedheid te kry. Die dood het Christoffel le Riche weereens in die gesig gestaar.

Die stil, brose Martie het kalm na die offisier toe gestap en hom om 'n verduideliking gevra. Enigsins ongeduldig het hy haar daarop gewys dat die verskaffing van wapens aan die vyand op hoogverraad neerkom.

Sy was geensins uit die veld geslaan nie. Haar man het 'n lisensie vir wapen- en ammunisiehandel. Hy kon verkoop aan wie hy wou, daar was geen beperkings nie – selfs nie indien hy aan die inheemse bevolking sou verkoop nie. (Individuele wapenlisensies vir eienaars was destyds nog nie by wyse van proklamasie vasgelê nie.) Handel, ook wapenhandel, was tog sy besigheid, sy bestaan. Hy het op geen stadium wapens of ammunisie elders heen versend of gesmokkel nie. Hy het dus nie die wet oortree nie.

'n Kort kajuitraad is gehou. Daar is besluit om die plek te deursoek om vas te stel hoeveel ammunisie daar in voorraad is. Die geluk was aan Christoffel se kant, want toevallig was daar op daardie tydstip hoegenaamd geen ammunisie nie. Hy is gewaarsku en vrygelaat.

Op 'n dag, naby die einde van Mei 1902, het Christoffel le Riche die huis binnegekom en gesê: "O, Martie, dis vrede!" Hy was baie diep geraak deur die feit dat die twee Republieke hul vryheid verloor het, maar verheug dat die bloedvergieting tot 'n einde gekom het.

Nie lank hierna nie, het die nuus bekend geword dat die ou Sabi-wildreservaat, wat enkele jare tevore deur president Kruger gestig is, behoue sou bly en onder die opsienerskap van luitenant-kolonel Stevenson-Hamilton geplaas is.

In die jaar 1903, is 'n tweede seun vir Christoffel en Martie gebore. Hulle het hom Josef genoem, wat weldra in die omgangstaal Joep of Joepie sou word. As een van die eerste wit babas in dié wêrelddeel, sou Joep van sy suigelingsjare af die Kalahari leer ken en innig liefkry. Want die Dorsland was nie altyd net hard en onherbergsaam nie – soms was dit teer en intiem. Kil en ysig – maar soms ook warm en emosioneel. 'n Vaal, eentonige lap aarde by tye, maar dan weer soms asembenemend in sy kleurrykheid. Inderdaad 'n wêreld met die skrilste teenstellings, dié Kalahariland. "Kalahari", of soos die Botswana hom noem: "Kgalagadi", die land wat droog geword het. 'n Dorsland – niks minder nie. 'n Pa en 'n broer sou hierdie land eis – 'n pa en 'n broer wat die verraderlike koors wat normaalweg in waterkuile en donker onheilspoele skuil, ten prooi sou val. Wie kan dan nog ontken dat dit 'n wêreld van teenstellings is die?

Op Rietfontein het Joepie sy eerste kindertreë gegee en sy eerste kleuteravontuurtjies belewe. Hier het hy die gloed van somerdae op die vlak sien skitter en bewe, die wit kalkopslag sy vreemde lugspieëlinge sien maak. Hier het hy ook ná die knypkoue winternagte die skerp, klein yskristalle ragfyn en verruklik mooi in die eerste strale van die oggendson die lig sien opbreek in al die kleure van die spektrum.

Rietfontein was, benewens die feit dat dit op die grens geleë was, natuurlik ook op die hoofweg tussen die destydse Unie van Suid-Afrika en Suidwes. Die Hottentotopstand van 1904 was dus byna letterlik op die bewoners se agterdeur. Die Unieregering het om dié rede 'n sterker polisiemag op Rietfontein geplaas. Een offisier, 'n onderoffisier, 'n tiental manskappe en selfs 'n magistraat het die voorkoms van die plek aansienlik verander en die wit gemeenskap grootliks versterk. Polisiepatrollies het nou ook die grens van Mier af suidwaarts en ooswaarts gepatrolleer om moontlike grensinsidente te voorkom.

In 1912, ná meer as 'n kwarteeu op Rietfontein, het eerwaarde Pabst daarvandaan vertrek en het sy goeie werk tot 'n mate verval.

Intussen het Christoffel le Riche 'n welvarende man geword en het hy ook al hoe meer die rol van raadgewer en kultuurleier begin vervul. Met die hulp van andere het hy selfs begin met die daarstelling van 'n biblioteek en mettertyd het hy 'n kosbare boekeversameling opgebou.

Op die plaas, by die sendingstasie en in die wye ruimtes van die Kalahari, is klein Joep van dag tot dag geskool in die weë van die Kalahari, sy plante, sy diere en sy mense. Hy het die sonderlinge grille en luime van hierdie wêreld leer ken, sy knellende droogtes en sy somerreëns wat lang, vlak kuile op die Haakskeenpan laat vorm het. Interessant was dit om te sien hoe onderworpe die panne aan die gesag van die wind was. As die noordewind sy geniepsige asem oor die eindelose plat kalkvlak van die pan blaas, het die kuile in dieselfde rigting koers gekies en tot sy stomme verbasing letterlik aangerol tot teenaan die lae duine van die suidwal, om net maar die proses omgekeerd te herhaal as die koue suidewind begin waai.

So leer 'n mens die veld en sy kinders ken. Maar so leer ook 'n Kalahariseun nie genoeg nie. Al het hy presies geweet waar om die eerste beskeie veldvruggies op te spoor – vanselfsprekend vir suster Lulu bedoel – en al het hy geweet wanneer die eerste springboklammers op die sand verskyn, was dit helaas nie genoeg nie. O wee, kwade dag! In Kaapstad was die skool waarheen hy weldra moes vertrek en alles net so agterlaat ... ook sy mak diertjies. Maar miskien tog nie heeltemal alles nie.

Op die spoorwegstasie se perron, in die weelde en soelheid van die laat Januariemiddag, sit hulle op die trein en wag – suster Lulu en Joepie. Toe 'n verbystomende lokomotief die sonlig deur 'n vuil rookwolk laat verdof, dink hy aan alles wat voorlê: Kaapstad – die skool – die baie jare daar.

Suster Lulu daarenteen, viets en skraal in haar deftige uitrusting dink met welgevalle aan die lewe in Kaapstad wat voorlê, weg van die verlatenheid en afsondering. Dis buitendien hoogtyd dat Joepie skool toe gaan. Gelukkig het hy sy suster aan sy sy!

Die lang treinreis na Kaapstad lê vlak voor hulle. Agter hulle lê die vermoeiende, maandlange reis per ossewa van Rietfontein na De Aar.

Lulu het pas opgestaan om in die bagasiekamer te gaan kyk of alles nog in orde is met hul tasse, toe sy uit die verte meteens die skril fluit van die aankomende trein deur die stil Karoolug hoor sny. Haastig kry sy 'n kruier, raap die tasse byeen en sit af na die platform. Die swart stoomlokomotief dreun verby, remme knars en die trein kom rukkerig tot stilstand, net vir 'n paar minute om die pasassiers op te laai. Waar is Joepie, dat hy nie kom help met hul bagasie nie? Vinnig blik sy met die platform af en toe weer op. Waar is Joepie?

Die sekondes word minute. Gou-gou kyk of hy êrens agter die gebou kan wees. Sou hy nie die trein gehoor het nie?

Haastiger soek sy nou. Die haas grens weldra aan paniek. Die paniek sit om in ergerlikheid – en dit weer in angs. Waar is die seun?

Daar lui 'n klok. Die trein gaan binne 'n minuut vertrek maar van Joepie is niks te sien nie!

Waar nou heen? Sê nou ... nee, daaraan mag sy nie eens dink nie. Sy moet hom vind!

Daar voor fluit die lokomotief klaend en mistroostig. 'n Groen vlaggie waai. 'n Swaar sug ontsnap in 'n stoomwolk. Remme gly kermend los. Die trein kom in beweging. By die eensame, verslae figuur op die platform gly die pasassierswaens een vir een verby.

Waar is Joepie? In haar beklemde gemoed word dit 'n refrein soos die asemtogte van die lokomotief mekaar vinniger opvolg.

Die pasassierstrein verdwyn om die naaste draai.

Waar nou heen?
Met martelende gedagtes loop sy weer om die gebou. Meteens steek sy in haar spore vas. Vas teen die muur van die gebou, van onder 'n struik wat daarteen groei, kruip Joepie langsaam verkeerdom uit. Hy leef! Hy is nie beseer nie! Inteendeel, sy gesig straal!

Vir 'n oomblik het sy nie woorde om haar gevoelens mee uit te druk nie – die spanning, die ergernis, die verligting.

"Ek het hom!" roep hy in ekstase uit, totaal onbewus van sy suster se gemoedstoestand.

"Jy het wát?" Op dié oomblik is dit al wat Lulu kan uitkry, maar haar ferm, geslote lippe voorspel niks goeds nie.

"My meerkatjie! Hy het geskrik vir die trein en uit my hand gespring! Siestog, hy het nog nooit tevore een gesien nie! Ai, Lulu, ek het hom amper nie gevang nie! Amper was dit groot skade! Lulu ... hoekom lyk jy so snaaks, Lulu? My meerkatjie het niks oorgekom nie ..."

So het dit dan gebeur dat Joep sy skoolopleiding aan die later baie bekende SACS in Kaapstad gaan voortsit het, behalwe vir die later jare toe suster Lulu self die rol van onderwyseres vervul het. En as sy ergerlik was dat 'n mak waaierstertmeerkat hom 'n belangrike trein laat verpas het, sou sy in die jare wat kom by meer as een geleentheid sprakeloos gestaan het by die aanskoue van sy sonderlinge sin vir waardes. Watter sin was daarin om 'n uitgeteerde rondloperhond te verpleeg en te voed? Die goed was niks minder as 'n ergernis nie! En die menigte troeteldiertjies wat hy kon versamel as hy tuis was! Sou dit end kry voordat hy eendag 'n man word?

Maar voordat die seun 'n man kon word, het donker wolke weereens die horisonne begin vertroebel. Hierdie keer was dit niks minder as 'n wêreldkryg nie. En vanweë Rietfontein se ligging op die grens van die Duitse *Schutzgebiet*, was die oorlog skielik op hul drumpel.

Met die oog op 'n moontlike inval in die Duitse protektoraat, het die Unieregering met koorsige haas begin voorbereidings tref om 'n oprukkende mag van die nodige middele te voorsien. In die Kalahari moes hulle water hê! Die owerhede het dus pas na die oorlogsverklaring begin om 'n reeks boorgate al in die bedding van die droë Kurumanrivier te grawe, want dit was die enigste plek waar met 'n redelike mate van sekerheid vars water verkry kon word. Van Van Zylsrust af weswaarts is daar geboor in die rigting van die sameloop met die Malopo tot op die plaas Murray. Vanuit die Malopo lei die verbindingspad na Suidwes oor Rietfontein. Daar is ook 'n reeks van veertien boorgate stroomop met die Ouob geboor, maar hierdie gate is nooit vir oorlogsdoeleindes gebruik nie, aangesien die invalsmag eersgenoemde roete gevolg het.

Voordat die invalsmag egter sy verskyning sou maak, was Rietfontein en omstreke alreeds die toneel van etlike ouvertures tot die oorlog wat weldra sou volg. Inderdaad, aan drama en intrige het dit meteens in die andersins byna doodse gebied nie ontbreek nie. So iets moes 'n mens seker te wagte wees in 'n grensgebied, maar Rietfontein en sy onmiddellike omgewing het bepaald meer as hul regmatige deel gekry.

Van beide kante van die grens was daar "nie-amptelike ekskursies" wat moontlik meer impulsief as beplan was. So was daar vanuit die Unie se kant die rampspoedige strooptog van kaptein Stumpke en sy miniatuureenheid. Wat hulle presies beoog het, is nie heeltemal duidelik nie – dit kon skaars die anneksasie van die protektoraat (of *Schutzgebiet*) gewees het. Die feit bly egter dat Stumpke en sy klein eenheid die grens digby Rietfontein gekruis en in die rigting van Haasuur opgeruk het. Op hierdie plaas het 'n verskanste Duitse mag met 'n groot getal kamele gelê. Die patrollie se sending was reg van die begin af rampspoedig. Eerstens het hy die Duitse verskansing genader en tot stilstand gekom presies agter die duintjie waarteen die skerpskutters hul langafstandoefeninge gedoen het. Dit was alreeds 'n ongelukkige toeval. Tweedens het die Duitsers hul teenwoordigheid binne enkele minute agterkom, onderwyl hulle nog besig was om oor die aanvalstaktiek te stry. In dié proses, en ten einde die terrein van nader te verken, het Stumpke etlike sekondes lank in volle gesig van die Duitse eenheid rondgestap. By hom, as sy luitenant, was ene Jackson, 'n landmeter wat die plase wat die huidige Gemsbokpark vorm, opgemeet het.

Die Duitse offisier het haastig sy beste skerpskutter nader geroep.

"Skiet daardie man!" het hy beveel en met sy hand in die rigting gewys waar Stumpke, meer as 'n duisend tree ver, nog penorent staan.

Die soldaat het gaan lê, sy Mauser se visier opgeskuif, versigtig korrel gevat en toe laat loop. Die koeël het sy lang trajek voltooi en op sy afwaartse baan die ongelukkige Stumpke reg op die naeltjie getref sodat hy net daar ineengestort het.

"*Gut geschossen!*" en die Duitse offisier het die skerpskutter aanmoedigend op die skouer geklop. "Skiet nou die ander een!"

Jackson het intussen plat geval en sy Lee-Metford nader getrek om terug te skiet.

Weereens het die Duitser se skoot geklap, weereens het die Mauserkoeël sy lang baan voltooi om uiteindelik 'n pad deur die ongelukkige Jackson se haredos te ploeg. Dit was amper! Die skokgolf het dit laat swart word voor sy oë, maar gelukkig vir hom het net die bloedstreep agtergebly waar die koeël oor sy kopvel geskuur het.

'n Oomblik later is 'n ander lid, Duvenhage, deur die hand geskiet.

Daarmee het die klein eenheid sy veldtog afgelas. Dit was onmoontlik om voort te gaan noudat hulle die vyand nie meer kon verras nie. Met hul gewondes is hulle inderhaas terug na die grens.

Stumpke het egter aan sy maagwond gesterf en sy graf lê nie ver van die Suidwesgrens nie, op Loubos.

Vanuit die Duitse geledere het kort daarna eweneens 'n "inval" gevolg. In sekere opsigte het dit 'n verbasende ooreenkoms met dié van Stumpke getoon. Dit het ook uit 'n miniatuur-eenheid bestaan – nie veel meer as 'n sterk patrollie nie. Hulle het ook die grens oorgesteek, maar, sonder dat noemenswaardige welslae behaal is, teruggeval.

Hierdie keer het die strooptog egter deur Rietfontein self plaasgevind, en hierdie keer het die jonge Joepie, toe nog maar 'n seun van elf jaar, die eerste keer die intrige van 'n oorlogstoestand ervaar. En nie alleen dit nie – hier het hy die eerste maal 'n werklike, gewapende skermutseling aanskou.

'n Derde maal is Christoffel le Riche deur soldate bedreig. Nou was sy gesin ook by. Hulle is teen voordag gewek en voordat hulle mooi tot verhaal kon kom, was hulle omring deur gewapende soldate – hierdie keer Duitsers. Weereens was sy wapenhandel, waarvan die Duitsers deeglik bewus was, die skyf van hul ondersoek. 'n Deeglike *Haussuchung* is onderneem, terwyl die werf en omstreke ook behoorlik deurgesoek is. Hoewel 'n gewapende soldaat ondertussen, tot groot ontsteltenis van die gesin, oor hom wag gehou het, het Christoffel weereens heelhuids en eintlik sonder veel verlies daarvan afgekom.

Binne gesigsafstand van die handelspos was die patrollie op sy terugkoms in 'n skermutseling betrokke. Dit is nie bekend wat die ongevalle aan Duitse kant was nie, maar van die Unieburgers is ene Badenhorst gedood, terwyl 'n tweede 'n koeël deur die been gekry het en 'n opgeskote seun 'n skoot deur die kakebeen. Die gewondes is deur die Le Riche-gesin verpleeg.

Volledigheidshalwe moet genoem word dat die patrollie, na sy inval van Rietfontein, Witdraai toe is waar daar ook 'n polisiestasie geleë was. Voor hul aankoms daar het die polisie egter reeds na Upington en elders padgegee, terwyl 'n mens gedurende die eerste nag glo net karwiele hoor rammel het soos die Basters, wat om die een of ander rede geglo het dat die Duitsers rede tot wraak gehad het, gevlug het. Die enigste een wat werklik in die slag gebly het, was 'n berugte skaapdief, heel paslik Ou Skapie genoem, met wie die Duitsers 'n lang rekening gehad het om te vereffen.

Hulle het hom uiteindelik vlak by die polisiestasie summier teen 'n kameelboom gefusilleer.

Hoër op in die Kuruman is 'n polisie-offisier, Munro, betrap waar hy in die skadu van 'n boom 'n middagslapie geniet het. Daarna is die Duitsers so ver soos Kooppan-Suid en toe terug.

Nie alte lank daarna nie, was die bewoners van Rietfontein ooggetuies van een deel van die invalsmag se intog in die protektoraat. Verskeie name in daardie streek dra tot vandag toe die herinnering aan daardie dae: Van Zylsrust, Luitenantspan, Frylinckspan en so meer.

Die ekspedisie van die Unietroepe na Suidwes het geslaagd verloop, en weldra was die rus en vrede herstel.

In 1917, toe die Wêreldoorlog self al byna iets van die verlede was, het Christoffel le Riche besluit om sy handelsonderneming te sluit en op Saulstraat te gaan woon. Hy was finansieel sterk en dit was trouens maar een van verskeie plase in sy besit. Daar het hy ook bly woon totdat hy in 1926 die verraderlike koors ten prooi geval het – hoe vreemd so iets ook al in die Dorsland mag klink. Ondertussen het sy seuns mans geword en is suster Lulu getroud met Willie Rossouw, 'n persoon wat in die jare wat sou kom, ook baie diep spore in die Kalahari sou trap.

In dieselfde jaar is die Wet op Nasionale Parke deur minister Piet Grobler deur die parlement geloods, en het die eerste nasionale park, die Krugerwildtuin, wetlike beskerming op 'n nasionale vlak verkry.

Van die omliggende gebiede en van die voorgeskiedenis van die Kalahari weet ons nou heelwat en die tyd het aangebreek om ons by die Gemsbokpark en sy mense te bepaal.

Wanneer ons die ontstaan van die Kalahari-gemsbokpark vlugtig van nader bekyk, dan kyk ons allereers na die toestande wat die stigting onmiddellik voorafgegaan het, binne en buite die huidige park.

Die gebied tussen die Ouob- en die Nossobrivier (die spelling van albei name het deur die jare verskeie veranderinge ondergaan) – wat die grootste gedeelte van die huidige wildtuin vorm – was aan die begin van die dertigerjare nog Kleurlinggebied. (Hoewel die amptelike benaming van die bruin bevolking daar tans "Kleurlinge" is, was die woord "Baster" vroeër in algemene gebruik. Dit leef veral onder sommige van hul eie groepe nou nog voort en daar is talle wat daarop aanspraak maak dat hulle "Basters" is en wat niks anders wil wees nie.)

Al met die Ouobrivier op, vanaf sy sameloop met die Nossob tot waar dit die Suidwesgrens kruis, het die Unieregering ná die grawe van die reeks boorgate, wagte aangestel om te voorkom dat hulle beskadig word. Ook die boorgate in die Kuruman is omstreeks 1917 op dieselfde wyse beskerm. Uit die aard van die saak was die mense van dié geweste arm, sodat hul tuistes slegs bestaan het uit óf tente óf die heel eenvoudigste huisies. Die pioniersbevolking van die hele Noordweste was trouens, op enkele uitsonderings na, behoeftig. Die murasies en 'n paar van hierdie huisies is vandag nog op die oewers van die Ouob te sien.

Daar het wel toentertyd 'n wildreservaat in die suidelike Kalahari bestaan, maar dié was geleë aan die Kurumanrivier, minstens veertig myl (64 km) suid van die huidige wildtuin.

Aan die Nossob was enkele plase, soos Kameelsleep, in private wit besit. Aan die Botswanakant van die Nossob, wat ook die grens vorm, het klein nedersettings Basters gebly, tot min of meer in die omstreke van Rooiputs.

Soos reeds genoem, was die Miernedersetting suid van die Ouob geleë, hoewel die grense sedertdien effens verander het.

Die ontstaan van die Gemsbokpark het twee name baie pertinent na vore laat kom. Hierdie twee manne moet tot 'n groot mate krediet daarvoor kry dat die gedagte ooit ontstaan en uiteindelik werklikheid geword het. Hulle is meneer Piet de Villiers, toentertyd Inspekteur van Lande op Upington, en meneer Willie Rossouw, van wie ons vroeër al verneem het.

Oom Piet, soos meneer De Villiers algemeen bekend was,

het nog 'n paar ander byname gehad, waarvan die mees algemene Piet Mof was. Dit was trouens so 'n algemene spreeknaam dat baie mense dit as sy werklike naam beskou het. Verder het oom Piet ook nog bekend gestaan as "Die koning van die Kalahari". Hy was 'n joviale, hartlike mens, wat die belange van die Kalahari en sy bewoners op die hart gedra het.

Willie Rossouw het, ná die dood van sy skoonpa, van die boerderybelange op hom geneem. Weldra sou hy egter vind dat hy ook op vele ander terreine wat om 'n opvolger geroep het, die plek moes volstaan wat deur die heengaan van Christoffel le Riche leeg geword het. So het hy mettertyd 'n leier geword op die gebied van kultuur, opvoeding en godsdiens. In April 1927 het Lulu 'n skool op Loubos geopen, en daar onderwys bly gee totdat die plaas by die Kleurlingnedersetting ingelyf is en sy met haar skool en al na Askham moes verskuif. Die skool, tesame met 'n koshuis staan vandag nog daar as 'n monument vir hulle.

Die Rossouw-gesin was goed bevriend met minister Piet Grobler, die destydse Minister van Lande. As 'n senior amptenaar van die Departement van Lande was oom Piet Mof ook goed bekend met die minister. So het dit dan gebeur dat oom Piet en oom Willie, diep bekommerd oor die slagting wat onder die wild plaasvind, 'n gesamentlike plan van aksie bedink het. 'n Groot gevaar vir die wild het veral daarin gelê dat verskeie boereverenigings druk uitgeoefen het om die skepping van 'n nedersetting tussen die Ouob en die Nossob.

Die resultaat van die tweegesprek was dat minister Grobler genooi is om met die tweetal 'n jagtog in die Nossob te onderneem. Die uitnodiging is aanvaar en die gesette dag het weldra aangebreek.

Van Loubos af, waar die Rossouws tydelik gewoon het, het die jagparty gereis na die sameloop en vandaar met die Nossob op in die rigting van Grootkolk. Sowat 100 myl (180 km) van die sameloop is daar die tans baie bekende Kwangpan – destyds nog bekend as "Piet Mof se werf", aangesien hy gewoonlik daar kamp opgeslaan het tydens jagtogte. Op pad het die tweetal die minister se aandag daarop gevestig hoe vinnig die wild uitgeroei word. Teenoor die dele wat deur die Kleurlinge bewoon is, was daar trouens bykans niks meer oor nie. Dat minister Grobler net vier jaar tevore die man was wat die Parkewet deur die Unieparlement gevoer het, het beide oom Willie en oom Piet Mof maar alte goed geweet. Hulle moes nóú die yster smee...

Die aand langs die kampvuur was minister Grobler baie stil, in teenstelling met sy gewone, kenmerkende opgeruimde, onderhoudende geselskap wanneer hy in die ongerepte natuur was. Sy twee geselle het egter geweet wat hom kwel en net om dit nog meer te beklemtoon, het oom Piet Mof teen slapenstyd opgemerk: "Minister Grobler, ek beloof u môre gaan 'n beter dag wees. Ons gaan genoeg wild kry – en die jag sal goed begin!"

Minister Grobler het 'n paar sekondes in die kole bly staar, toe opgestaan en terwyl hy omdraai om te gaan slaap, gesê: "Piet, ek dink aan beter dinge as jag! Maar ... ek is moeg en ek gaan nou maar slaap. Môreoggend wil ek graag verder gesels."

Beide oom Piet en oom Willie het gunstige voortekens hierin gesien en veelbetekenend oor die rooi kole na mekaar gekyk.

Die volgende oggend was 'n doodgewone wintersoggend, met drie mans en 'n paar bediendes besig met die kamproetine. Was hulle bewus daarvan dat hulle deelgenote was aan 'n groot stuk geskiedenis? By die oggendkoffie reeds het minister Grobler sy voorneme bekend gemaak om die driehoek tussen die Ouob, die Nossob en die Suidwesgrens as 'n nasionale park te laat proklameer.

Al die probleme was natuurlik hiermee lank nie opgelos nie. Inderdaad selfs nie eens die stigtingsprobleme nie. Die gebied was vroeër natuurlik opsygesit as Kleurlinggebied. Maar ook hiervoor het die minister se twee vriende 'n voorstel gereed gehad: Koop Loubos en die aangrensende dele op en maak dan 'n ruiling. Ook vir die Kleurlinge sou so iets bepaald meer aanvaarbaar wees.

Voordat daar tot so 'n stap oorgegaan word, wou die minister egter eers die gevoel van die Kleurlinge toets.

Met die oog hierop is Kleurlingverteenwoordigers, plaaslik en tot selfs van Rehoboth af, byeengeroep en is die aangeleentheid deeglik uitgepluis. Uiteindelik het hulle hul daarmee vereenselwig en die plan gesteun.

Hierna is die ou Kurumanreservaat vir boere oopgestel en kon ook die boorgatwagte daar aan grond gehelp word.

Op enkele uitsonderinge na is die paar privaatplase wat binne die driehoek geval het, aangekoop en het die pad geleidelik oopgegaan vir die proklamering van die Kalahari-gemsbokpark.

In 1931, slegs vyf jaar ná die Krugerwildtuin, is die proklamasie deur die parlement goedgekeur en het die tweede nasionale park 'n werklikheid geword.

Al wat nog oorgebly het voordat daar werklik tot bewaringswerk oorgegaan kon word, was die aanstelling van 'n geskikte persoon om die verantwoordelikheid te dra.

Maar ook daarvoor was iemand beskikbaar. In dieselfde jaar is Johannes le Riche, oudste broer van Joep, aangestel as eerste veldwagter van die nuwe wildtuin.

Die gordyn het opgegaan oor 'n nuwe era.

# Wording

In 1931 dan, is die tweede grootste nasionale park in Suider-Afrika geproklameer. "Vir die beskerming en bestudering daarin van die wilde plante- en dierelewe..." lees ons in die vierde artikel van die wet ... "en tot die voordeel en genot van besoekers aan die park."

Die moontlikheid dat mense die park sou besoek, het nog ver in die onsekere verskiet gelê. Johannes le Riche en sy Basterkonstabel kon egter met gebruik van hulle klompie perde en donkies begin met die "beskerming". Daar het die magtige lap aarde met sy onomheinde grenslyn van digby 400 myl (644 km) voor hulle gelê en hulle moes sy plante en veral sy diere, beskerm.

Bloot die bewaking van die grense was 'n ontsaglike taak. Johannes moes hier aan drie fronte veg – elkeen met sy eiesoortige probleme. Die oosgrens was die bedding van die Nossob en teenoor die suidelike deel daarvan het die veldwagter se eerste probleem gelê. Groepies Basters het hul huisies ewe gerieflik op die Botswana-oewer van die rivier gebou. Daar van die hoogwal af kon hulle in 'n kits die Nossob deursteek, vir hulle 'n "slagding" uit die pasgestigte wildtuin gaan haal en dan veilig in hul huisies gaan sit. Daar kon die wet hulle nie skeel nie hulle was in Britse gebied. Om so 'n slagplek in die park te bereik, moes die veldwagter 'n afstand van meer as 'n honderd myl (160 km) aflê en hy kon bloot maar net hoop om die diewe op heterdaad te betrap.

Suid van die Ouob, die ander grensrivier, was daar toentertyd, soos vandag nog, die Miernedersetting. Hier het die wild na willekeur vanuit die Wildtuin die rivier suidwaarts deurgesteek en dikwels nooit teruggekeer nie. Noordwaarts het die wilddiewe onder die nedersetters die Ouob gekruis en meestal teruggekeer met 'n ryke buit aan velle, vleis en volstruiseiers.

Die twintigste breedtegraad – g'n stuk grens vir 'n dier nie – het die bolope van die twee riviere verbind en so 'n derde been van die driehoekige wildtuin gevorm.

Omdat enkele plase nog in privaatbesit was, het die grenslyne hier en daar afgewyk maar in sy breë omvang is die nuutgestigte Kalahari-gemsbokpark deur hierdie drie lyne begrens.

Van die sameloop van die twee riviere af, stroomop met die Ouob, bereik 'n mens ná 'n bietjie meer as 20 myl (32 km) die nou bekende Gemsbokplein. Hier het Johannes le Riche, sy vrou Bettie en hul kroos (nege stuks) hul intrek geneem in die hartbeeshuisie wat tot hulle beskikking gestel is – eintlik maar 'n skamele beskutting. Van hier af moes hy heerser sonder onderdane wees wat die Gemsbokpark beskerm teen die vele wat sy grense en voortbestaan bedreig het.

Behalwe hierdie probleme was daar ook nog die vyandskap van talle wit mense in die Unie en Suidwes wat teen die bestaan van dié wildtuin gekant was.

Asof dit alles nie genoeg was nie, het die kwaai droogte en depressie van 1931 ook geknel. Geld was uiters skaars en die Raad van Kuratore wat pas vyf jaar vroeër aangestel is om die nasionale parke te beheer, het oor byna geen reserwes meer beskik nie. Daar was nog bykans geen inkomste uit die Krugerwildtuin nie en vanselfsprekend niks uit die Gemsbokpark nie. Die Staat kon weens die depressie nouliks 'n handjie bysit. In die lig hiervan, verdien minister Piet Grobler die hoogste lof dat hy op daardie tydstip 'n tweede park gestig het.

Johannes le Riche moes eenvoudig maar klaarkom so goed hy kon. Gelukkig was hy die regte man op die regte plek – 'n uitstekende keuse om dié haas onbegonne taak aan te pak. Die wording van die nasionale park was in sy hande en slegs harde werk, persoonlike opofferings en ontbering het op hom gewag – teen 'n loon van R15 per maand. 'n Gebied van bykans vyfduisend vierkante myl (12 950 km$^2$) moes hy bewaak met een Basterkonstabel as hulp.

Hoe noodsaaklik ook al, was motorvervoer voorlopig buite die kwessie – dit kon eenvoudig nie bekostig word nie. Wat dié saak erger gemaak het, was dat die Ouob en die Nossob toentertyd reeds deur motoriste as deurweë na Suidwes gebruik is. Hierdie reisigers het geweet dat Johannes hulle nie kon agtervolg nie en sommige het hom laat verstaan dat hulle net hier anderkant die gewere sou nadertrek. Om die gewere te verseël het nie gehelp nie, want daar was niemand op Mata Mata, die eindpunt, om te kyk of die seëls nog heel was nie. Dieselfde het vir Unie-end gegeld. Hy moes letterlik toekyk hoe motoriste soms voor hul vertrek – in sy teenwoordigheid – hul vuurwapens ewe kordaat nasien.

Sy enigste vervoer was sy paar perde en 'n ligte karretjie met 'n span "flukse" donkies. Wanneer hy een maal per maand of een maal elke twee maande pos moes gaan haal op Askham, het dit hom tussen vyf en sewe dae geneem om die afstand van 130 myl (209 km) heen en weer af te lê. Wanneer hy by geleentheid na Upington, sy naaste dorp, moes gaan om voorrade te verkry of getuienis in die hof af te lê, het hy 'n rit van bykans 500 myl (805 km) afgelê. Hiervoor was veertien dae nodig.

Die patrollies binne die grense van die Wildtuin self was iets skrikwekkends. Van Gemsbokplein af na Tweerivieren, van daar op met die Nossob na Unie-end en met die kortste roete terug, het 'n "Dorslandtrek" van 400 myl (664 km) beteken. Op hierdie roete was daar soms vir 150 myl (242 km) nie 'n druppel water te vinde nie. Vier kamele wat deur die polisie geskenk is, het die vervoerprobleem vergemaklik.

Hierdie vier stuks was almal osse en hoewel hulle nie oor die voortreflike eienskappe van Totius se diere beskik het nie, was daar darem een goeie onder die viertal.

Moeilike omstandighede en beskeie middele het Johannes le Riche nie laat terugdeins nie. Inteendeel. Pas het hy sy pligte aanvaar en sy intrek op Gemsbokplein geneem, of hy het met so 'n ywer en doelgerigtheid te werk gegaan dat dit noodwendig vroeër of later vrugte móés afwerp. Vir sy vrou en die twee voorskoolse kinders het dit baie eensame ure in die troostelose verlatenheid van dié uitgestrekte wêreld beteken.

Die bestryding van wilddiefstal moes natuurlik voorrang geniet maar daar was veel meer te doen. Hy moes sommige ou putte toemessel, windpompe afbreek, na ander plekke vervoer en weer oprig, drinkbakke bou en dit moes alles geskied met so min onkoste as moontlik.

Dit was uiters belangrik om 'n beeld van die verspreiding en getalle van die wild te kry. Dergelike inligting sou die veldwagter by verdere ondersoeke in die toekoms kon gebruik. Maar die verkryging van selfs 'n vae geheelbeeld was reeds geen geringe taak nie. By die groot afstande en ontoereikende vervoer was daar ook nog die wildverhuisings as gevolg van die droogte – om nie eens te praat van hoe verstrooi en verwilder die wild in die suidelike Nossob was as gevolg van die meedoënlose gejag op hulle nie.

Dit het gou geblyk dat die prentjie veral in die suidelike Nossob-gebied baie donker was. Van Tweerivieren af op tot by Sint Johnsdam het die Basters aan die protektoraatkant die wêreld kaalgestroop van wild. Om 'n wildsbok in hierdie streek aan te tref, was iets buitengewoons.

Johannes le Riche het spoedig besef dat daar nie werklik wildbewaring kon wees terwyl die Basters op die oorkantste wal van die Nossob woon nie. Hulle was arm en het dikwels honger gely, maar het terselfdertyd geen voorliefde vir werk getoon nie. Dit was te maklik om wild in die Gemsbokpark te steel en dan veilig agter die internasionale grens te gaan sit. Voorlopig kon die veldwagter egter bloedweinig doen om dié Britse onderdane verwyder te kry. Dit sou nogtans nie baie jare duur voordat die vraagstuk op staatkundige vlak aandag geniet het nie.

Daar was oorvloedige tekens van wildstropery. Dit was ook nie bloot net duidelik uit die oneweredige rye donkiespore wat 'n mens van tyd tot tyd in die bedding van die Ouob raakgeloop het nie. Baie van die wilddiewe was nie Basters nie en ook nie armblankes nie. (Dié woord, "armblanke" was destyds gebruiklik in die volksmond, maar het sedertdien gelukkig byna volkome verdwyn.) Hiervoor was die hope bene en leë bottels by die kampplek naby Mata Mata 'n afdoende bewys.

Om hierdie euwel te bekamp, het Johannes le Riche so gou moontlik begin om meer doelgerigte patrollies te onderneem. Dit het daartoe gelei dat die Gemsbokpark die eerste van die Kaapse reservate geword het wat 'n inkomste getoon het: R40 aan boetes. So het meneer Vlok, die magistraat van Upington en een van die vroeë steunpilare van die park, gehelp om 'n stukkie geskiedenis te maak. Van meer belang is dit dat hy in hierdie veelbewoë beginjare voornemende wilddiewe groot laat skrik het. 'n Man sou twee maal dink voordat hy 'n bok skiet as daar 'n boete van R30 op hom wag. R30! In daardie dae was dit iets verskrikliks – en dit vir 'n wildsbok.

Johannes le Riche het dadelik begin om die plekname in die park te leer ken. Gou het hy vasgestel dat hulle bestaan uit 'n vreemde mengsel van Afrikaanse en Hottentotname, afgewissel deur talle, nog vreemder, Skotse name. Afrikaans was die algemene omgangstaal in die Kalahari, Nama kon hy praat en hoewel hy met sy Kaapse skoolagtergrond ook Engels magtig was, wou die Skotse name vir hom eenvoudig nie by die Dorsland pas nie. "Craig Lockhart", "Strathfillian", "Auchterlonie" – dit dreig maar telkens om dwars in die keel te draai.

Die Skotse benamings het natuurlik hul oorsprong gehad by die landmeter wat jare tevore die plase in die Gemsbokpark opgemeet het, nog voordat dit die voorneme was om van die gebied 'n nasionale park te maak. Vandag dra vele ander plase in die Kalahari ook nog die name wat meneer Jackson toentertyd aan hulle gegee het – kleurryk en romanties soms, maar nie volkome in harmonie met die streek nie.

Daar word vertel dat meneer Jackson tog daarvoor verantwoordelik was dat minstens een plek 'n Afrikaanse naam ontvang het. Dit het volgens oorlewering gebeur toe hy besig was met die tweede plaas van Unie-end af, min of meer halfpad ooswes in die huidige Gemsbokpark. Dit was bitter droog. Tsammas was eers skaars, later 'n seldsaamheid en weldra iets van die verlede.

Spoedig is hy gekonfronteer met die aaklige werklikheid. Hy was midde-in die Dorsland vasgevang met byna nie 'n druppel water om hom by die volgende bron te bring nie. Dinge het haglik begin lyk vir sowel trekdiere as mense. Voordat die dors egter die geselskap kon oorweldig, het hy op 'n middag laat 'n donderwolk uit die noordweste sien opsteek. Enkele minute later het die blitse daarin begin beef terwyl die eerste dowwe dreunings aangerol gekom het. "Bring die bokseil, gou! Bring al die bokseile!" het hy op sy Basters gebulder en spoedig was die seile oor die vlak kalkbodem van 'n pannetjie gespan.

Pas was hulle daarmee klaar, of die eerste swaar druppels begin om hulle neerplof en enkele sekondes later stort dit uit die byna blou hemel neer terwyl weerlig uit die fratsstorm flits en bewe.

Vyf minute later het die wolk verbygeskuif en het die laaste vaal sluiers van die donderbui in die rigting van die Nossob verdwyn. 'n Reënboog is meteens met boaardse skoonheid in die mikroskopies kleine naloopdruppels voorgetower, terwyl die son in 'n helder hemel begin sak. So ook was die gesig wat die druipnatte landmeter en sy beteuterde handlangers toegelag het, byna boaards in sy skoonheid en betekenis: Daar het die sonverbleikte seile gelê met hul kosbare inhoud van ses duim diep, helder reënwater in die middel. Genoeg om al die kanne vol te maak. Genoeg om elke dorstige dier te laat suip.

Uitkoms! Redding! 'n Jubelende landmeter het in 'n oomblik van ekstase vergeet dat hy tevore kleurryke name uit 'n grasgroen Skotland aan beendroë Kalahariplase gegee het. Dié plaas met sy waterwonder is "Dankbaar" gedoop.

Maar landmeter Jackson was gewoond aan noue ontkomings. 'n Mens wonder onwillekeurig hoe hy die duintjie gedoop het waar die Duitse Mauserkoeël 'n netjiese maar bloederige paadjie deur sy hare geploeg het, terwyl hy andersins volkome ongedeerd daarvan afgekom het.

Die meerderheid ander Afrikaanse name is kleurryk en beskrywend, soos die meeste name in hierdie wêreld wel is. Byna elkeen het betrekking op die een of ander voorval in vroeër dae. In elk geval is hulle so beskrywend dat geen ander name hulle sou kon vervang nie. Kyk maar na Kameelsleep (waar, na vertel word, die laaste kameelperd geskiet en na die protektoraat gesleep is) of Ooikolk, Lekkerwater en Groot Skrijpan.

Afgesien daarvan dat 'n mens dikwels die tong knoop in 'n poging om hulle uit te spreek, is die betekenis van die meeste Namaname nie bekend nie. Veral die klapklanke is vir die meeste wit mense byna onuitspreekbaar. Cubitje Quap is een van die moeilikstes, maar andere soos Kwang en Kamgua is darem sêbaar.

Daar was twee uiters strategies geleë plase wat met die oog op doeltreffende beheer by die park ingesluit moes word, maar wat op daardie stadium nog in private besit was.

Die eerste van die twee was die plaas Tweerivieren wat onder andere die driehoekpunt van die sameloop tussen die Ouob en die Nossob ingesluit het. Dit het meegebring dat vanaf die sameloop die oewers en die rivierbedding oor 'n afstand van ruim vyf myl (8,05 km), nie by die park ingesluit was nie. So 'n toestand sou enige veldwagter se moed gebreek het, maar gelukkig was die eienaar – 'n meneer Moller – 'n persoonlike vriend van Johannes le Riche, sodat 'n krisis nooit ontstaan het nie. Maar die toestand het hom daartoe geleen.

Algou egter het minister Grobler die probleem ingesien en weldra is ook hierdie gebied van sowat 15 000 morg (12 800 ha) tot die Gemsbokpark toegevoeg.

In die tweede geval het dit nie so maklik gegaan nie. Hier was die plaas Ky-Ky, twintig myl hoër op, die kwelpunt. Dit was ook 'n oewerplaas, geleë aan die Nossob, en ook sowat 15 000 morg (12 800 ha) groot. 'n Belangrike verskil was egter die feit dat dit gedeeltelik geleë was teenoor die gebied wat deur die Basters bewoon is en dat dit dus 'n internasionale grenslyn gehad het. Etlike jare sou nog verloop voordat Ky-Ky ingelyf sou word.

Vervolgens het die veldwagter begin om 'n opname van die beskikbare water te doen. Oppervlaktewater is natuurlik vreemd aan hierdie dele, sodat die enigste bron van watervoorsiening, vir sowel mens as dier, onderaardse water was. Hoewel dié wêreld heelwat panne het, kan laasgenoemde kwalik as waterbronne beskou word. Min van hulle het ooit 'n redelike hoeveelheid afloop vergaar, terwyl die water wat wel af en toe so geberg is, heel gou weggedreineer het of vanweë die vlakheid en uitgestrektheid van die oppervlak, asembenemend gou in die dor wind verdwyn het. Om sake te vererger, los die kalk en soute gedeeltelik in die water op, sodat die laaste kuile gewoonlik meer uit 'n drillende, ondrinkbare pappery bestaan.

Die riviere vloei slegs met lang tussenposes – soms slegs een keer in tien jaar en meer, sodat ook hulle buite rekening gelaat kon word. Selfs die kolke, wat hul water darem effens langer as die rivierbedding bewaar het, was wispelturig en onbetroubaar.

Maar dit moet 'n mens dadelik aanvaar as jy met die Kalahari wil saamleef: Dit is Dorsland. Wie hom nie daarna kan skik nie, is misplaas. Die land keer diesulkes heel gou die rug toe – swygend en ongenaakbaar, terwyl dit self onveranderlik bly. Maar dit is goed. Dit is 'n deel van die wese en persoonlikheid van hierdie wêreld en só moet en sal dit bly.

Die enigste betroubare bron van watervoorsiening was derhalwe die klompie boorgate en putte in die rivierbeddings. In die Ouob was, soos vroeër genoem, 'n reeks van sestien gate geboor, terwyl ook drie putte goeie drinkbare water gelewer het. In elk geval het dit niemand betaam om sy neus op te trek vir 'n effense bysmakie nie.

Verskeie van hierdie gate het, toe boorgatwagters nog die poste beman het, windpompe op gehad. Met hul vertrek, wat meegebring is deur die totstandkoming van die Gemsbokpark, het hulle egter die windpompe afgebreek om hulle in die Kuruman, of elders waar 'n standplaas beskikbaar was, te gaan oprig. Derhalwe was daar in dié stadium net die twee windpompe wat deur die Raad op Gemsbokplein en Munro opgerig is. Daar kan hier, terloops, gemeld word dat besoekers aan die Gemsbokpark vandag nog verweerde bouvalle van hierdie pioniers se hartbeeshuisies op die linkerwal van die Ouob kan sien – stomme getuienis van hoe die mens moes wyk om plek te maak vir die natuurlewe. Miskien behoort die murasies net om hierdie rede bewaar te word, want die ongenadige tand van die tyd sal weldra ook die name van hierdie eerste en laaste bewoners wegvreet: Andries, Willem en Sarel Burger, Sarel Fourie, Andries Hoffman, Johannes Human, Hendrik Knoetze, Giel Moller, Andries en Johannes Noeth...

By die Nossobrivier was toestande egter veel slegter. Hier was net twee putte wat deur die Basters gegrawe is, albei binne die eerste 15 myl (24 km) van die sameloop af. Verder was die eerste boorgat op Ky-Ky, die plaas wat nog nie by die Wildtuin ingelyf was nie. Dit was nietemin 'n bate, indien nie vir die wild nie, dan immers vir die veldwagter en sy Basterkonstabel wanneer hulle op hul oneindig lange patrollies in die waterlose streek was. Want al was die boorgatwater byna ondrinkbaar sout en brak ("Die ou watertjies was sleg!" verseker ou Gert my) het dit tog, ook in die woorde van ou Gert "darem mens se lewetjie bewaar teen die dorsietjie!"

Vir die volgende 165 myl (266 km) tot op Unie-end, was daar vir alle praktiese doeleindes geen water beskikbaar nie. Natuurlik is die beskrywing "geen water" ook maar rekbaar, of moontlik meer korrek, krimpbaar. Op die plaas Kaspersdraai was daar weliswaar 'n put wat sewentien jaar tevore reeds gegrawe is, en waar tog 'n bietjie water aangetref is.

Die plaas Kaspersdraai is kort voor die uitbreek van die Eerste Wêreldoorlog, dit wil sê ongeveer in 1912, deur die pionier Rautenbach aan ene Duvenhage verkoop. Weens die waterskaarste het Duvenhage en sy seun op die vroeë herfs, die gunstige tsammatyd, gewag. Met wa en osse swaar belaai met soveel water moontlik, het hulle die Dorsland ingetrek. Die trekdiere kon gelukkig tsammas eet. Op Kaspersdraai aangekom, ná 'n tog van meer as honderd myl, het hulle onverwyld begin put grawe. Die weke het maande geword, die tsammas het skaars begin word, die water min en die put dieper – maar water was daar eenvoudig nie. Ten einde raad moes hulle inderhaas terug voordat dit te laat was.

Maar pioniers gee dinge nie so maklik gewonne nie en die volgende jaar was hulle terug. Weer het hulle gegrawe en verder afgegaan met 'n handboor nadat 'n blad oor die put gegooi is. Uiteindelik het hulle "water" gevind op 200 voet (62 m): sowat 'n halfgelling per uur.

Ook Kaspersdraai is later by die Gemsbokpark ingelyf.

Die eerste redelik bekombare water verder noordwaarts was by Unie-end (toentertyd algemeen bekend as Unions End en in sommige kringe vandag as Wêrelds-end) waar dit met 'n handpomp uitgepomp is.

Dit was dan min of meer die posisie ten opsigte van watervoorsiening. Ná baie jare eers sou dié posisie noemenswaardig verbeter.

Paaie was nog nie 'n noodsaaklikheid nie, want daar was immers nog geen motorvervoer nie. So ook ruskampe. Niemand het toe ernstig aan besoekers gedink nie. Nogtans kon dit geen kwaad doen om daaroor te bespiegel nie. Praktiese idealisme is die brandstof waardeur elke baanbreker voortgedryf word. En inderdaad het Johannes le Riche in hierdie vroeë dae al begin uitkyk na moontlike terreine waar later ruskampe kon verrys, al het menige sinikus smalend die vraag gestel: "Vir wie?" So vreemd het dit nog gelyk dat besoekers uit veraf stede eendag die moeite sou doen om die Dorsland te kom besigtig. 'n Mens kan byna nie 'n glimlag bedwing vir 'n aanhaling uit hierdie veelbewoë jare nie: "Vir ruskampe is daar verskeie mooi plekke en in sommige gevalle al kleinhuisies."

Met die verloop van tyd het die behoefte aan 'n tweede wit personeellid al hoe dringender geword. Indien so iemand aangestel word, sou hy verkieslik op die Suidwesgrenspos, Mata Mata, geplaas word terwyl Johannes le Riche dan op Tweerivieren kon gaan woon. Sodoende sou daar minstens dan twee beheerpunte vir deurgaande motoriste wees. Hy sou ook graag 'n bruin konstabel by Unieend wou aanstel sodat alle deurgaande verkeer – hoe min ook al – nogtans by 'n begin- en eindpunt beheer kon word. Maar dit was depressiejare en geld was maar eina. En hoewel die veldwagter 'n betroubare jongman aanbeveel het wat gewillig was om teen R6,00 per maand te werk, plus een springbok en een gemsbok per maand as 'n vleisrantsoen, het daar niks van gekom nie. Die bruin konstabel kon vir 'n nog veel laer loon verkry word, op voorwaarde dat hy toegelaat word om onder andere ses donkies aan te hou. Hierdie voorstelle is, met wysigings, mettertyd in werking gestel, soos ons in 'n latere hoofstuk sal sien.

Die wildposisie was redelik belowend, behalwe in die suidelike Nossob. Weliswaar het die wild in die laaste dekade swaar gely onder die "rivierjagters", maar tog was die tekens bemoedigend. Daar het genoeg oorgebly om weer 'n gesonde wildstapel op te bou so gou as wat die beskermingsmaatreëls sou begin vrugte afwerp. Enkele soorte, soos kameelperde, buffels en kwaggas, het wel al deur wilddiewe en klimaatsomstandighede uit die Gemsbokpark verdwyn. Dit was 'n klinkklare bewys dat minister Grobler se besluit nie veel later moes gekom het nie, anders sou die skade volkome onherstelbaar gewees het. Die een ding waarop wild en veld nou nog gewag het was reën – goeie, milde reën.

So was dan die wordingsjare van die pasgebore park. Vir die meeste probleme het daar tog êrens die eerste lig van oplossing begin deurskemer. Middele was so skamel en ontoereikend dat 'n ineenstorting gevrees is. Tog het daar nuwe lewe en groei gekom ... pynlik stadig, maar tog wel.

Oor minstens nog één bate het die Gemsbokpark in hierdie onsekere tyd van wording beskik: sy eerste veldwagter. Al was hy nie die hand wat die greep aan die hef gehou het nie, dan was hy minstens die swaard wat geswiep het in die stryd.

In die winter van 1933 het 'n drieman-kommissie die Gemsbokpark besoek om aan die raad verslag te doen oor alle moontlike fasette van dié nuwe wildtuin. Hulle het klaarblyklik 'n baie deurtastende ondersoek onderneem en by hul terugkeer soos volg oor die veldwagter, wat pas maar twee jaar in diens was, verslag gedoen: "Die raad is meneer Hockley ('n raadslid) baie dank verskuldig vir die keuse van Le Riche as 'n veldwagter. Hy is 'n geharde, uiters betroubare, en besonder handige man."

Nadat hulle ook vermeld het wat reeds deur hom vermag is, gaan die kommissie voort: "Dis merkwaardig hoe goed bekend Le Riche met elke deel van sy gebied is. Hy ken ook die Hottentottaal."

In die somer wat hierop sou volg, het die reëns gekom – die groot reëns waarop die land so lank gewag het. Swaar, aanhoudende reën, ná 'n snikhete, oonddroë voorsomer. Teen die einde van Januarie 1934 was dit reeds duidelik dat daar iets besonders aan 't gebeur was. Swaar donderstorms is opgevolg deur ongekende lang tydperke van reën. Maar die eintlike groot reëns het nog voorgelê. Toe dit kom, het die ganse Kalahariwêreld 'n metamorfose ondergaan. Panne wat nooit in menseheugenis water bevat het nie, het in plat kuile verander, terwyl die duine gretig elke druppel opgesuig en bewaar het.

Die treffendste gesig van alles was ongetwyfeld die twee sogenaamde droë riviere. Die eerste keer in die eeu het albei in 'n rasende vloed afgekom, steeds hoër en hoër, terwyl kameelboomstompe en opdrifsels lustig die ongewone vaart meegemaak het. In gewone omstandighede vloei hierdie riviere teen sowat 30 myl (48 km) per dag. Maar nou was albei tegelyk in vloed – geen afloopwatertjies hierdie keer nie – en was dit lewensgevaarlik om die 300 meterbreë, bruin vloedwaters te probeer oorsteek. Gou was die bedding in elk geval so vals en ongelooflik glad dat dit lewensgevaarlik was om dit selfs in die vlak water te waag.

By Tweerivieren het die vloedwater ineengevloei, gemaal en gekolk, en met verdubbelde krag op die lang weg suidwaarts na die Molopo voortgespoed. Aangesien die bedding nou nie meer as pad gebruik kon word nie, was die enigste wyse om oor die weg te kom oor die oewerduine.

Enkele kilometers ná die samevloeiing met die Molopo het ook die water van die Kuruman by die vloed aangesluit. Van hier het die massa water lui-lui sy weg gebaan in die rigting van die Oranje. Maar dit was 'n weg besaai met dwarsduine wat deur baie jare opeengestapel is toe die rivier nie gevloei het nie. Trouens, die Molopo het geen uitloop meer in die Oranjerivier gehad nie, sodat die vloedwater uiteindelik nie verder as Abiquaputs kon vorder nie. Hier het dit 'n reusagtige binnelandse meer gevorm, waarin weldra, tot die grootste verbasing van die Kalaharibewoners, vis gevind is.

By Gemsbokplein, op die linkeroewer, het Johannes le Riche en sy gesin hulle verwonder aan die vreemde gesig van vloedwaters wat onder hulle verbystroom. Dit was 'n vreemde faset van die Dorsland waarmee min ooit kennis maak. Met dié dat die vloedwaters hoër styg, het 'n vreemde gevoel van onrus en naderende onheil van die huisgenote besit geneem. Miskien was dit maar omdat die pa so 'n ongekende lang tyd tussen die vier mure van die huis vasgekluister was en dit terwyl die reën en die ontwakende veld hom na buite geroep het. Miskien ook omdat die vreemde gesig van bruin vloedwater iets dreigend, iets onheilspellend, met hom omgedra het, vererger deur sy geluidloosheid. Bedags was die rivier soos 'n stil, bruin pad, sonder die kenmerkende gedruis van 'n sterk stroom. Maar snags was dit nog geheimsinniger, waar dit soos 'n donker, blink slang verbygekronkel het. 'n Mens kon hom sag hoor suis, maar alleenlik as jy dit baie naby gewaag het. Andersins het jy net geweet dat dit daar êrens buite in die nag was; geweet sonder om sy teenwoordigheid sintuiglik te ervaar.

Hierdie vreemde onheilsgevoel het nog gebly selfs toe die ergste vloed reeds iets van die verlede was, die lang vlak kuile agtergelaat is, en ook toe daar kort daarna 'n tweede, kleiner vloed gevolg het.

Op 'n dag het Johannes uit die warm veld die huis letterlik binnegestrompel en op 'n stoel ineengesyg. Op sy verbruinde voorhoof het die sweetdruppels blink gepêrel, terwyl sy hortende asemstote onmiskenbaar die boodskap van onheil vertel het. Spoedig is hy bed toe, waar die kouekoors hom laat ril het ná die hittegloed van oomblikke tevore. So het koors en kouekoors mekaar afgewissel en die werklike aard van Johannes se siekte was spoedig duidelik: koors – koors wat geskuil het in die lang, vlak kuile nadat die vloed afgeneem het, koors in die Dorsland. Die siekte van die moerasse in die gesonde Kalaharilug. Wat 'n vreemde paradoks.

Met skrikwekkende snelheid het die siekte die pasiënt se kragte begin wegsmelt. Niemand was regtig voorbereid op malaria nie. Feitlik geen middels was beskikbaar nie, die rivier was weer in vloed ... en die naaste dokter 250 myl (403 km) ver.

'n Noodoproep is inderhaas na Askham gestuur waar sy suster Lulu gewoon het en vandaar verder na sy broer Joep op Saulstraat. Maar te veel tyd het reeds verlore gegaan. Onmiddellik nadat hy die berig ontvang het, het Joep die wa ingespan en na Gemsbokplein, meer as 100 myl (161 km) ver vertrek. Dit was eenvoudig te nat vir motorvervoer.

Toe hy enkele dae later daar aanland, het die rivier nog redelik sterk geloop, maar 'n halfvol rivier sou hierdie Kalahariseun nooit van sy broer se siekbed weghou nie. Op Gemsbokplein aangekom, was dit gou duidelik dat hul enigste hoop was om Johannes weg te kry van die rivier en moontlike herbesmetting. Derhalwe het hulle onverwyld die lang, vermoeiende tog na Askham waar die pasiënt verder verpleeg sou word, aangepak.

Ná 'n moeilike reis het hulle uiteindelik daar aangeland en is hy in die huis van Willie en Lulu Rossouw opgeneem.

Maar die koors was reeds te ver gevorder. Voor hulle oë het hy dag ná dag weggekwyn en sy vroeëre, gesonde gelaatskleur is verdring deur 'n onheilspellende blougeel skynsel.

Op 'n vroeë herfsdag het hy sag heengegaan.

Enkele dae later is sy enigste Basterkonstabel, Gert Jannewarie, ook aan malaria dood. Daarmee het die hele personeel van die Dorslandpark die koors ten prooi geval.

Die Gemsbokpark het sy eerste offer geëis.

# "Gee my 'n mán"

Drie jaar het verloop sedert die ontstaan van die Nasionale Kalahari-gemsbokpark; drie jaar waarin daar vordering gemaak is met die lê van 'n vaste fondament waarop hierdie ideaal gebou kon word. Daar is veel bespiegel en veel beplan maar ook veel werk gedoen.

Tog was dit nog maar die begin, die onsekere wordingsjare.

Nou, ná drie jaar, het veel van hierdie jong park weer na sy wordingsuur teruggekeer. Sy eerste pioniers was dood en met hulle baie van die kennis wat reeds op die harde manier verwerf is.

Oor één saak was daar egter nie twyfel nie: die wete dat die taak om so 'n onderneming met welslae te volvoer, iemand van besondere hoedanighede sou verg. Iemand sou gevind moes word wat harde slae van hierdie jong oord sou kon verduur en dit nog sou bly liefhê – nee, wat dit selfs dan nog méér sou liefhê. So 'n persoon sou gehard genoeg moes wees om swaarkry, ontberings, gevare en vyande te weerstaan en sag genoeg om sy taak grotendeels uit liefde te doen. Daar was dus iemand nodig wat dit as 'n roeping sou beskou en 'n lewenstaak daarvan sou maak. Maar selfs dit was nog nie al nie: Die ondervinding het nou reeds geleer dat die eensaamheid van die Dorsland ook die hoogste eise aan selfdissipline sou stel. Wat nog nie bekend was nie, was dat die vele besoekers wat later sou kom, van hom ook 'n insig en mensekennis van buitengewone formaat sou verg.

Inderdaad het die Gemsbokpark nou in die eerste plek behoefte gehad aan 'n mán – aan die régte man.

Politieke filosowe skryf veel van die vooruitgang van ons land toe aan die feit dat, ondanks wisselende omstandighede, Suid-Afrika nog altyd die regte man op die kritieke tydstip gehad het. Ewe waar is dit dat ons nasionale parke, ook in dié opsig geseën was.

Binne enkele dae ná sy broer Johannes se dood, is Josef le Riche – in die omgangstaal Joep – formeel genader om te verneem of hy nie die taak op hom wou neem nie. Sy agtergrond en sy persoonlikheid het hom uit die moontlike kandidate die beste vir die taak bekwaam. Die probleem was dat niemand hom eens presies kon sê wat van hom verwag sou word nie en hy dus op eie inisiatief sou moes optree.

Al het hy ook boerderybelange gehad, het Joep nogtans ingestem om tydelik die pos te aanvaar – 'n "tydelik" wat uiteindelik meer as 'n kwarteeu sou duur. Oor sy liefde en sy belangstelling in natuurbewaring en tot hoe 'n mate hy die regte man op daardie tydstip was, sou die toekoms nog beslis.

In die herfs van 1934 het Joep die hartbeeshuisie by Gemsbokplein betrek – voorlopig alleen. Die troudatum was eers vir Julie bepaal. Op sy skouers sou voortaan die taak rus om 'n nasionale erfenis waarop die ganse nasie eendag trots kon wees, te bewaar en uit te bou.

Terselfdertyd het hy sy eerste Basterkonstabel in diens geneem. Hy was die nou reeds byna legendariese Gert Mouton. Groot en fris gebou, was ou Gert nie iemand wat hom onnodig aan gevaar blootgestel het nie, of, soos iemand anders dit treffend gestel het, was hy nie onverskillig nie. Ja-nee, Gert het ook maar sy klein swakhede gehad, soos ander sterwelinge, maar daarby was hy tot in die kleinste so kinderlik getrou dat sulke leemtes in die reël maar met 'n glimlag oorgesien is. Samevattend kan 'n mens sê dat Gert 'n "respekvolle" man was. Hy had inderwaarheid respek vir baie dinge: vir roofdiere, vir donderweer, vir hoogtes, vir sy werkgewer, vir elk van baie dinge op 'n gepaste, eiesoortige wyse. Verder was hy geseën met die sonderlinge gawe van 'n verkwiklike humorsin, sodat hy, nadat alles verby was, die komiese in elke gevaarvolle of "moeitlike" situasie kon raaksien en dit by oorvertelling onverbeterlik kon weergee. En veral sy weergawe van sulke "moeitlike affêrings" was vir my, soos vir menige ander, 'n onuitputlike bron van genot.

Nou moet ek dit eers noem dat Gert die manier het om, wanneer gevaar dreig of situasies kritiek raak, te verval in die ongewone gebruik van verkleinwoorde. Maar selfs by die oorvertellings van sulke gebeure leef hy hom sodanig in in vergange jare, dat hy maar weereens met sy verkleinwoorde begin. Hierdie gebruik, meer as enigiets anders, herinner 'n mens onwillekeurig aan die kostelike Engelse geringstellings wat sonder uitsondering daarin slaag om presies die teenoorgestelde gevoelswaardes weer te gee. In elk geval verleen dit soveel kleur aan 'n storie, dat dit louter genot is om na hom te sit en luister. "Ou Gert Goedjies" is sy bynaam onder die ander Basters, wanneer hulle met 'n glimlag na hom verwys. Geen wonder dat die Le Riche-familie met soveel toegeneentheid aan die ou pensioentrekker terugdink nie. Dit bly ook nie net by terugdink nie, want daar word vandag nog veel vir hom gedoen.

Met Gert as sy enigste amptelike hulp, en met baie herinneringe aan 'n te vroeg heengegane voorganger en broer, het die jong Joep die huisie op Gemsbokplein betrek. Die swaar en soms byna bomenslike taak sou hy van hier aanpak. Sag van spraak, met vriendelike, blou oë en 'n ferm mond wat maklik in 'n glimlag plooi, vertoon sy uiterlike min van sy groot innerlike krag. Miskien vat ou Gert dit nog die beste saam. Op die wal van die Ouob, plat op die kalk, het ons gesit en bespiegel. Terwyl hy met 'n stukkie duinriet langsaam strepies in die rooisand trek en sy blik nadenkend oor die verste oeverduin sweef, sê hy met die stille oortuiging van iemand wat wéét: "Die Meneer is mos nie 'n groot, frisgeboude man nie – maar hy't 'n fris hartjie! 'n Ding kan maar hoe moeilik wees: As hy vir my gesê het 'Ou Gerrie, ons pak die weg aan!' dan is dit meningwaar! En dan het daar ook nie eers 'n haar van my hofietjie afgeval nie!"

Soos sy werkgewer, was ook ou Gert nog nie getroud nie en moes "die twee mansmensies nou maar alleen opsnork" voordat vroulike teenwoordigheid hulle "makgemaak" het. Self was, self stryk, self slag, self bak – soms ook self brou. Maar sulke dinge leer 'n mens vinnig aan "en die Meneertjie was een-twee-drie 'n duikerse goeie knieër," sê ou Gert en hy kyk my vol in die gesig om seker te maak dat ek nie hierdie hoedanigheid geringskattend opneem nie. Ek het nie – met die gedagte daaraan hoedat Joep in die jare wat sou volg, hom sou aanpas by die mees ongewone omstandighede.

Anders as sy voorganger, het die jong veldwagter spoedig oor die weelde van 'n motorvoertuig beskik, al was die "ou houtspeektjorrietjie nie so goed soos vandag se mouters nie". Sommer met die huis toe bring, het 'n katastrofe byna die motortjie getref. Die swaar reëns van '34 was nog nie verby nie en hy het geweet dat dit weinig sou kos om die riviere weer aan die loop te sit. So het Joep dan reeds van die Molopo af geworstel en gegly, modderboë opgeskop en soms dwarsweg geskaats, maar darem tog daarin geslaag om die voertuig se neus in die algemene rigting van Tweerivieren te hou. Hy sou een van die twee riviere moes oorgaan om by sy huis te kom. Die Molopo het nou wel nie op daardie oomblik gevloei nie, maar alles was deurnat en die slik so glibberig soos 'n paling. Die breë bedding het 'n mens nogtans ruimte gegee om te maneuver solank die rivier minstens net nie meer vloei nie.

Maar 'n vloed was in aantog, al was dit nie by benadering vergelykbaar met dié van 'n paar maande tevore nie. Hy het reeds tot byna by Tweerivieren gevorder toe Joep hoër op die voorloperskuim van die bruin vloedwaters gewaar het. Hier was moeilikheid! Met die nodige bestuurvernuf was dit wel nog moontlik om halfpad teen die oewerduin op die water self te ontduik – maar êrens vorentoe moes die rivier nog oorgesteek word.

By Tweerivieren aangekom, was dit onmiddellik duidelik dat geen motorvoertuig enige hoop gehad het om deur te kom nie. Joep was met sy motortjie natuurlik nou op die linkerwal van die rivier, dus eintlik in Botswana. Indien hy egter bokant die sameloop die Nossob sou kon oorsteek, sou dit beteken dat hy relatief maklik sy huis sou kon bereik, aangesien hy dan tussen die twee strome sou wees.

Stroomop, al op die kalk langs, hou hy so na as moontlik aan die oewer self om die hoë duine te vermy. Maar darem ook nie te na aan die vals slikbed nie, want een verkeerde stap, of een oordeelsfout, kon die reis terstond beëindig. En 'n mens weet nooit of die dekselse rivier nog gaan aanswel nie. Die grootste omsigtigheid moes derhalwe aan die dag gelê word. Die lang reis van Upington tot by Tweerivieren het reeds twee dae in beslag geneem en dit was bepaald nie die moeite werd om nou te loop vasval nie. Gelukkig word die duinsand ná sulke swaar reëns ongewoon ferm, sodat 'n mens darem met 'n groter mate van sekerheid daaroor kan ry.

Van die sameloop af vorder die veldwagter geleidelik in die rigting van Leeudril waar 'n groterige Basternedersetting geleë was. Daar was blykbaar net een weg oop: As meganiese vervoer dan nie die rivier kon oorsteek nie, moes daar maar teruggegaan word na die troue ou eseltjies en 'n stewige wa.

By Leeudril het die statjie se bewoners maar traag en koulik uit hul huise te voorskyn gekom. Hulle was nie gewoond aan sulke ongewone ondernemings in nat weer nie. Tog was hulle geensins onwillig om hulp aan Joep te verleen nie. Binne 'n paar uur was die grootwielbokwa skuins ingegrawe en kon die tjorrie hom netjies op die buik gaan staanmaak.

Vir die oorsteekpoging is 'n twintig stuks esels ingespan en kon die ongeëwenaarde reis (of vaart) oor die breë stroom van die Nossob – op plekke nog vier voet (1,22 m) diep – aangedurf word. By die watersoom het die span donkies agterdogtig en vol huiwering twee-twee vasgesteek. 'n Mens kon hul huiwering begryp. Vir 'n donkie in die algemeen en vir 'n Kalahari-esel in die besonder, is 'n lopende rivier 'n onbekende, vreesaanjaende gesig.

Van veel meer as huiwering was daar egter nie sprake nie; want die dowwe plofslae van die Basterdrywer se dik taboets het die deurslag gegee. Aangevuur deur die karwats, is die span langsaam die koffiebruin stroom in. Voorwaarts na die oorkant nou! Bo-op die wa het die "moutertjie" hoog en droog die heenvaart meegemaak.

Die val na die bedding was baie geleidelik, sodat die water langsaam dieper geword het, maar toe het die voorste esels benoud die koppe omhoog begin ruk en vasgesteek, om dadelik daarna, asof in stomme oorgawe, stroomaf te begin swenk. Hier was vir jou moeilikheid! Die Basterdrywer, met sy wildebeesveltaboets hoog bokant sy kop, het hom swaailyf deur die water begin haas, so goed die drukking van die stroom en die seepgladde bedding hom dit toegelaat het. Gelukkig was hy aan die hotkant van sy span, wat natuurlik ook die stroomafkant was, sodat hy gouer die voordonkies en die hulpelose jong touleier kon bereik. Laasgenoemde het benoud aan die leiriem bly klem, terwyl sy kaal bas soos 'n Boesmanboog gespan het om die koppige esels op koers te probeer hou. Die gesamentlike poging van drywer en touleier, aangevul deur eersgenoemde se keurige woordeskat, het gou die gewenste uitwerking gehad en weldra was die span weer op koers. Vyf minute later was die voordonkies deur die middestroom en het hulle met ongewone ywer begin beur na die oorkantste kalk.

Veilig afgelaai op die skuinste het die motortjie die eerste keer weer sy stem laat hoor. Van hier sou hy die lang, moeilike pad terug na die sameloop, en vandaar die nog langer pad op na Gemsbokplein sonder hulp moes uitstoom. Die aand van die derde dag was hulle veilig tuis – 'n trotse gemiddelde van 130 kilometer per dag.

Alte lank kon die nat weer die veldwagter nie binne die vier mure van sy hartbeeshuisie hou nie. Daarin was dit beklemmend en drukkend terwyl selfs die pleisterklei van al die nattigheid begin afval en groot, skurwe sere agtergelaat het. Die veld, die wye veld, het hom na buite geroep.

Die enkele kere wat hy saam met sy broer die noordelike dele besoek het, het meegebring dat hy nie 'n volkome vreemdeling in daardie gebiede was nie.

Van Gemsbokplein af het dit maar sukkel-sukkel gegaan tot by Unie-end. Die riviere was nou heeltemal afgeloop, maar die kolke was nog vol en die rivierbeddings glibberig en vals. Miskien het hy te gou na die reëns die verkenningstog aangepak, want die nat pad het sy brandstof so vinnig weggeslurp dat hy lank voor die bestemde tyd huiswaarts moes begin keer of die risiko moes loop om voet te slaan oor die duine.

Voordat hy egter van Unie-End kon vertrek in die rigting van Grootkolk, het Joep 'n skokkende ontdekking gemaak. Die wilddiewe het jou waarlik al deurgedring tot hierdie noordelikste punt. Onmiskenbaar het die pasgeslagte reste van die gemsbok die onrusbarende verhaal vertel. Selfs tot hier al! Kom hul moontlik van so ver as Ky-Ky af, waar die laaste Basters woon? Of sou dit dalk die Kalgaries (die algemene verwysingsnaam van die Bakgalagadi, 'n stam met 'n lae status in Botswana) wees? En dít pas nadat hy hom begin verheug het in die mooi troppe gemsbokke en wildebeeste, afgewissel deur springbokke met hier en daar selfs kleiner troppies rooihartbeeste in die hoër loop van die Nossob.

Sou daar dan waarheid steek in die gerug dat die jag deesdae sulke goeie winste oplewer? R1,25 vir 'n wildebeesvel en R1,40 vir 'n volstruisvel? Maar wag maar – die boetes smaak nog suurder! As daar net nie wetlike beperkings was wat verhinder het dat hy hulle aan die oorkant mog vang nie! Want as hulle eers die middellyn van die Nossob oorgesteek het, was hulle natuurlik skotvry.

Die veld om die jong veldwagter heen op sy glibberige reis suidwaarts, was byna te mooi om werklikheid te wees. Die kameeldoringbome het reeds 'n reusagtige oes van ryk peule laat uitswel. Vanjaar sou die peulvreters ongekende weelde geniet. Selfs die mistroostige ou vaalkameelbome, altyd so effens stief en verdwerg teenoor hul trotse bloedbroers, lyk of hulle losgeruk is uit die melankolie. Oor die duintoppe op die oewers, net bokant die rivierkalk, loer driedorings onbeskeie na onder. Vanjaar is hul maer takkies self lustig ingeryg met 'n keur van grasgroen blaartjies en rykbruin peule – om nie eens te praat van die kortbeenboesmans hoër op waar die duine in 'n vlakte begin ontplooi nie. O saligheid, vanjaar is hier "rondom te veel" aan snoeperye alleen! En die gemsbokke is juis vir die peule so lief.

As gevolg van die oorvloedige reëns en die riviervloed, is baie van die boorgate oorstroom. Terug op Gemsbokplein het Joep derhalwe gou besluit om ondersoek daarna in te stel. Sodra die weer sy drif verloor het en die herfsmaande aanbreek, sou hy alles in die stryd moes werp om die gate weer skoon te kry.

Met hierdie voorneme bevind hy hom op die tweede dag reeds weer op pad en hierdie keer weswaarts in die rigting van Mata Mata. Teen die middaguur, terwyl 'n ongekend hoë lugvogtigheid die laatsomerhitte ondraagliker as gewoonlik maak, kom hy by Klein Skrijpan se boorgat aan – die dertiende boorgat, soos gewoonlik daarna verwys is. En hierdie dertiende boorgat het altyd maar die neiging geopenbaar om onheil te trek.

By die boorgat, wat ook vir talle 'n halte was, aangekom, vind Joep dat 'n ander motoris reeds daar stilgehou het, klaarblyklik om 'n wyle te vertoef sodat die ergste middaghitte kon afneem. Terwyl hy sy eie motor tot stilstand bring, kyk Joep met ongewone belangstelling na die ander motor en sy reisigers. 'n Gevoel van diepe agterdog teenoor die mense pak hom beet. Agterdog? Maar waarom dan juis nou? Motors was weliswaar nog maar 'n seldsaamheid, maar waarom dié skielike gevoel? Vra hy homself af.

Op die ingewing van die oomblik klim Joep af en stap reguit op die bestuurder van die ander motor af. Ná sy gewone hoflike groet, konfronteer hy die bestuurder sonder verwyl met die effens uitdagende versoek: "U gee seker nie om dat ek u motor deursoek nie? Net vir ingeval u dalk bokke êrens wegsteek," voeg hy halfskertsend by om 'n bietjie suiker om die pil te smeer.

Die bestuurder van die ander motor, 'n sekere Myburgh, was nie besonder gediend daarmee nie, dog die vriendelike maar ferme houding van die jongman het hom nie juis 'n keuse gelaat nie. Effens teësinnig stem hy toe maar in.

Die kattebak word oopgesluit, die deksel gelig – en daar lê die vars springbokkarkas! Dit was ook nie al nie. Binne-in die motor was nog vyf pond (2,27 kg) nat biltong, terwyl die geweer en twee sakke varsgesnyde gemsbokrieme ook agterin versteek is. Joep het sy eerste stroper, die eerste van 'n lang ry, aangekeer. 'n Paar dae later is die saak op Witdraai verhoor en al was R10,00 nie 'n besonder hoë boete nie, was dit nogtans 'n begin.

So gou hy sy kleiner roetinewerkies tuis afgehandel het, het Joep hom begin voorberei vir 'n lang kameelpatrollie in die gebied suid van die Nossob, om vas te stel hoe die wildposisie daar was en of daar stropery plaasvind. Die nodige voorraad voedsel, hoofsaaklik brood en vleis, is gelaai, die kameelkanne is met water gevul en voordag die volgende oggend was hy en Gert op pad. Die drie ou kamele, Tiny, Tinker en Kaputa, het onder luide protes "gekoes" (die term wat algemeen vir die kniel van 'n kameel gebruik word) sodat die ruiters hulle kon bestyg. Ou Kaputa moes die kos en water dra. Die regopkom ná die koes het onder ewe luide protes geskied, terwyl hulle geniepsig na die kante gehap het. Dit is eenvoudig maar 'n rituéel wat 'n kameel nie maklik laat vaar nie, selfs al is hy al hoe mak gery. Telkens is daar maar weer die geweeklaag en gebrul en, onplesieriger nog, die skuimende bondels maaginhoud wat dit in die proses opbring – onwelriekend en weersinwekkend. Onvriendelik, onaantreklik en geniepsig is dié diere, maar onvervangbaar wanneer voedsel skaars word en water net 'n lekkerny is. Dan het hulle geen mededingers nie en vergeef 'n mens hulle met vreugde al hul ongenaakbaarheid en onaansienlikheid.

Van Gemsbokplein af het Joep en ou Gert hulle ongemaklike rit begin in die rigting van Depôt. Die skommelgang van die kamele het die ruiters in 'n ongerieflike vorentoe-agtertoe gewieg gedompel, waarby hulle ook 'n sydelingse waggeling nie gespaar is nie. So 'n kameel is miskien vinniger as 'n perd en meer bestand teen droë toestande, maar uit die ruiter se oogpunt is so 'n ryery nou nie juis die gerieflikste wat daar is nie.

Pas het hulle by Depót die duineveld betree, of dit het vir die twee ruiters duidelik geword dat daar iets ernstigs met ou Kaputa se linkervoorblad skort. Eers het hy net liggies gehink, maar geleidelik al hoe meer begin kruppel loop, totdat die been weldra byna heeltemal mank was. Dit was nou werklik 'n lollery wat gedreig het om die hele patrollie te verongeluk. En die moeilike wêreld oor die duine het nog voorgelê.

Van Depót af is die patrollie langsaam weswaarts in die rigting van die pannereeks verder vorentoe. Die stadige pas wat hulle as gevolg van die kameel se ongerief moes volg, het Joep en Gert nie in die ware sin van die woord vertraag nie. Tyd was kwalik 'n oorweging. Die doel was immers om 'n noukeurige aanduiding van die wildposisie te kry en terselfdertyd mensspore te soek. En dan kan daar nie te vinnig getrek word nie. Die kommer was dus veel eerder oor die arme ou lasdier se pynlike kreupelheid. Wat beteken tyd in elk geval as die hart nêrens so vry en gelukkig voel as in die eindelose ruimtes nie, met die streling van die koel wind op die verbruinde gelaat, terwyl die wakker blik rustig en kalm oor die duinrûe heen gly?

Ver vorentoe het die lae oewerduintjies van die eerste pan, Rolletjies, reeds hulle koppe oor die ander begin steek. Toe die ruiters na enkele minute daar aanland, het 'n ongewone gesig op hulle gewag. Die pan was vol water! Wel, miskien nie "vol" nie, maar 'n uitsonderlike groot kuil het tog die bodem bedek. Dit moes bepaald hier gewees het waar Gert die eerste maal aan sy Samaritaanse plan begin kou het, maar voorlopig het hy stil gebly.

Verder en verder weswaarts gaan dit weer, terwyl die ou kameel se toestand eerder versleg as verbeter. Maar ook 'n ander ongunstige bevinding het nou op hulle gewag. Voordat hulle die volgende pan sou haal, het hulle nie minder as twee maal mensspore gesien nie. In albei gevalle was dit "uit-spore" en dus nie die moeite werd om te volg nie. Die wilddiewe was dus erg bedrywig. En dit terwyl Joep-hulle, afgesien van 'n paar springbokke en gemsbokke, nog skaars enige wild teëgekom het.

Toe hulle Tweegesig binnery en weereens begroet word met die ongelooflike gesig van 'n lang, ovaal kuil water waaroor die ligte wind klein kabbels jaag, was dit vir Gert te veel. "Meneer!" sê hy dringend, "laat ons nou maar die ou watertjies weggooi, sodat ou Kaputa ligter kan dra! Vir wat sal ons dan nou water loop saamdra – die panne is tog vol."

So maklik sou Joep hom nie laat ompraat nie. Hy het in die Dorsland grootgeword en die onvoorspelbaarheid van die waterposisie goed geken, al het Gert dan nou die besondere panne beter geken. Voorwaarts dus maar weer. Daar is erger dinge as 'n kruppel kameel wat 'n Dorslandpatrollie kan tref.

By Sebupagas het ou Gert triomfantlik in sy saal teruggesit sodra hulle die pan binnegery het. Daar's hy! Voor hulle het die onomstootlike bewys gelê: 'n tamaai plas water.

Argumente het Joep nie nou juis meer oorgehad nie, maar 'n vae voorgevoel wel. Hierdie pan het beslis minder water as die voriges gehad. Hy voel egter ewe jammer vir die stomme ou lasdier en toe Gert 'n verdere betoog lewer, het hy hom laat ompraat en is die waterkanne summier omgekeer. Daarmee was ou Kaputa se las verlig en kon die reis met groter gemak voortgesit word. Die ou kameel het op sy beurt dadelik getoon dat hy veel makliker loop. Miskien was dit tog die regte besluit.

Of was dit? Die volgende pan het hom reeds laat twyfel – dit was bleek en beendroog. Weliswaar kon hulle nou nog met redelike gemak omdraai maar dit sou die hele patrollie erg in die wiele ry. Buitendien is dit pannewêreld hierdie en verder vorentoe lê nog minstens 'n vyf stuks.

Spoedig het die toestand 'n ernstige wending begin neem: Klein Skrijpan was droog en teen die middaguur ook

Groot Skrijpan. Die fris bries van vroegoggend het gaan lê en die son het ongenadig uit 'n wolklose hemel begin steek. Die patrollie het vinnig op 'n noodtoestand afgestuur en nêrens kon daar nou lank vertoef word nie. Die vinniger pas het ou Kaputa nou pynlik laat kruppel loop.

Die selfverwyt het Gert sy droë kwinkslae van die oggend ontneem, en kort-kort het hy verskonend verduidelik dat hy darem nou nie "geverwag het dat die ou watertjies so sonder noutis sou opgee nie". Joep se swye het die ou meer ongemaklik gemaak. As hy liewer wou skel en raas. Maar Joep was iemand, soos Gert in die jare wat voorlê sou uitvind, wat liewer een woord te min as een te veel sê. En wat kon buitendien bereik word deur die arme Gert die Leviete voor te lees? Hy word reeds gepynig deur die wete dat hy 'n drastiese oordeelsfout gemaak het. En dan, aan die ander kant, vra Joep homself af, het hy dan nie maar min of meer dieselfde flater begaan nie? Sy onkreukbare sin vir regverdigheid het hom derhalwe geen woord van verwyt na Gert se hoof laat slinger nie. Laasgenoemde het egter die presiese betekenis van Joep se swye verkeerd beoordeel.

Vervolgens was die Gammspanne ook droog en in die windstille laatmiddag het hulle vol verwagting afgeswenk na die groot Kafirspan. Dit het nou onnodige draaie meegebring, maar water moes hulle hê. Die kamele moes ook, want al is hulle veel beter bestand teen dors as enige ander rydier, het die broeiende middaghitte tog sy tol aan liggaamsvog geëis.

In 'n sekere sin het Kafirspan wel aan die verwagtings voldoen: Daar was water. Die teleurstelling was egter net om die draai. Die moeë ruiters was nog nie eens aan die watersoom nie, toe dit duidelik geword het dat dit wat hulle gesien het, nie eintlik "water" was nie. Nietemin laat hulle die kamele koes en klim moeg uit die saals om aan die vogtigheid voor hulle te voel. Dit was egter reeds so 'n modderige pappery dat 'n mens dit eerder sou kon eet as drink.

"Gert," beveel Joep, "gaan haal die keteltjie vir ons uit. Ons moet maar probeer om hierdie modder te kook en dit dan te laat afsak. Maar ons sal moet gou speel en dan verder soek. Ons diere sal nooit hierdie kalkpappery drink nie."

"Goed, Meneer," kom dit van Gert, "ons moet darem maar poebeer om 'n nattigheidjie in te kry – al moet ons hom dan kôk!"

Terwyl twee paar oë dit angstig dophou, het die kleiwater weldra begin roer in die ketel en uiteindelik fyn borrels na bo laat los. Nog 'n paar fyn houtjies, nog 'n paar minute se wag – en dit kook. Al wat nou nog oorgebly het, was om dit te laat afsak en dan geduldig te wag dat dit verder afkoel. En dan, natuurlik, om die skamele oes 'n paar sekondes lank te betrag voordat dit gedrink word. Die ketelvol het elk van die twee blikbekertjies maar net halfpad gevul. Veel meer as 'n nattigheidjie was dit inderdaad nie!

Voorwaarts weer, na Sitzas, waar daar oornag moes word. Dalk sou hierdie pan meer oplewer. Met die son laag in die weste het die trekgeselskap die hoë rooi duin teen die blou hemel sien uitsteek. Soos hulle naderkom, word ook die fynere detail geleidelik skerper en duideliker, byna soos 'n beeld wat algaande in fokus kom. Selfs van onder kan hulle sien hoedat die skerp duinrug in sierlike kurwes na die gesigseinder wegkronkel. Slegs die onderste helfte is enigsins met plantegroei bedek, sodat die ragfyne riffels wat hoër op deur vanoggend se wind nagelaat is, ongelooflik helder en duidelik in die rooisand ingekeep lê. Die rooisand was geen nuwe gesig vir Joep nie. Nogtans kan hy homself nie daarvan weerhou om die teuels in te trek, sy rydier tot stilstand te bring en 'n paar sekondes lank die wonderskoonheid daarvan te betrag nie. Karmosynrooi lê dit daar in die laaste strale van die son, met die riffels skerp omlyn deur die kort klein skadu's aan die wegkant. Maar môre, dit weet hy, as die nag weer die vog na bo laat stu het, verander die hele kleurespel dramaties. Dan is die rooisand warmrooi, die kruin skerp geëts teen die asuurblou hemel. En middag, as die son genadeloos reg van bo neerbrand en die hemelkleur verander het in 'n skerpe fletsblou, dan is die rooisand 'n ongelooflike valerige rooskleur terwyl dit voorkom asof die kartelinge in die ongenadige skerp middaglig die stryd gewonne gegee en gaan lê het.

Laer af teen die duin steek die sierlike rondings van witgatbome skerp af teen die rooi – hulle het die hoogste uitgeklim. Ondertoe eers begin die geniepsige swarthaak en die besembos, almal nou nog lowergroen in hul beste somergewaad. Hulle ken die swaar tye, maar hulle klee en skik hulle vol wysheid na die toestande van die dag.

Pas anderkant die hoë rooi duin lê Sitzaspan – droog of vol water? Om die kamele onnodige klimmery te spaar, stap Joep reg oor die duin op die pan af terwyl Gert al op die duin langs die makliker weg met die diere sou volg. Oor die hoë rooi duin en oor die laer oewerduintjie stap Joep, af na waar die gemsbokke lang, onsimmetriese gate in die vlak sand gegrawe het. Voordat hy hierdie gate bereik het, het Joep nog geweier om die waarskynlike te aanvaar, maar nou is dit duidelik: Hier het selfs nie eens bietjie kleiwater oorgebly nie. Moeg steek hy by die rand van die holte vas, haal die kakiesakdoek uit om sy beswete voorhoof af te vee, maar besluit dadelik daarteen. Die kalkerigheid van vanmiddag toe hy die sakdoek as filter moes gebruik, het dit behoorlik hard gestywe. Geen water nie. Nie 'n druppel drinkwater hier nie! En die nag lê nou somber en swart voor. En môre...?

Tot sover het Joep met sy bespiegelings gekom, toe iets agter hom sy aandag trek. En wat 'n ongewone gesig! So vinnig as wat hulle enigsins kon, kom die kamele die oewerduin se helling afgestorm, terwyl Gert hulle nog vinniger aanspoor met sy handsambokkie. Genade ons, die arme dors goed! Wat sou in die ou gevaar het? En die arme ou kruppel Kaputa!

Skaars het hulle vlak by hom in 'n stofkolom tot halt gekom, die kamele luid murmelend, of ou Gert tuimel uit die saal voordat die kameel nog kon koes.

"Gert, wat jaag jy so met die dors kamele?" vra Joep toe Gert na sy onwaardige afklim weer sy balans herwin het. Maar die Basterkonstabel het nie vir die pret so hard gery nie. Die verwilderde blik in sy oë en sy vinnige asemhaling het dit duidelik genoeg bewys, selfs al sou 'n mens die beswete gesig dan aan die hitte toeskryf.

"Haai, Meneer," hyg Gert dit met dodelike erns uit. "Die loutjie! Daar's 'n lelike doodjie bo-op die duin. Die loutjie het my amper gevang. Hy sit my en dreig op vyf tree, výf tree! En toe het hy nou al die voorlyfie ook opgetel om op my te spring. En die ou kamele stap op hulle se gemak aan. Herkou dan ook nog. Maar toe neuk ek so 'n ou kameeltjie!" Gert se oë rol by die herinnering aan die pas afgelope noue ontkoming. Dan vra hy, byna asof hy daarvan vergeet het: "Is daar darem 'n nattigheidjie in die pan?"

As Joep enigsins geamuseerd was deur die ou se benouenis, het hy niks laat blyk nie. Die nag het voorgelê en dit kon geen doel dien om sy konstabel se senuwees nog verder op hol te jaag nie. En water, nog meer as die duinleeu, was natuurlik nou 'n werklike bron van kommer. Veel verder kon hulle nie met die dors kamele trek nie en hoewel Gert moes besef het dat dit onvermydelik was, het die besluit om in die pan te oornag, hom hewig ontstel. Vir laas het hy nog 'n argument probeer aanvoer: "Maar ons kan nie die vredetjie hier betrou nie!" Hy het egter besef dat die oordeelsfout van die oggend eintlik verantwoordelik was vir hul probleem en het derhalwe gelate maar naarstiglik voorbereidsels begin tref vir die nag.

Voor skemer het hy die kamele vasgemaak, alle beskikbare droë hout wat met veiligheid bekom kon word, aangedra, met verkwiklike ywer begin om drie vure om die "kamp" aan te lê, sy ou martini stewig ter hand geneem en gewag op die donkere nag wat om hulle toesak.

Hul persoonlike, klein kameelbalies, wat Joep versigtig as noodverraad bewaar het, is te voorskyn gebring. Hieruit sou hulle vanaand moes drink en koffie maak en nog iets probeer oorhou vir die dag van môre. Vir die diere was daar egter niks.

Skaars het die laaste lig in die weste verdwyn en 'n strelende, koel asempie oor die pan begin stoot, of die eerste diep dreunings het op die aandlug na hulle begin aanrol.

Dit kon die leeu van vanmiddag gewees het, maar moontlik ook nie. Toe 'n tweede stem hom by die eerste voeg en die woeste duo die lug voelbaar laat tril, het hulle sonder enige twyfel geweet: Dis nie vanmiddag se leeu nie en dis ook nie halfwasgoedjies nie. By die geringste, denkbeeldige ritseling kyk Gert benoud om om die donker te probeer deurboor, maar selfs op die wit kalkbedding van die pan kon 'n mens nie verder as tien meter sien nie. Skaars het die eerste uitdagende akkoorde weggesterf en die swaar stilte neergedaal, of Joep sê aan Gert: "Daardie verste vuur van jou – dit lyk my dit is besig om uit te brand!"

Gert het dit self ook al bemerk, maar nog gehoop dat 'n wonderwerk hom die staptog sou bespaar. Nou het hy egter geen keuse meer gehad nie. Met 'n swaar sug staan hy op, vat sy martini stewig in sy linkerhand en begin sonder verdere kommentaar, maar met huiwering die lang staptoer van dertig meter. Van sy vuur is waarlikwaar nog net 'n gloeiende hopie kole oor!

Uit die ligkring van hul gesamentlike vuur gaan Gert langsaam en versigtig na die gegloei van die tweede. Tussenin loop 'n mens onvermydelik deur tien meter van byna volslae duisternis maar gou kon voorwerpe weer onderskei word in die dowwe gegloei van die volgende vuur se kameelboomkole. Net toe Gert buk om die hout op te tel, het die donker omtrekke van 'n roofdier hom meteens uit die dowwe gloed van die kole toegegryns. Gert moes gesien het dat dit niks meer as 'n swartwolf was nie – soos sy relaas bewys – maar momenteel was die skrik te groot. Met 'n onderdrukte gil het hy omgeskarrel en die afstand terug na veiligheid in 'n besonder kort tydjie afgelê.

Toe hy die ou so woes sien naderstorm, het Joep by die vuur opgespring. Met die dekselse Kalaharileeus wis 'n mens nooit. "Wat is dit, Gert?"

"Die leeu – ag, ek meen die swartwolfie!"

"Maar jy's nie bang vir 'n swartwolf nie, Gert?"

"Nee, Meneer, maar 'n mens weet nie wat hy dalk kan maak nie! En hier's leeus ook! Ernstig baie! Vannag sal ons 'n smartelike nag hê!" Sy asem jaag.

"Maar jy is tog gewapen, Gert." Toe skielik: "Maar waar is jou geweer?"

Gert kyk met stomme verbasing af na sy leë hand. "Die martini'tjie? Hy moes seker uit my handjie geval het met die vinnige omsit toe die swartwolfie my gedreig het!"

Die rib wat aanstons oor die kole gebraai is, het saam met 'n paar snye van die tuisgebakte brood voorwaar lekker gesmaak. En wie sou wou beweer dat selfs 'n vors op sy troon vryer en blyer kan wees as die natuurkind – in hierdie aanduur 'n onlosmaakbare deel van die "land wat droog geword het" – van sý Kalahari?

Joep se kalm gedrag het Gert algaande meer gerusgestel, sodat hy na sy groot skrik darem sy brood in vrede kon breek. Nie dat hy volkome die "vredetjie betrou" het nie, anders sou hy sy ou martini daar gunter in die duisternis gaan haal het. Vir die oomblik was die leeus stil – dertien van hulle soos later vasgestel is – maar êrens in die woestynnag het hulle ongetwyfeld op die loer gelê.

Ten spyte van die kamele se onplesierige "maniertjies", het Joep dit nogtans gerade geag om die seilkampbedjie binne enkele treë van hulle op te slaan. Dit was darem onwaarskynlik dat die leeus 'n direkte aanval op die diere sou doen as hy so naby was. Gert het sy aandag bestee aan die verkenning van die omliggende veld vanuit die veiligheid van die vuurgloed. Aan die naaste en tweede vuur het hy nog 'n keer aandag gegee, maar die derde een, waar die swartwolf hom gedreig het, het hy maar aan sy lot oorgelaat.

Nie lank daarna nie, het die leeus weer begin brul. In die duister van die nag mog dit skrikwekkend geklink het, maar vir Joep was die feit dat hulle nog geen poging aangewend het om die kamele aan te val nie, veelseggend. Hulle belangstelling was so ... terloops. Selfs hul gebrul was meer lustig as dreigend. Dit kon net een ding beteken: Die trop was bepaald nie honger nie, anders sou Gert die middag beslis nie so lig daarvan afgekom het nie. Noudat hy daaroor nadink, herinner hy hom dat die leeu, volgens die ou se eie weergawe, net orent gekom en geknor het. Daar was selfs nie eens die skynstormloop nie. Solank die vuur aan die gang bly – en daarvoor sou Gert wel sorg – was daar waarskynlik min gevaar.

Joep staan toe op, rek hom behaaglik uit na die lang dag se skommelgang, en sê dat hy gaan slaap. Gert is enigsins verbaas, maar behalwe dat hy onderlangs iets brom van "liewerster waak", lewer hy voorlopig geen kommentaar nie.

Pas het Joep hom behaaglik op die smal opvoubedjie gemaklik gemaak, of die aangename loomheid van 'n soet slaap het hom begin wegvoer van die volgende dag se probleme. Of dalk nog vanaand s'n. Kalaharileeus ... 'n mens weet nooit.

Binne 'n sekonde of wat is hy egter helder wakker toe hy Gert se ligte roering aan sy skouer voel en met een beweging sit hy orent.

"Ek het bietjie koffietjies gebring," sê die konstabel half verskonend terwyl hy die bekertjie stomende, swart koffie uithou. "Mens moet nou darem nie sonder bietjie koffietjies loop slaap nie."

Joep hou van koffie – op die regte tyd. Nogtans kan hy dit nie oor sy hart kry om die vriendelike gebaar met onvriendelikheid te beantwoord nie, al sou hy veel eerder wou slaap.

"Dankie ou Gert – dit sal lekker smaak. Maar ek dink jy moet nou ook maar jou bed opsoek. Môre gaan ons 'n harde dag hê."

"Ja, Meneer" antwoord Gert gelate, maar hy bly sit.

Proe-proe drink Joep die warm koffie uit, sit die emaljebekertjie op die sand neer en draai hom vol verwagting om.

"Nag, Gert. Dankie vir die koffie."

"Ja, nag, Meneer."

In die veld kom die slaap gou en soet. Spoedig het Joep weer stadig begin wegsluimer, dieper en dieper.

Onmiskenbaar, selfs deur die newels heen, voel hy skielik die sagte aanraking aan sy skouer. Is hier moeilikheid?

"Wil Meneer nie nog bietjie koffietjies hê nie? Hier is nog so 'n lekseltjie in die keteltjie wat nog lekker warm is."

"Nee dankie, Gert! En jy moet regtig ook nou gaan slaap. Môre val jy van die kameel af as die son begin steek!"

"Ja, Meneer."

'n Halfuur gaan traag verby. Nou kom die slaap nie meer so geredelik nie. Tog vervaag beelde en stemme weldra weer. Nog net die veraf musikale "tlik-tlik-tlik" van grondgeitjies word gehoor, maar dis eintlik maar 'n deel van die nag se vrede en die slaap … soete slaap …

'n Ligte stootjie aan sy skouer, en toe hy nie dadelik wakker word nie, 'n tweede. Nou is hy wakker – wawyd wakker.

"Wil Meneer nie nou die koffietjies van netnou hê nie?"

As ou Gert se stem nie so vol deernis was nie, sou Joep hom ongetwyfeld bloedig vervies het. Maar die ou is nog ten volle geklee en hy is opsigtelik bang … bitter bang. Sy plan is glashelder – die leeus het hom so die skrik op die lyf gejaag dat hy te bang is om te slaap maar alleen wil hy darem ook nie waak nie!

Joep voel dat hy hom nou streng moet aanspreek.

"Kyk, Gert, nou moet jy loop slaap. Ek wil môre vroeg eers weer koffie hê! Die leeus sal ons vannag niks doen nie!"

"Goed. Maar ek wonder of ek nie my kruisie maar so half onder die strêtsertjie kan insteek nie. Dan lê Meneer nou bo-op die strêtsertjie, en ek met my ruggie so half onder hom?"

Foei tog, dink Joep, die arme ou is voorwaar doodbang. Dus stem hy maar in.

Maar veel slaap was daar nie vir die ou Baster nie. Kort-kort het Joep hom maar hoor woel by die vuur om dan weer sy kruis onder die kampbed in te worstel. Van die leeus was daar nou niks te sien of te hoor nie.

Volgens gewoonte is Joep met die eerste, onsekere lig uit die vere, al het hy byna geen oog toegemaak met al ou Gert se gevroetel nie. Van onder die bedjie het die ou hom met 'n skrefiesoog sien opstaan en toe in 'n rustige, diep slaap geval. Die baas was nou op en wakker.

Voordat die son egter sy kop oor die duin steek en terwyl Joep wag op die keteltjie om te kook, het die leeus meteens weer met mening losgetrek. Oor die stil skemering van die pan het die swaar stemme gerol en teen die oorkantste duin weerklink. So 'n magsvertoon hoor 'n mens selde.

En nou het die dertigjarige jongman, met 'n vonkeling van egte seunsondeundheid in sy oog, besluit om weerwraak te neem. Met die bekertjie koffie het hy langs die slapende figuur van ou Gert gehurk, 'n oomblik geluister na die onmelodieuse gesnork en hom toe ferm aan die skouer gepluk.

"Ou Gert, hier is vir jou 'n bietjie koffie! En luister wat maak die leeus nou!"

Gert het eers traag orent gekom, maar skielik opgevlieg toe hy die brulstemme herken. En van alle dinge op aarde sy gesig in sy hande laat sak en begin snik.

"Ag hemeltjie, ek het die hele nag gewaak! En nou wil die loutjies my ligdag kom vang!"

Van Sitzas af het Joep-hulle oorgegaan in die rigting van die Ouob. Al was hy nie pessimisties van aard nie, het toestande kritiek begin lyk.

Maar hy het 'n sterk geloof in die Hand wat sal voorsien van verre voorsate geërf. En as die nood dan baie hoog word, dan weet 'n mens waar om uitkoms te soek, eenvoudig, gewoonweg, want hierdie soort vertroue is maar deel van die daaglikse lewe. Dit is nie uitsluitlik iets vir Sondae, of vir 'n sierlike gebou, of 'n sekere kleredrag nie. Selfs die skommelende rug van 'n kameel is goed genoeg, as 'n mens se gesindheid net reg is. Gert het bepaald maar gedink dat Joep die sweet van sy kop wou laat verdamp toe hy die hoed vir 'n rukkie voor hom op die kameelsaal met sy twee hande vasdruk. Ek wéét – want ek het ook al die oordeelsfout gemaak toe ons na die witgebrande veld om ons heen kyk en Joep sommer so in die ry stil word en die hoed vir 'n enkele minuut of wat op die Jeep se bank laat rus. Later eers, het Cillie my die waarheid vertel.

In die warm middaguur het die vermoeide ruiters op die wal van die Ouob uitgekom en in stomme verwondering die byna ongelooflike gesig voor hulle aanskou. Die rivier het jou waarlik waar weer geloop! Só moes sy pa, jare gelede en in nog hagliker toestande, ook dié waterwonder aanskou het.

Die kamele was so dors dat hulle sommer in die water gekoes het om uit pure vreugde daarna met saal en al aan die rol te gaan. Gert was skoon verspot van verligting oor die redding. Vergete was die leeugevaar, die slapelose nag, die warm son, die bittere dors.

"Sal ek nie nou 'n vuurtjie aanklap en bietjie lekker vars koffietjies maak nie? Die ou watertjies is mos nou weer volop."

"Ja dankie Gert, nóú sal koffie vorentoe smaak!"

Terwyl hy op die ongevalle stomp onder die kameelboom op sy koffie wag, het Joep vir 'n wyle die hoed van sy kop geneem. Moontlik om sy kop in die digte koel skadu te laat afkoel – maar dit was ook moontlik dat hy net nie vergeet het om dankie te sê nie.

Tuis, op Gemsbokplein, was daar groot woelinge en voorbereidings aan die orde van die dag. Die huis moes voorberei word om eersdaags die huisvrou te ontvang. Die troudatum was vir Julie bepaal en veel tyd was daar nie meer oor om alles in orde te kry nie. En al was Cillie 'n dogter van die Kalahari, sou sy in die Gemsbokpark in heel ander omstandighede as in haar ouerhuis op Kakamas moes woon. Daar was die immergroen riviersome, die heerlike vars water, vrugte in oorvloed, bure, mense, geselskap...

Die verandering sou groot wees, en sover dit moontlik was, moes haar nuwe tuiste vir haar aanvaarbaar gemaak word.

Nogtans was daar nie baie bedenkings nie, want Cillie was iemand met 'n oop gemoed en genoeg aanpasbaarheid om ook haar nuwe omstandighede te aanvaar.

Op 10 Julie 1934 het hulle saam voor die kansel gekniel. En in die toekomsjare sou twee begrippe 'n onlosmaaklike deel van hul lewens word: Betree en oorwin, hand aan hand.

'n Rare maar tog bekende vyand het hom binne die eerste jaar van hul huwelikslewe by die jong egpaar aangemeld:

Koors. Joep het malaria gehad soos sy pa en sy broer voor hom. Koors in 'n baie ernstige graad.

Al was moderne middels nog nie beskikbaar nie, was hulle hierdie keer nogtans beter voorberei. Die groot kinatablette, wat 'n heel besondere vaardigheid verg om weg te sluk, is gou te voorskyn gebring. En selfs deur die newels en duiseligheid het Joep nog die ou wysheid onthou: Sluk die dekselse goed vinnig en heel in, want as een êrens selfs maar vir 'n oomblik bly vassteek, is urelange bitterheid in daardie oord jou lot.

Die herfsdae het gekom en gegaan, môre en aand het mekaar opgevolg, ook nag en dag ... alles in 'n vreemde, onwerklike skemering. In 'n onbegryplik yl newel is tydsmure afgebreek, het skeidings in vergetelheid weggeval, totdat net 'n grys maalstroom van verwarde begrippe oorgebly het. Maar enkele gewaarwordinge het hom bygebly: die onheilspellende liggaamshitte gevolg deur die yskoue rillings van kouekoors, die langsame byna hoorbare polsing van die slape en die drukking agter in die kop ... en die bitterheid van die kina! En dan, natuurlik die swygsame, diensvaardige skim wat telkens die siekekamer betree het en telkens 'n vorm van lafenis met haar saamgebring het – al was dit net haar stille teenwoordigheid.

So het die dae mekaar opgevolg. Die koors in sy liggaam is langsaam gebreek, maar die suising van die kina in sy ore sou hom nog veel langer bybly.

Op die tiende dag was Joep sodanig herstel dat hy reeds buite begin rondstap het, eers stadig en versigtig, maar weldra sterker. Die tydelike swakheid het hom ongeduldig gemaak. Daar het werk vir sy hande gewag! Daar was wilddiewe, boorgate wat skoongemaak moes word, opgaardamme om te bou, reisigers om te beheer ...

Die Gemsbokpark het gevra om 'n man van besondere hoedanighede – en dit gekry. Maar meer nog: 'n man én 'n vrou.

# Dedi in deserto aquas...

Joep le Riche het bloedweinig kennis van die Gemsbokparkgebied gehad om op voort te bou. Hy moes dus van meet af begin om die groot aantal probleme te probeer oplos.

Daar was, het Joep weldra gevind, hoofsaaklik vier projekte wat aandag moes kry. Heel voorop het hy waterverskaffing gestel. Al kon die wild van die Kalahari vir alle praktiese doeleindes byna sonder oppervlaktewater klaarkom, het dit 'n oneindige rondtrekkery meegebring. Tsammas was geleidelik besig om van die toneel te verdwyn en water sou in die plek daarvan gestel moes word. En as 'n mens daarby nog eendag 'n toeristebedryf wou uitbou, sou daar in die rivierbeddings, waar die enigste doeltreffende paaie gemaak kon word, water voorsien moes word om die wild te lok.

Die ander drie projekte was die bekamping van wilddiefstal, die uitbouing van die grense, die toespan van enkeles en die voorsiening van huisvesting aan besoekers. Só sou ook uitvoering gegee word aan die tweede oogmerk met die park soos dit in die wet neergelê is.

Hoewel die eerste twee projekte van soveel belang geag word dat 'n spesiale hoofstuk aan elkeen afgesonder word, is dit nooit onlosmaakbaar van andere nie en word van tyd tot tyd ook elders daarna verwys.

En só sou Joep dit in die jare wat voorlê ook vind: Dat sake wat skynbaar nie "onder dieselfde kombers" hoort nie, onlosmaakbaar met mekaar verbind was, dat 'n gegewe toestand dikwels die weg gebaan het vir 'n ander wat skynbaar in teenstelling daarmee was. Dit was reeds in 1935 die geval toe hy maar 'n rapsie meer as 'n jaar in diens was. Dit sou die begin wees van 'n keerpunt ten opsigte van een van die grootste behoeftes van die Kalahari: Water. Die geweldige vloed van die riviere het groot kolke en kuile as herinnering nagelaat. So reg in sy harde wordingsjare het die Gemsbokpark die betekenis leer ken van swaar reën en vloedwater. *Dedi in deserto aquas, flumina in invio.*\*

Die betekenis van vloedwater, ja, en wat dit meebring. In hierdie jaar is daar 'n begin gemaak om permanente water vir diere beskikbaar te stel. Vroeër was die oorweging uitsluitlik menslike gebruik.

Vroeg in die winter reeds, so gou sy kragte herstel het, het Joep begin om boorgate en die paar putte in die Nossob wat deur die vloed oorstroom was, skoon te maak. Windpompe was toentertyd in die Kalahari en ook ver buite die park se grense, nog 'n betreklike seldsaamheid. Vir die res is daar hoofsaaklik van die bekende ou perdekoppompe gebruik gemaak, ook heel paslik 'n wip of 'n blokputs genoem. Maar die park sou voortaan windpompe hê. Só sou die elemente ingespan word om die elemente se angel uit te trek.

Verder het Joep begin met die maak van 'n reeks dammetjies om bestaande putte en boorgate aan te vul. As die water van onder die aarde uitgehaal moes word om lafenis op die oppervlak te bring, moes die omgekeerde proses ook in werking gestel word om die onderaardse water aan te vul. Eenvoudige, gesonde logika.

---

\* Vergelyk Jesaja 43:20: "… omdat Ek water gee in die woestyn, riviere in die droë wêreld."

Weliswaar was dit maar die heel beskeie begin van die watervoorsieningspoging, maar minstens die begin.

Dwarsdeur die winter het die Dorsland die oorvloed ondervind wat swaar reëns meebring. Weiding was volop, die boesmangras in die noordelike vlaktedeel het gewieg soos witryp koring, ongekend in sy digtheid en hoogte.

En toe, meteens, is die prentjie omgedraai, sodat ook die anderkant sigbaar kon word: 'n Vroeë donderstorm in die lentedae, 'n enkele blits wat 'n droë kameeldoringstomp klief en laat gloei, 'n sterk oostewind ... en 'n vlammemuur het na die park aangestorm gekom! Voor het die speerpunte eintlik skuins gelê in hul oorgretigheid om so vinnig as moontlik meer en meer te verslind.

Onvoorspelbare lugstrome, deur die hittegloed van die vuur self geskep, het kort agter die speerpunte die brandende massa na wil of luim platgedruk, in omgekeerde trogvorms opgesuig of in 'n skielike windstilte laat rook en smoor.

Uit die rigting van die Rooi Rambukas het die gloed teen die aandhemel opgeslaan en sy beeld in 'n enkele laaghangende wolkbank laat leef en kwyn. Teruggekaats na die aarde het die dowwe onheilsgloed groot afstande oor kameeldoringreuse kom lê en die vaal blaartjies van sandgeelhout met 'n ongekende luister getooi. Maar in die geheel was dit onheilspellend, benouend.

Veldbrand, 'n egte groot veldbrand, is vreemd aan hierdie wêreld. Die weerlig slaan ook, soos in die Laeveld en op die Hoëveld, die gras soms aan die brand. Maar dit gebeur uiters selde dat hierdie vlamme ver kom – die gras is daarvoor eenvoudig te yl. Verder is daar bykans nêrens 'n mat van ou, omgevalle gras om van onder te bly smeul nie. Maar nou het die uitsonderlike reënjaar dit wel meegebring. Nou was daar goeie, digte gras om die vuur te voed en byna 'n katastrofe te veroorsaak.

Die plantegroei van die duineveld en die aanliggende grasvlakte is nie teen veldbrande bestand nie. Die sand word geweldig warm sodat die graswortels in die proses halfgaar brand en tensy dit gou weer reën, groei die gras nie weer nie en word woestyntoestande geskep – woestyntoestande wat ontstaan juis weens oorvloedige reëns. Paradoksale Kalahariwêreld! Maar miskien is dié wispelturigheid en vreemde teenstellings een van die redes waarom dit so maklik in 'n mens se hart inkruip.

Gelukkig het die vlamme nie die grense van die Gemsbokpark oorgesteek nie, want daar was min wat Joep en sy klein tweemanbende daaraan sou kon doen. Voorbrandpaaie, toerusting vir brandbestryding, dié was daar nie. Trouens, dit was nog nooit nodig nie. Derhalwe kon hulle maar net angsvallig toekyk, sien hoedat die gloed die Nossob nader en hardop, of met hoed in die hand, vertrou dat die ergste nie sal gebeur nie. En Goddank, het dit nie gebeur nie. Vandag, ná 'n kwarteeu, kan die makabere spore van die enkele groot veldbrand nog steeds in daardie dele van Botswana gesien word.

Tuis het die jong Cillie angsvol die ure en dae getel. Wanneer sou Joep dan terugkom? Selfs 'n verbygaande motoris in die Ouob was toe maar nog seldsaam. Dan het die klem nog altyd op die "verbygaande" geval. Vriende, bure – van so iets was daar eenvoudig geen sprake nie. Die eensaamheid wat die lot was van haar skoonmoeder, wat sy nie geken het nie, was nou ook hare. Oordag, wanneer sy in die huis kon rondwoel, het dit nog goed gegaan. Daar was ook die groentetuin en, wonder bo wonder, vars water om die tuin te besproei. Maar wanneer die son sak en die nag begin daal, het sy die ware betekenis van bang te wees, leer ken – en tog so ook die staal bewys waaruit sy gesmee is. Vrees het sy geken, in al sy naaktheid, maar nooit teruggedeins daarvoor of daaraan probeer ontsnap nie.

Op sulke nagte, as Joep soms meer as 'n week weg was op patrollie, het sy vroegaand al begin om die nodige voorsorgmaatreëls te tref. Die deur word stewig met 'n draadjie vasgewoel, want die huis op Gemsbokplein het nog nie oor die weelde van slotte beskik nie. Vroeg na bed, voordat sy dalk te bang word om kamer toe te gaan. En voor die bed, vlak voor die bed, moet Rosa Mogali slaap. Aan die anderkant van die bed op die vloer, effens onder die bed ingestoot om dit nie per abuis om te stamp nie, was 'n groot blikbeker vol sterk seepsodawater. Maar die onwillekeurige wakker word snags, die terugkeer na die bewuste, was die ergste. Sy wou skree om Rosa wakker te maak om die waak met haar te deel, maar sy mog nie. Sê nou verkeerde ore hoor haar. Daar het maar een plan oorgebly: Sy moes die bediende knyp om haar wakker te kry. Ook nie alte hard nie, want dan kon sy dalk skree.

Vandag nog, as sy oor daardie dae praat, terwyl ons sit en gesels in haar ruim, gerieflike huis "wat goed kan sluit", gewaar ek jou waarlik waar die lig van ondeundheid in Cillie se oë as sy met haar vrese van weleer spot – dit het voorwaar geen letsel op hierdie uitsonderlike vrou gelaat nie. In haar rustige, mooi stem soek ek na tekens van vrees en spanning wat moes oorgebly het – en ek vind niks. Humor ja, skerts ... spore van smart slegs by die herinnering aan die lyding van andere. En van alles op aarde vind ek onverklaarbare maar onmiskenbare tekens van heimwee na "die goeie oue tyd". So aanpasbaar is 'n vrou met 'n ope gemoed, dink ek dan vol bewondering. En dan praat ek nog nie eens van haar byna fantastiese geheue en heldere begrip wat die naspeuring van gegewens vir my so oneindig vergemaklik het nie.

Maar destyds was dit anders. Destyds sou sy nie soos nou, as omstandighede dit vereis, stoksielalleen ook op ander plekke in die Gemsbokpark gaan bly het om te help nie. Dit was eers nodig dat sy haar vrees leer oorwin het – of daarmee leer saamleef het.

Die feit dat motoriste in die Ouob nog maar 'n seldsaamheid was, het helaas nie beteken dat wilddiefstal, in verhouding, iets byna onbekends was nie. Deurreisigers op pad van Suidwes na die Unie of omgekeerd, kon dikwels 'n springbok eenvoudig nie anders as oor die loop van 'n roer aanskou nie.

'n Mens het eintlik uit hul houding meermale die indruk gekry dat hulle dit as niks minder as 'n reg beskou het om vir hul moeite 'n bokkie saam te neem nie!

Niksvermoedend stap Joep een oggend laat af na die opgaardammetjie by die huis. 'n Motoris het pas daar stilgehou en die bestuurder het hom behaaglik staan en rek. Met soveel toewyding het hy hom daaraan gewy dat hy Joep nie gewaar het voordat dié slegs twintig tree weg van hom af was nie. Opeens het hy die veldwagter rustig aangestap sien kom en toe het hy oorhaastig na die watervoor begin aanstryk. Die voor was maar enkele meters ver en sy stap kon nie langer as vyf sekondes in beslag geneem het nie, maar dit was reeds te laat. Skaars het hy sy bebloede hande in die water gesteek en naarstig begin was, of Joep vat hom van agter aan die skouer vas. Aanvanklik het dit gelyk of hy weerstand wou bied – die veldwagter was ruim vyf sentimeter korter as hy. Maar die greep wat skielik op sy skouerspiere verstewig het, het hom anders laat besluit.

Onverwags swaai hy soos blits om, hardloop die paar treë na sy motor terwyl sy ferweelbroek gierts-gierts die pas hou. Die deur het nog halfoop gestaan, die masjien was nog aan't luier, 'n tweede persoon het paraat agter die wiel gesit en daar trek sy motortjie in 'n stofstreep weg – reguit Tweerivieren toe!

Joep het nie op hom laat wag nie. Die ander kêrel se haastige vlug het hom wel onverhoeds gevang, maar dit was nie die einde van die storie nie.

Fiks en atleties, het dit hom net enkele sekondes gekos om die hoek van die huis te bereik waar sy eie voertuigie hom met groot oë gestaan en inwag het.

"Vandag is daar hoeka 'n lelike molessie!" het Gert, ook grootoog, nog aan Jan Jannewarie beloof toe die tjorrie met 'n ongewoon kwaadaardige brul uit sy vier spore wegskiet, 'n Kaapse draai maak en stroomaf koers kies.

"Het jy gesien hoedat meneer Joepie sy broek so skeef met die een hand optrek, Gert?" vra Jan. Hy was Joep se persoonlike handlanger en as iemand moes weet, sou dit hy wees. As meneer Joepie sy broek so skeef hier op die flank optrek en so effens stoftrap, het dit niks goeds voorspel nie.

Afgesien daarvan kon 'n mens mos nie sien wanneer hy hom vervies nie.

"So 'n dekselse vent! Koelbloedig genoeg om sy hande reg voor die deur in die voor te kom afwas en dan so lafhartig om weg te jaag!" Dan sak Joep se voet maar weer harder op die versneller, die tjorrie ril van lekkerkry en skop meer stof na agter op.

April is nie die beste tyd van die jaar, en die Ouob nie die beste plek, om snelheidsrekords op te stel nie. Daar was nog veels te veel van die somergroei oor en die laaste vloed het die bedding getooi in 'n ryke patroon van dwarswalletjies en slootjies. Op die koop toe moet 'n mens meer as net 'n wakende oog hou oor wild wat die pad oorsteek. Nugter weet waarom die Ouob se gemsbokke aljimmers voor 'n motor oor die pad moet probeer foeter!

Terwyl hy die veertig kilometer na Tweerivieren teen 'n werklik roekelose snelheid aflê, het die vrees dat die wilddief ontsnap het, steeds groter geword. Weinig het hy op daardie Aprildag besef dat dit bestem was om die eerste van 'n lang reeks geslaagde agtervolgings te wees. Ander sou volg, baie ander, waarby meer as dwarswalletjies en gemsbokke sou dreig om die rit noodlottig te laat eindig.

Daar voor het Tweerivieren se rooi duintjie sowaar al sy kop oor die westeroewer gesteek. Sou die twee nou regtig weggekom het?

Joep het al die wrang smaak van mislukking in sy mond begin proe toe hy uit die hoek van sy oog agter 'n plaat bloubos die hoekige omtrekke van die ander voertuig gewaar. Hulle probeer wegkruip! Maar hulle het nie rekening gehou met sy skerp oë nie!

So vinnig as sy ou meganiese remme dit kon doen, bring Joep sy motor met 'n ligte siddering tot stilstand. Hy is reeds aan uitklim voordat die motor behoorlik stilstaan.

Trompop, soos sy geaardheid is, stap hy na die ander motor. Daar was geen stuk tyd vir kat-en-muisspeletjies nie. By die ander motor besef hy dadelik wat die vlugtendes se probleem was. Hulle het nog nie die Ouob goed genoeg geken om te weet dat 'n mens die massas ryp grassaad moes vermy nie, anders sit jou turf voordat jy veel verder is. Asof hy van 'n onheilige woede besete was, staan hul Fordjie en stoom afblaas en borrel, sy verkoeler dig toegestop met 'n massa droë grassaad.

En die Ford se baas? Waar is hy en sy metgesel dan nou? Joep loer behoedsaam deur die agtervenster. Ja, daar lê die springbok! En die roer? Hulle was te haastig om wapens saam te neem. "Kom maar uit!" roep Joep hulle bemoedigend toe, "Voordat jul karretjie dalk uitbrand!"

Gedweë en skoorvoetend kom die twee resiesjaers van vaneffe agter die naaste bossies te voorskyn, doodbenoud oor wat nou gaan volg en ewe bekommerd oor die toestand van hul motor.

"Aangesien ons nou reeds goed op pad is," sê Joep, "kan ons maar voortgaan tot op Witdraai, sodra die Ford afgekoel is. Maak solank die verkoeler skoon. Ek sal intussen vir ons bietjie koffie maak. Ek het altyd moerkoffie in die motor."

Die jagters was beslis verbaas. Die veldwagter gaan hulle gewis aankla, maar hy sê skaars 'n skewe woord. En hy bied hulle boonop koffie aan!

In hierdie geval was die boete hoër as vroeër – R30. Toentertyd was R30 "'n hoop geld" en het dit algaande meer en meer as 'n afskrikmiddel begin dien.

Gedurende die wintermaande het Joep uiteindelik tyd gevind om te soek na 'n geskikte roete vir twee van die paaie wat hy nou reeds 'n geruime tyd lank beoog het. Die toeganklikheid van 'n gebied is vanselfsprekend grootliks daarvan afhanklik of dit ook met meganiese vervoer bereik kon word. Die kamele kon in gunstige omstandighede veel verder en dieper die Dorsland intrek as perde of donkies, maar selfs hulle het grense in hul uithouvermoë gehad.

Die enigste twee werklik begaanbare paaie was op daardie tydstip bloot die rivierbeddings, die Ouob en die Nossob. Om hierdie roetes doeltreffend aan te vul, was dit dus veral nodig dat daar 'n pad gevind en afgemerk word tussen

Tweerivieren en Mata Mata. Dit moes nie rivierlangs loop nie, maar deur die buffergebied. Hierdie pad sou van onskatbare waarde wees om wilddiewe uit die Miernedersetting kort te vat. Die ander pad wat Joep beoog het, moes deur die enorme groot middelblok gaan, noordwaarts na Unie-end. Só sou hy ook hierdie dele toeganklik maak.

Die Mata Mata-pad het egter voorkeur geniet. Dit sou die aankeer van stropers baie makliker maak. Die suidgrens – trouens alle grense – het nog oop en onomhein gelê. Van die oprigting van draadheinings was daar bepaald nog geen sprake nie en in hierdie vroeë dae reeds kon Joep nie help om op te merk dat die oop grense absoluut 'n uitnodiging aan voornemende stropers gebied het nie.

Voorlopig egter, was daar slegs die moontlikheid van 'n pad. Byna soos die vorige keer, het hy weereens met sy drie kamele, swaar belaai met water en proviand, vanaf Tweerivieren die algemeen weswaartse tog begin op soek na 'n "maklike" roete. Die enigste verskil was dat hy hierdie keer geweet het dat die panne leeg sou wees.

Tot sy verbasing vind Joep hierdie keer veel meer wild as gedurende sy vorige patrollie. Veel meer wild en veel minder tsammas, terwyl die water wat hy kon vervoer geensins genoeg is om ook sy rydiere lank aan die gang te hou nie. Wat sou dan die rede wees vir die geleidelike agteruitgang van die waardevolle woestynvruggie, wat enkele jare tevore nog genoeg was om "op te trek"? In die breë driedoringstrate tussen die duine wei troppies springbokke en gemsbokke lustig aan die oorblyfsels van die somerweelde. Sonder die minste twyfel was die suidewind gister vir hul teenwoordigheid verantwoordelik. Hoe raak is die ou gesegde nie dat die Kalahariwild altyd "die wind van voor het". Hierdie onverklaarbare windoptrekke het op baie geleenthede byna op 'n katastrofe uitgeloop, soos ons later sal sien. Die vorige dag se trek was relatief gesproke maar onbeduidend. Die wind het reeds gaan lê en die oeroue drang was daarmee heen. Tog het dit die verkennersgroepe gevaarlik naby aan die wilddiewe se maaigebied gebring.

Ver teen die duine kan Joep nou ook die donker pofferlywe van 'n troppie volstruise bemerk en naderby, gerieflik in die skadu van 'n vaalkameel, selfs enkele wildebeeste. Sou hulle die vaagste besef hê van hoe na aan die gevaar hulle werklik is? Hulle wei en rus in volkome harmonie en vrede, maar altyd waaksaam, mymer Joep. Dit is ook 'n gebod.

Weswaarts trek Joep steeds met sy ongemaklik klein kameelkavalkade, terwyl sy blik die verste duinrûe kam. 'n Stroper sal hier omtrent so goed inpas soos 'n bosluis in 'n maer bok se lies.

En dan is daar natuurlik die eintlike doel van sy patrollie: die uitmerk van 'n gangbare pad na Mata Mata toe. As hy die droë kalkpanne deurtrek, waar nou nog net donker kolle oorgebly het van die kuile van vergange se dae, kan hy nie help om 'n effens geamuseerde blik in Gert se rigting te werp nie. Maar die ou is siende blind, veral in die panne. Sy blik bly stip voorwaarts gerig behalwe wanneer hy behoedsaam en agterdogtig na die enkele nxabossies op die kruine loer.

Ver vorentoe kom die hoë rooi duin al uit wat ook die eerste teken is dat hul reis sy einde nader. Dan nog net af na die rivier en daarna stroomaf terug. Hulle het hierdie keer die reis voltooi sonder dors en bekommernis, al was die panne leeg.

By die huis het slegte nuus egter op Joep gewag: 'n Tierwolf het op een of ander wyse gedurende die nag by sy skaapkraal ingebreek en nie minder nie as agtien skape doodgebyt. Dit was erg. Aangesien vars vleis nie elders bekom kon word nie het Joep toestemming gehad om vir eie gebruik 'n troppie skape aan te hou. Hier was nou vir jou skade.

Daar was egter nie tyd om oor sulke kleinighede te tob nie. Die pad deur die buffergebied was nou uitgemerk, maar die een deur die middelblok was nog op die program. En al kon dit nie dadelik gebou word nie, was dit noodsaaklik om dié waterlose streek vooraf deegliker te verken.

Die middagstond vind derhalwe vir Joep en Gert kilometers noord van Gemsbokplein in die omgewing van die pannereeks, heel paslik Sewe Panne gedoop. Die plantegroei in hierdie streek verskil grootliks van dié van die riviere en hul onmiddellike omgewing. Terwyl 'n mens andersins die duingras, of duinriet, hoofsaaklik op die skerp bokruin van die duine vind, groei dit hier dig. Duinriet is waarskynlik 'n pasliker benaming, want al het dit growwe grasblare, laat die geniepsige harde litjies 'n mens eerder aan rietjies dink. Die duine self is hier grootliks afgeplat, sodat die veld om die panne in 'n breë deining van die verste gesigseinder af aangerol kom. En om die panne self, waar die hoë kalkinhoud van die bodem die plantegroei bykans geheel en al in die niet laat verdwyn het, kan meer en meer van die plat, blink mika-afskilferings gesien word. Bobbejaanspieël word dit heel paslik genoem.

En hier, vlak by die pan, moes Joep dié dag die eerste maal kennis maak met die byna verdwene ou nomadevolkie, die Boesmans. 'n Egte stammetjie, of "troppie", soos die Basters sê, sku maar geensins aggressief nie. Inteendeel. In die woorde van Gert, was hulle "honger, dors, ellendig – ons moes hulle nou maar met bietjie koffietjies en twakkietjies nader lok om nou hulle lewe te poebeer bewaar". Ten spyte van hul ellende, wou hulle nogtans by die geringste teken van onraad op die vlug slaan. Hulle het inderwaarheid nie te voorskyn gekom van waar hulle agter polle duinriet en bossies weggekruip het, voordat Joep en Gert hulle letterlik opgespoor en uitgesleep het nie.

Daar het die groepie nou gestaan, twintig in getal en so maer soos kraaie. Tussen hoë wangbene en uitstaande oogbanke het hul swart kraaloë agterdogtig en benoud uitgeloer. Benewens die argwaan was daar onmiskenbaar ook 'n verterende nuuskierigheid. Wat sou hul jammerlike toestand veroorsaak het? Vanwaar die rye en rye plooitjies en plooie? Voortjies in die gesig en om die oogflanke waar plooioogtrek moes dien as weermiddel teen die ongenadige skittering van lig op kaalgeblakerde panne en wit duine? En plooie, of pasliker nog, voue, tussen bors en bene – die troostelose nabeeld van dae van oorvloed en 'n weelderige boepens. Die vel is ongewoon donker, veral in die voue, en dit lyk skubagtig en verdroog.

Maar selfs hul ellendige toestand het nie verhinder dat hulle onophoudelik gestaan en klik-klak het nie, skaam maar onbeskroomd, terwyl die jongeres mekaar effens banaal in die gevaarlike voorhoede probeer instoot, tot groot vermaak van die ander.

'n Taalmedium was daar eenvoudig nie, selfs al kon Gert Nama redelik vlot praat. Met groot omhaal is later uitgevind dat een van die oudstes ou Xalagap was. Toe Joep egter ewe menslik sy proviandtrommeltjie te voorskyn bring, het die groepie 'n verrassende insae in die verloop van sake begin toon en 'n aansteeklike ywer om sy voornemens te help deurvoer, aan die dag gelê.

Reg sedert die ontstaan van die Gemsbokpark was dit minister Grobler se wens dat daar ook aan die Boesmans 'n mate van beskerming verleen moes word. Dié sonderlinge ou volkie, met sy legio vyande, was in werklikheid besig om van die aangesig van Afrika te verdwyn en dít nadat hulle in onheuglike tye nie slegs die woestyn nie, maar selfs die bosryke Laeveld van Oos-Transvaal bewandel het – ja haas die hele Suider-Afrika. Om aan hierdie beskermingsbeginsel uitvoering te gee en uit blote menslikheid, besluit Joep derhalwe dat dit in hul belang sou wees as hy die klein stam na Gemsbokplein neem waar hulle aan voedsel en water gehelp kon word totdat die wisseling van jaargetye hulle meer begunstig het.

Om met so 'n verhongerde groepie byna tagtig myl te voet te trek, is geen maklike taak nie, al is hulle mense wat in hul rustelose swerftogte selfs die eindeloosheid van die Kalahari tot iets alledaags laat krimp het. Joep het hulle stadig suidwaarts laat trek in die rigting van Gemsbokplein. Vyf dae later het hulle daar aangeland en kon hulle beter versorg word. En só het hulle deel gehad in die maak van 'n stukkie geskiedenis.

"Dit was nou," sê Gert "onse eerste Boesmans waarmee ons gepoebeer boer het. Ons en meneer Baine." Dit was waarskynlik die eerste georganiseerde beskerming van hierdie vinnig verdwynende ras. Nie dat hulle altyd die beskerming sonder teëspraak aanvaar het nie. Inteendeel, as die oeroue swerwersdrang in die binneste begin roer het en die vreemde rusteloosheid die voete laat jeuk het, het hulle telkens maar die neus teen die wind gesit.

In hierdie beginjare is hulle selfs toegelaat om te jag, maar later het dit nodig geword om hierdie reëling effens te wysig. Vir werk in die gewone sin van die woord, was hulle nie besonder lief nie, hoewel daar tog later enkelinge, soos ou Makai en ou Malgas bygekom het wat uitgemunt het deur hul diensbaarheid. Laasgenoemde was bestem om in later jare die eerste steenmaker te wees toe 'n begin gemaak is met die bou van 'n klein ruskamp.

Die tyd het nou aangebreek vir Joep om 'n doelgerigte poging aan te wend om soveel moontlik van die bestaande boorgate skoon te maak nadat die somervloed hulle oorstroom het. Voordat hy egter 'n begin daarmee kon maak, is hy deur iets heeltemal anders vertraag.

Op 'n môre hou 'n motoris by sy huis stil op sy pad na Suidwes, blykbaar maar op 'n gewone deurrit. Tog haper iets êrens, voel Joep. Selfs nadat die motoris vertrek het, wou hy maar nie rustig word nie.

In die kombuis, net nadat hy Cillie gegroet het, steek hy weer vas, diep ingedagte.

"Wat skort, Joep?" vra Cillie belangstellend.

"Die kêrel wat so pas hier weg is," antwoord Joep ingedagte, "ek wonder ... daar is iets wat my pla ... ek wonder of hy nie langs die pad gaan skiet nie."

"Maar jy ken hom tog, Joep?"

"Miskien juis daarom!"

Skielik neem Joep 'n besluit. Hy neem sy hoed van die kapstok af, en groet sy vrou 'n tweede maal.

"Ek ry maar so 'n entjie agter Byleveld aan."

Op met die rivier gaan dit hierdie keer, in die rigting van Suidwes. Die welige somergroei en die grassaad is nou tot 'n groot mate weggevreet. In die plek daarvan, oor die breedte van die Ouob heen, verskyn die plat, groen kleed van die winteropslag – gangsogies en sewejaartjies met hul miniatuuragtige blommetjies en hier en daar selfs 'n laat botterblom. Die geniepsige trassiebos staan nog vol in die lower, met die bruin peultjies in hordes aan dié rondinge van die skraal takke, en verberg vir die oomblik selfs die venyn van sy haakdorings.

Die wild is meer volop as gewoonlik en dis stellig te wyte aan die sappige winteropslag. Deels bied die riviervallei ook nog die voordeel dat dit die ysige suidewind in 'n groot mate breek wanneer dit vroegoggend liggies oor die duine begin stoot.

En daar voor staan Byleveld se motor jou waarlik waar al. En buite die voertuig staan mense. Miskien was Joep tog reg. Ongetwyfeld het hulle sy motor te laat gewaar om nog te vlug – dit wil sê, as sy vermoedens reg is.

Vlak agter die kar bring Joep syne tot stilstand. Die ander bestuurder kom nou nadergestap. Was sy vermoedens dalk verkeerd?

Hy groet hartlik en vriendelik. Wat nou...?

Maar Joep is nie 'n man wat daarvan hou om doekies om te draai nie. Toe die voorste motoris derhalwe vra waar hy so haastig op pad heen is, kom dit sonder om te blik of te bloos:

"Man, ek vermoed jy het iets geskiet. Het jy?"

Byleveld begin ongemaklik rondtrap.

"Man, Joepie, ag jy weet, ek het sommer net hier bo 'n ou blerrie jakkals geskiet. Goed teel te vinnig aan ... netnou vang hulle skape!"

"Dalk het jy meer as die ou jakkals geskiet – in elk geval is dit reeds 'n oortreding."

Sonder verdere seremonie stap Joep na die motor, maak die agterdeur oop en bring die jakkals te voorskyn. Daarna die geweer. Maar daar is nog iets – 'n duinpou. Die duinpou, of gompou, is een van die werklik seldsame soorte wat ook buite die nasionale parke streng beskerming geniet.

"En die pou dan?" verneem Joep.

Maar sy ou kennis se antwoorde het opgedroog. Derhalwe lê Joep beslag op die geweer, die jakkals en die pou. Die verhoor sou later plaasvind. In die toekoms sou dit vele male Joep se ondervinding wees dat selfs mense wat hy op heterdaad betrap het, hom dit ernstig kwalik neem, hoe ongerymd dit ook al klink.

Terug tuis kon hy nou uiteindelik tyd afsonder om te begin met die skoonmaak van die boorgate. Min het hy in dié stadium nog besef hoe tydrowend en langsaam die werk sou wees.

Die eerste plek wat aandag moes kry, moes nou juis daardie dertiende boorgat by Klein Skrijpan wees. Die skeppyp was reeds daar: kompleet met die klep aan die een kant en die dik veseltou aan die ander. Voorts, was die toerusting maar bitter beskeie: 'n enkelkatrol en 'n stertskroef om die pype mee te vang as hulle opgehys word. Voordat die skeppyp laat sak word, moet die boorgatpype natuurlik eers opgetrek word "met onse liggaamskragte, rus-rus, want ons had nie vandag se beriefde nie," soos Gert verduidelik het.

Terwyl Joep die tou vashou, een slag om die been van die windpomp, moes Gert die pype met die stertskroef vang sodat Joep kon laat vervat. Sukkel-sukkel is die pype stadig na bo gehys, in lengtes van 10 voet (3,05 m) ontkoppel en netjies langs mekaar neergelê. Die boorgat was 350 voet (109 m) diep, miskien nie diep genoeg om te alle tye voldoende water te voorsien nie, maar bepaald diep genoeg om die twee man tot die uiterste toe uit te put. So 'n werk is darem nie vir handearbeid bedoel nie!

Nadat die pype almal na bo gehys, ontkoppel en neergelê was, kon hulle begin met die werklike skoonmaak van die boorgat. Maar daarvoor sou daar meer as mensekrag nodig wees. By die huis het die ses donkies gewag en dit sou maar 'n paar uur kos om hulle daar te kry om die hyswerk met hulle te doen.

"Maar laat ons dan maar solank die ou bailertjie afsit," moedig Gert aan. "Dit sal mos nog so 'n tydjie duur voor die eseltjies aankom."

"Het jy al gevoel hoe swaar is hy?" vra Joep, terwyl hy Gert tersluiks van onder sy hoed se rand aankyk.

"Ag, Meneer, die ou ystertjie?" antwoord hy minagtend, terwyl hy die skeppyp-van kant tot kant onder sy voetsool rol. "Nee wat, Meneer kan maar die ou affêrinkie afsit."

Sonder verdere seremonie begin hy ook sommer die klappertou se verste punt om sy lyf draai, met 'n growwe knoop voor op sy gordel, om dadelik daarna te begin aanstap na die oewerduin.

"Gert, sal jy die ding kan hou?" vra Joep nog agterdogtig, maar Gert was reeds besig om sy pad deur die yl driedoringbossies en winteropslag te baan. Oor sy skouer antwoord hy selfversekerd: "Ja, Meneer, ek sal anker staan aan die tou se punt. Sit Meneer maar vir ons die ou bailertjie af."

Die ou moes 'n rukkie tevore 'n onvleiende aanmerking verduur oor sy oormatige hoogtevrees toe hy nie verder as die tweede sport van die windpomp wou klim nie en nou, het hy gevoel, moet hy hom darem in ere herstel. Derhalwe stap hy met lang treë soos 'n sekretarisvoël tussen die bossies deur, lyf vooroor soos hy die tou agter hom aansleep, maar, bo alles, "op 'n meningse manier".

Hy steek 120 meter verder vas. Die tou is nou tot sy volle lengte gespan en hy is reg om te bewys wat in hom steek.

"Is jy reg, Gert?"

Maar die ou ag dit nie eens nodig om oor die lang afstand die vraag te beantwoord nie – hy wuif maar net dat hy gereed is. Met moeite lig Joep die swaar ysterskeppyp, laat die punt met die klep versigtig in die boorgat ingly en hou stewig vas voordat hy dit geleidelik laat volg totdat hy met die swaar tou in sy hand staan. 'n Oomblik lank het hy noodwendig, terwyl hy vervat, bykans geen greep op die tou nie – maar daar staan sy anker mos darem met die tou om sy middel!

Die onvermydelike ruk van die tou toe dit styfspan, laat Gert 'n noodlottige tree vorentoe gee. Nou was sy hakke nie meer so stewig in die sand ingegrawe nie – trouens, hy was so effens van balans af. Derhalwe volg op die eerste tree 'n onwillekeurige tweede en 'n vinniger derde. Die swaar metaalpyp is op sy pad onder toe en die growwe tou span snaarstyf op na die katrol en skuins verder na Gert. In 'n poging om te verhelp dat dit volkome buite beheer raak, gryp Joep die tou met mening vas. Tevergeefs! Al wat hy bereik, is dat sy kakiebroek se wye pyp vasgevang word waar die tou die boorgatvoering ingly, en dit van onder tot bo oopskeur. "Giirrrts!" Dit het weinig geskeel of sy been was daarmee heen.

Die een oomblik was Joep nog los, die volgende in groot gevaar en 'n sekonde later weer los. Met die orentkom kyk hy met die donkerste verwagting op om vas te stel wat van Gert geword het. Maar laasgenoemde was besig om met ongelooflik lang treë, wat steeds gerek het, die 120 meter af te lê terwyl die veseltou uitboog in sy rigting en die katrol bo begin sing het soos hy hardloop. Hier was 'n lelike molessie. By die boorgat se voering kon Joep nie die tou gryp nie, soos dit so pas geblyk het, en bokant sy kop was dit te hoog oor die katrol. Hy sou Gert tegemoet moes hardloop om te help rem, maar die tyd was min.

Gert het intussen, kompleet soos iemand wat 'n twee jaar oue bulkalf aan 'n riem probeer hou, sy treë tot die uiterste toe gerek om met die opbouende momentum by te hou. Hoe vinniger jy hardloop, hoe vinniger hardloop jy, en hoe minder word jou weerstand, soos teen 'n bose versoeking. Op sestig meter – halfpad as dit van enige betekenis was – moes daar iets gebeur het wat die ou sy balans laat verloor het. Moontlik het sy voet effens gehaak, of moontlik het die vaart sy bene hul ritme laat verloor. Wat dit ook al was – hy kon self nie onthou nie – die konstabel het meteens sy hande in die lug gegooi asof hy wou opstyg. Snelheid het hy genoeg gehad, maar in stede van op te styg, het hy enkele treë verder op sy rug op die sand neergedaal. Algaande het hy egter op sy maag omgedraai en toe soos 'n slang deur die struikgewas aangeseil gekom. Selfs op veertig meter was sy oë duidelik sigbaar, groot en verskrik in 'n asvaal gesig, terwyl sy hoed wonder bo wonder op sy kop gebly het. Sy "voorlyfie" kon hy darem orent hou terwyl hy angsvallig aan die tou "vaskleef" sodat sy gesig ongeskonde was. Maar verder na die agterhoede het sy broek stukkie vir stukkie in die bossies agtergebly terwyl sy skoene twee ronde vore in die los sand geploeg het.

Joep het intussen, in 'n poging om sy troue ou handlanger uit sy benoudheid te red, sy hande blase geskuur soos hy probeer het om die growwe tou vas te gryp en te hou. Maar selfs dit het nie veel gehelp nie want die "bailertjie" het nou al te veel momentum afwaarts gehad. In elk geval was daar nie nog tyd vir proefnemings nie en afgesien van sy hande se velle, het hy twee maal op 'n nippertjie na 'n been verloor.

Die einde het spoedig en dramaties gekom. Die een oomblik was Gert letterlik nog op volle vaart na die windpomp en die volgende oomblik was sy ongevraagde reis verby "toe die bailertjie nou op die bottem vasslaan". Die veseltou was meteens slap, Gert het 'n laaste kort es gegooi en toe plotseling tot stilstand gekom, net vyf meter van die windpomp af.

Gert kom meewaardig orent, stram en oorbluf, en begin langsaam die stof van sy hemp afslaan. Versigtig voel hy aan kneusplekke en blou kolle op sy onderlyf en bene. En kyk hoe lyk sy broek! Flenters! Toiings! Dan voel hy met sombere voorgevoelens aan die rif om sy lyf waar die tou hom gewurg het, maar dit lyk darem nie of daar iets gebreek is nie.

'n Paar treë verder is Joep die stof en sand van sy hande aan't afwas waar die tou die vel opgefrommel en weggeskuur het. Die dekselse waterblase was al erg genoeg, maar waar hulle eers gevorm en dadelik weer stukkend gevryf is, brand dit dat 'n mens kan jig kry. En kyk hoe lyk sy broek!

Vyf minute gaan in stilte verby. Joep is allermins lus vir gesels. Gert sit daar eenkant op 'n stukkie droë stomp en telkens loer hy half benoud om in Joep se rigting. Wat sou Joep daarvan dink dat sy plan so misluk het en dat hulle albei nog beseer is en skade opgedoen het in die proses?

"Meneer?" waag die ou dit versigtig.

"Ja, Gert?"

Half uit die veld geslaan kyk Gert om. Joep se stem is ewe kalm.

"Ek ... ek dink ons moet maar die werkie hier in die park laat los. Hierdie affêrinkie sal nou maar nie betaal nie ...?"

Nou, besef Joep, moet Gert sag gehanteer word. Hy verwyt homself nou buitensporig veel vir die petalje van soewe en daar sou geen sin in wees om hom te betig nie. Wat hy nou nodig het, is selfvertroue.

"Ou Gert, nee, ek dink ons moet liewer die werk hou. Ons is darem mos nou besig om iets groots op te bou. Miskien nie vir onsself nie, maar vir die nageslag. As ons eendag lank al witbene lê, sal hierdie werk nog staan. Ook vir eendag wanneer ons kinders het. Hulle sal mos nou sleg voel as hulle moet weet ons het tou opgegooi. En jy trou juis ook volgende maand!" Te laat besef Joep dat die woorde "tou opgooi" vatbaar is vir dubbelsinnige vertolking. Gelukkig gaan dit onopgemerk verby.

"Wat help dit om te staan en spook vir kindertjies," mompel Gert nog onderlangs, maar hy laat dit maar daar. Joep is seker maar reg – en natuurlik, ander maand gaan hy Anna vat.

Uiteindelik was die donkies daar en kon hulle begin om die boorgat skoon te maak en die afval uit te skep. Twee-twee is die donkies beurtelings ingespan. Op en neer het hulle gestap, feitlik presies op Gert se roete, maar die skeppyp kon hulle nie op sleeptou neem nie. Terwyl Gert die donkies gehanteer het, was dit Joep se taak om by die boorgat se opening die pyp aan te vat en om te keer en dit daarna weer seepglad na onder te laat gly. Met sy seer hande was die taak nie alte plesierig nie maar hy wou eenvoudig deurdruk. Waarskynlik het dit hom selfs meer vasbeslote gemaak om die taak te voltooi.

Môre sou die Dorslandwild weer heerlike, skoon water hê.

*Dedi in deserto aquas ...*

Vir Joep en Cillie was hierdie jare van groot belang – veral met die geboorte van 'n eerstelingseun. Hulle het hom Christoffel gedoop, na sy oupa. Al is hy nie in die Gemsbokpark gebore nie, sou hy bestem wees om die eerste wit kind te wees wat van sy eerste kinderdae af in hierdie park sou grootword.

Die wit bevolking van die park is verder aangevul deur die aanstelling van Piet Moller, wat eweneens veel met die baanbrekerswerk sou help.

Intussen het ook Jan Jannewarie verhoogde status gekry. Hy het van persoonlike handlanger af gevorder tot konstabel. Gert het vir Anna "geskep", en nog ander rasse het bygekom sodat daar weldra 'n klein gemeenskap was.

Ook ten opsigte van die grense het belangrike veranderinge ingetree. Die Nossob, wat ook die internasionale grens was, het steeds maar probleme bly oplewer. Later het die Britse regering, onder wie se vlag Botswana gestaan het, egter besluit om 'n wildtuin ten ooste van die Gemsbokpark te proklameer. Dit sou parallel met die Nossob lê, net so lank wees en 25 myl (40,25 km) breed wees.

Joep het die finale goedkeuring hiervan met groot vreugde aangehoor. Trouens, dit was een van die grootste hupstote wat wildbewaring tot op daardie stadium ontvang het. En hoewel daar voorlopig in die nuwe gebied nie veel aktiewe beskermingsmaatreëls ingestel sou word nie, het hy magtiging ontvang om ook daar wilddiewe aan bande te lê. Dit was 'n enorme bate. Die wild wat na willekeur die rivierbedding oorgesteek het, al na gelang van reën of wind, het in elk geval nie in die ware sin van die woord aan uitsluitlik een van die twee gebiede "behoort" nie. Dit was deel van die ekologiese eenheid. Indien 'n mens hulle dus aan albei kante kon beskerm, verseker jy die voortbestaan van albei as toevlugsoorde. Andersins het dit daarop neergekom dat wild, wat agter reën of teen die wind in trek en eintlik aan een van die twee reservate "behoort" het, eenvoudig die wilddiewe ten prooi geval het.

Maar nou was dinge anders. Nou kon ook mense wat die grense skend, aangekeer en gestraf word. Die jare wat sou kom, sou onomstootlike bewys lewer van hoe belangrik dié Britse besluit werklik vir die voortbestaan van die park was.

Dit kon toeval gewees het dat die eerste persoon wat Joep in die Britse gebied weens wildstropery aangekeer het, nou juis Hendrik Mathys was. Hendrik was 'n Britse onderdaan, dit wil sê hy het in die Protektoraat gewoon. Min of meer net daar het die Baster se onderdanigheid aan Brittanje, of enigiemand anders, opgehou. Die wild, soos die veldkos, het hy geglo, was gawes aan hom en niks of niemand sou hom daarvan weerhou om sy volle maat te neem nie.

Hendrik was lief vir jag en 'n uitmuntende skut, maar hy het ook ander liefdes gekoester wat ewe sterk was. Hieroor gesels ons later.

In die Protektoraatgebied het 'n groot taak op Joep gewag. Hy moes die 25 myl (40,25 km) breë strook op die een of ander wyse afmerk en die grense daarvan aandui, sodat jagters van die oostekant af darem min of meer sou weet hoe ver hulle dit mog waag. Die enigste wyse waarop dit prakties uitgevoer kon word, was om dit "af te paal", dit wil sê, deur 'n reeks pale al op die grens langs in te plant en om dan 'n patrolliepad langsaan te maak. Van die Nossob af moes hy derhalwe eers 25 myl (40,25 km) ooswaarts uitmerk en daarna noord swaai in 'n parallelle lyn met die rivier. Hierdie grens sou op sy beurt meer as 170 myl (274 km) lank wees. Behalwe vir die klein Basternedersetting, was daar in dié enorme gebied letterlik geen mensgemaakte voorwerpe nie: geen huis, geen pad, geen draad, geen dam nie – bloot 'n leë stuk aarde.

In 'n poging om die gebied in 'n mate te verken met die oog op die bepaling van die grenslyn, ry Joep toe die suidelike gedeelte binne. Te perd gaan dit hierdie keer, aangesien hy nie so ver gaan dat dit 'n kameelpatrollie regverdig nie. Buitendien, as 'n mens enigsins 'n gangbare verskoning het, verkies jy 'n perd eerder as 'n onwelriekende kameel. Aan sy flanke ry sy twee konstabels. Charlie, die ou skimmel, word deur Gert gery. Volgens Gert was dit die perd met die beste gang in die Kalahari – "hy trap nooit met sy voete mis nie". Maar Joep verkies die sterk bruin hings, deur 'n frats van die toeval Harry* genoem, dieselfde naam as dié van 'n kollega byna aan die ander kant van die vasteland.

Die rooi oewerduine verander spoedig in hoë, wit duine wat ry op ry voor die ruiters uitstrek. Wat sou die rede vir dié kleurverskil wees, wonder Joep, en waarom sien 'n mens nêrens tekens dat die twee vermeng raak nie?

Versigtiger ry, wanneer die gate van 'n muiskolonie teëgekom word. Een verkeerde trap en die patrollie eindig net daar vir jou perd. Op die bultjies wat deur 'n vorige seisoen se los grond gelaat is, bemerk Joep 'n vreemde rankplant wat hom nogtans effens aan tsammas herinner.

"Wat is dit hierdie?" vra hy aan Jan Jannewarie.

"Swartstorm, Meneer."

"Swartstorm?"

"Ja, Meneer. 'n Mens gebruik dit vir die maag. As jou maag bietjie omkerig is, gebruik 'n mens dit om die kwaad uit te drywe."

Joep kyk in die verbyry af na die maer rankies en die getande liggroen blaartjies, waar hulle die muishopies bekroon.

"Maar hoekom 'swartstorm'? Dit lyk vir my meer na 'n tsamma?"

"Nee, Meneer!" antwoord Gert uit sy beurt, "nie daaroor nie! Maar hy het maar sy maniertjie met mens se magie as jy hom drink! Amper nes die witgatkoffietjies," voeg hy nadenkend by.

Meteens egter, was swartstorm en witgat vergete en word

---

* Vergelyk Hannes Kloppers se *Veldwagter*! (Protea Boekhuis).

die patrollie se blik vasgesuig deur 'n reeks spore, vreemde spore, perde- en donkiespore! Hier was jagters, en sommer nou net!

Haastig nou vorentoe. Die spore is besonder vars. Daar is ses donkies en twee perde, maar die donkies gaan die jagters vertraag, iets wat vir hulle noodlottig kan wees!

Vorentoe, steeds vorentoe. Terselfdertyd moet die perde nie onnodig gemoor word nie want die klimaks kan altyd op 'n jaagtog uitloop.

Vir laasgenoemde was daar egter geen gevaar nie, want die jagters was eens te gerus. Toe die drietal derhalwe op 'n afstand van sestig tree oor 'n duintjie kom, moes hulle tot hul verbasing die groep jagters houtgerus om 'n vuurtjie aantref, besig om vleis te braai.

Al was die jagters egter aanvanklik houtgerus, beteken dit nie dat hulle sonder verset sou oorgee nie – en die minste van almal hul leier, Hendrik Mathys. Te laat het hy besef dat hulle betrap was. Nogtans het hy 'n doelgerigte poging aangewend om sy geweer in die hande te kry om hom "los te skiet". En toe die geweer effens onsag uit sy hand gepluk word, het die kleinerige jong Baster waarlik nog genoeg durf oor gehad om homself te "aanpresenteer". Dit kon ook 'n oordeelsfout gewees het. Hy het die jong veldwagter nog nie goed genoeg geken nie. Om darem so van jou buit af te sien – drie gemsbokke en 'n wildebees.

In elk geval was dit die eerste van 'n lang reeks "skermutselingetjies" tussen die twee. Voortaan sou voornemende stropers egter weet dat die skroef geleidelik stywer gedraai word.

Terug tuis, net voordat hy op 'n patrollie na Grootkolk sou vertrek, het 'n vreemde gebeurtenis op Joep gewag, iets waarvoor hy nooit 'n volkome bevredigende antwoord kon vind nie. Niks minder nie as 'n spookaand in die beste tradisie.

Die nag was vreedsaam en rustig, soos talle daarvoor en daarna – dit wil sê, vreedsaam en rustig vir die huisbewoners. Maar in dieselfde stil ure, waartydens die huisgenote 'n diepe en welverdiende slaap geniet het, het die Groot Verskrikking in al sy woede toegeslaan.

Maar hiervan was geeneen van die wit mense bewus nie.

Met dagbreek het eers Joep, en weldra die gesin, een vir een begin opstaan vir die dagtaak.

Tot hul verbasing moes hulle vind dat al wat bediende was, hulle op dié besondere oggend in dié opsig geklop het.

Daar was die werkers, saamgebondel by die kombuisdeur. Grootoog het hulle daar gestaan, beteuterd en ingetoë, met daardie sonderlinge grys kleur wat die mensegelaat soms aanneem by die aanskoue van die noodlot in sy naakste vorm, van die dood of van ... Die Verskrikking.

"Julle is vroeg?" het iemand hulle vraend toegevoeg. Uit hul stil geledere het die vreemde weervraag gekom: "Leef julle nog?"

"Dit lyk so!" het Joep lakonies geantwoord, terwyl hy veelseggend eers linksom en dan regsom kyk om sy stelling bo alle twyfel te staaf. "Wat maak julle anders dink?"

'n Effense sug ontglip onwillekeurig die Basters. Van verligting? Of omdat hulle nog nie die volle werklikheid kon glo nie? "Het die vrou nie vir die julle gepla nie?"

"Die vrou? Nee, watter vrou?"

"Die een wat aan die brand was!"

Nou was dit die wit gesin se beurt om uit die veld geslaan te wees. Êrens is daar iets wat nie mooi klop nie.

Een van die Basters het nou die moeilike taak van woordvoerder op hom geneem.

"Meneer," sê hy meewarig, "ons het die ganske nag nooit g'n oog toegemaak nie! Het julle hulle dan niks geware nie?"

Maar hy ken reeds die antwoord, derhalwe vervolg hy: "Die hele nag was ons bang, bang, bang! Vroegaand al het die vrou al om die huis begin hardloop. En al haar klere, al haar klere van kop tot tone, ek sê vir jou, die ene vuur en vlamme!"

Skielik dring die vreemdheid daarvan weer sterk tot hom

deur, sy gesig neem opnuut die nare loodgrys kleur aan by dié herinnering ... en nou ook by die implikasie: "En julle het daar niks van geweet nie!"

"Dit was 'n spoek!" laat 'n jong meisie snipperig val.

Aan hierdie skokkende woord wou geeneen van die ander hom nog waag nie. Maar noudat dit uit was, het dit, sonderling genoeg, tog in 'n mate die spanning gebreek.

"Die gehelende nag, Meneer!" vul iemand aan. "En die pure vlamme! En al om die huis, al om die huis. O vredetjie nee, wie kan nou 'n oog toemaak as dit so gaan?"

Verbaas luister die huisgenote na die verstommende verhaal. Om te glo, of nie te glo nie...

Wat is dan die verklaring?

Niemand sal ooit weet nie.

Behalwe een ou Baster, al is dit dan alleen maar in sy gemoed.

"Jare gelede," sê die ou "het hier 'n bediende se klere aan die brand geraak. Sy het so erg verbrand dat sy gedood het. Dit moet sy wees wat nog loop!" Peinsend voeg die ou daaraan toe: "Dalk wóú sy gedood het!"

In die verlatenheid van die Dorsland leer die gebalanseerde mens om dinge te ervaar sonder om dit noodwendig te aanvaar. En soms, terselfdertyd, sonder om dit te verwerp. Dit is maar van verbygaande belang, miskien interessant vir die huidige, maar niks om lank oor te tob nie.

Daarom het Joep geen besondere aandag geskenk aan die relaas van die vorige nag se gebeure nie, hoewel hy ook nie presies 'n verklaring daarvoor gehad het nie.

Op die lang pad na Grootkolk het hy soms met 'n effense glimlag teruggedink aan die vreemde verhaal. Sou dit alles verbeelding wees? Of wat sou die werkers eintlik gesien het?

By Grootkolk aangekom, was Joep net betyds om weereens te sien hoedat 'n sterk stroom water wat in die Nossob afgevloei kom, die uitgestrekte kolk vul, om dan later langsaam sy pad suidwaarts voort te sit. Inderdaad, 'n waterstroom wat in die Dorsland ontspring.

By die kolk self het hy afgestap na die enorme kameeldoring op die regteroewer. Grootkolk en die kameeldoring – ook hier het, volgens verhale wat 'n mens van tyd tot tyd hoor, in vroeëre dae vreemde dinge plaasgevind. 'n Mens hoor die boorlinge daarvan gesels en jy hoor ook teenstrydige verhale van wittes wat daarin belang stel. Sou al hierdie vreemde verhale waar wees? Of is dit maar verdigsel?

Eendag, eendag, het hy homself beloof, sal hy tog 'n wyse vind om die legkaart inmekaar te laat pas, die talle vrae bevredigend te beantwoord ...

# Grootkolk:
# Drama en verdigsel

Wanneer 'n mens die kronkelinge van die Nossobrivier min of meer noordweswaarts volg tot waar dit uiteindelik die Suidwesgrens oorsteek, land 'n mens by die reeds bekende Unie-end aan. Dit is die noordwestelikste punt van die Republiek Suid-Afrika. Ingewig tussen Botswana aan die ooste en Suidwes-Afrika aan die weste, lê hierdie steeds nouer wordende strepie vaderland in stomme verlatenheid en stilte, totdat dit uiteindelik geheel en al wegkwyn waar die rivier die grensdraad kruis. "Wêreldsend" word dit in sommige kringe genoem en wie sou enigiemand dit kwalik kon neem as hy by die aanskoue van die onherbergsame Dorsland noordwaarts, onwillekeurig die gevoel kry dat hy aan die einde van die wêreld gekom het?

In vroeër dae het die Suidwesgrens alleenlik maar bestaan uit 'n denkbeeldige lyn op die twintigste lengtegraad, maar later is 'n stewige draadheining opgerig. Die Botswanagrens daarenteen, loop vandag nog al in die middel van die, droë rivierbedding, sodat dit, vanweë die aard van die terrein, dikwels moeilik is om te bepaal in welke van die twee lande 'n sekere punt hom bevind.

Stroomaf met die droë loop van die Nossob, suidooswaarts, bereik 'n mens ná vyftien myl die punt bekend as Grootkolk.

In die middel van die kolk self staan 'n uitsonderlik hoë kameeldoringboom, met die tekens van ouderdom en verval kennelik sigbaar in die swaar voue en krake van sy bas en in die droë takke wat reeds die verwordingsproses ingelui het. Te midde van 'n groepie ander kameeldorings staan hy daar, oud, maar trots. Niemand vra ooit watter een eintlik die geskiedkundige boom is nie. "*Königsbaum*" het die Duitse eenheid hom 'n halfeeu gelede gedoop en inderdaad lyk hy, ten spyte van sy ouderdom nog soos 'n vors.

Ooswaarts sak die omliggende veld geleidelik af na die breë vallei wat hier die rivierbedding vorm. Weswaarts kyk 'n mens ver oor die lae duinrûe opwaarts tot aan Verkennerskop, drie myl verder noordwes. Nog verder daaragter kan vaag die donker omtrekke van Bloukop in Suidwes onderskei word.

Dít dan, is Grootkolk.

In die Namataal van die Hottentotte heet dit Geinab, eintlik "*Ghaainchab*" uitgespreek, wat, by wyse van uitsondering, ook letterlik vertaal "groot kolk" beteken.

Grootkolk moet vandag, sy afgesonderheid ten spyt, gereken word tot een van die bekendste plekke in hierdie oord en daarvoor is die mite en drama wat daaraan gekoppel word, grootliks verantwoordelik.

Die gebeure waarna hier verwys word, is die slotfase van die Duits-Hottentotoorlog van 1904 tot 1908 waarin Grootkolk, volgens sommige skrywers, 'n belangrike rol gespeel het en wat tot hede nog die verbeelding van besoekers en belangstellendes prikkel.

Die buitengewone gebeurtenis by Grootkolk is van besondere belang omdat dit, ook in ons tyd 'n verhaal aan een van die geskiedkundige landmerke in die park koppel – 'n verhaal wat, helaas, nie alleenlik ten opsigte van detail nie, maar ook ten opsigte van die hele strekking, nie altyd steek hou met feite nie. Daarom verhaal ek die drama hier so volledig moontlik.

Ongelukkig vind 'n mens so dikwels dat daar ryklik op dramatiese gebeurtenisse geborduur word, dat 'n stempel van eie verbeelding daarop afgedruk word, sodat die perspektief uiteindelik geheel en al verlore gaan. In dié proses word gebeure wat niks met mekaar te doene het nie, soms aaneengekoppel, word die rolle van die *personae dramatis* omgeruil sodat sondaar weldra martelaar word, die gevallene die skurk van die verhaal, die oorsaak die gevolg en die oorwinning 'n smadelike nederlaag. Met hierdie soort hantering van materiaal wil die parkeraad* nie vereenselwig word nie en vandaar die opdrag aan my om perspektief suiwer en reg te bly behou.

Grootkolk word vry algemeen aanvaar as die toneel van die vernederende laaste slag in die oorlog tussen die Duitsers en die Hottentotte. En hoewel daar soms na dié besondere veldtog van die Duitsers verwys word as 'n "uitdelgingstryd", bly daar immer in my gedagte die eenvoudige maar onomstootlike waarheid dat die veldtog begin en volvoer is grootliks ter beskerming van 'n byna weerlose groepie Afrikanertrekkers in Suidwes. Wat ook al op ander terreine na die hoof van die Duitse bevel geslinger word, in dié geval het hy bloot sy plig gedoen.

Kom ons kyk net eers effens verder terug.

Laat in 1890 het 'n eerste trekgeselskap, onder leiding van Hendrik Smit, Piketberg verlaat om, soos die Voortrekkers vroeër, die binneland in te trek op soek na *Lebensraum*. Groot Namaland, tans bekend as Suidwes-Afrika, was hul bestemming. Weldra het meer trekke gevolg. Hulle het die troebel water van die Grootrivier oorgesteek en hulle ná lange maande aan die voet van die Karasberge bevind. Omstreeks in dié stadium is die landstreek deur Duitsland geannekseer.

Algaande het die trekkers meer en meer in 'n gevestigde gemeenskap ontwikkel, plase is aangelê, daar is transport gery en selfs enkele dorpies is gestig. Vanweë die eindelo-

---

* *Gee my 'n mán!* is geskryf in opdrag van die Raad van Kuratore vir Nasionale Parke.

se uitgestrektheid van die wêreld het die plase egter sonder uitsondering talle kilometers van mekaar af gelê.

Die bewoners van die land, soos die trekkers hulle aangetref het, het hoofsaaklik bestaan uit die Bondelswarts wat tot aan die Karasberge in die noorde gewoon het, verder noord in die rigting van die huidige Aroab was die Hottentotte, ook bekend as die Velskoendraers, die Witkamme, die Geelkamme ensovoorts na gelang van die kapteinskap waaraan hulle behoort het. Algemeen is die versamelwoord "Rooinasies", of "Frans-Hottentotte" gebruik. Verder noordwaarts was daar die Basters van Rehoboth, die Herero's, bekend as 'n herdersvolk, die Bergdamaras feitlik 'n slawevolk, die krygshaftige Ovambo's en, natuurlik, daardie swerwersvolkie, die Boesmans. Laasgenoemde het hulle nooit deur grense laat inperk nie. Die wye ruimtes was hul gebied, die son en die sterre hul dak, die genadelose veld hul voedselskuur en die sonderlinge swerwersdrange hul dryfveer. Hoër op in die Ouobrivier, nie ver van die huidige dorpie Gochas nie, het die stam van Simon Koper gewoon – die Geelkam-Hottentotte – na wie, tesame met die Witkamme van Hendrik Witbooi, nog dikwels verwys sal word.

Geleidelik het meer en meer trekkers hulle in die wye ruimtes begin vestig, totdat daar teen omstreeks 1904 'n heel gevestigde, hoewel uiters wyd verspreide, gemeenskap was.

Die inboorlingstamme, onder wie moord, doodslag, stamvetes en onderlinge roof maar deel van die daaglikse lewenspatroon was, het teen dié tyd, onder die Duitse bewind, tien jaar van vrede agter die rug gehad.

Meteens het die tydperk van rus en vrede begin verander. Die Bondelswarts, asook die Herero's het met 'n kettingreeks opstande begin. Rewolusie was in die lug.

Dit was ook aan 't broei in die kop van die Hottentotkaptein, Hendrik Witbooi, en ander.

Vuurwapens was geredelik verkrygbaar van mense soos Spangenberg met sy Bondelswartvrou en tros kleingoed, die Engelsman Duncan, die vrybuiter, Scotty Smith en andere.

Moontlik het Hendrik Witbooi, wat deur die Hottentotte

die keiserlike titel van "Xanziep" toegeken is, en stamhoof Simon Koper, geredeneer dat dit 'n baie geleë tyd sou wees om die Duitse owerheid 'n swaar slag toe te dien. Hierdie argument word egter weerlê deur die wyse waarop hul operasies volvoer is, soos verderaan beskryf. 'n Waarskynliker rede is dat Hendrik sterk onder die invloed van 'n "profeet" in die persoon van Baäl Stuurman was. Hy het nie alleen die Bybel uitgelê soos dit die Witboois die beste gepas het nie, hy het Hendrik Witbooi ook self onwrikbaar help glo aan sy teorie, naamlik dat hý die "gesel Gods" was – die roede in die Hand van die Almagtige. Hierdie godslasterlike aanspraak van Witbooi was veelseggend in die gebeure wat daarop gevolg het, soos ook in die voortdurende gevegte wat hy byna onophoudelik teen aanverwante stamme en ander inboorlinge gevoer het.

Teen hierdie tyd het Hendrik Witbooi sy onderdane geleidelik van die omliggende boereplase na sy nuwe hoofkwartier, Rietmond, begin ontbied en algaande het 'n groter en groter massa daar aangegroei. In hierdie vesting het Hendrik nou, met genoeg tyd tot sy beskikking, sy moordplanne begin smee. Die Duitse gewapende magte was elders, ten noorde en ten suide, gewikkel in 'n taai stryd sodat die sluwe "priesterkoning" baie goed besef het dat hy voorlopig weinig uit daardie oord te vrese gehad het. Sy tydsberekening, om juis op dié stadium 'n moordveldtog van stapel te stuur, was derhalwe wel deurdag en sekuur.

Op 2 Oktober 1904 het dit begin. Twee polisie-amptenare op Marienthal is onverhoeds oorval, doodgeskiet en onbegrawe aan die aasvoëls en die genadelose strale van die son oorgelaat. Hierop volg die moord op die Duitse offisier, Von Brükdorff, wat van Gibeon na Rietmond op reis was in 'n poging om die vrede te probeer bewaar. By die polisiepos is hy deur manskappe van Witbooi ingewag, oorval en doodgeskiet sonder dat hy ooit 'n geleentheid gehad het om sy saak te stel. Die ironie van die gebeurtenis was dat hy as 'n goeie vriend van Hendrik Witbooi beskou is, vandaar sy besluit om die sending manalleen aan te pak. Ook sy lyk is saam met dié van die twee polisie-amptenare vir die aasvoëls gegooi.

Die teerling was nou gewerp en Hendrik Witbooi het sy bendes die vier windrigtings in gestuur met die opdrag om alle wit mans te vermoor. In hierdie onderneming was Simon Koper, kaptein van die Geelkamme, trou aan sy sy.

Hierop het 'n tydperk van moord en verskrikking, van bloedlus en wreedheid en van lyding gevolg, soos Suidwes nog nooit beleef het nie. Aangesien die moordveldtog nie teen spesifieke individue gemik was nie en sonder aansiens des persoons geskied het, was die Afrikaners, wat die oorgrote meerderheid van die wit mense in die omliggende dele gevorm het, natuurlik die eintlike lydende party, hoe sonder provokasie ook al. Veral twee faktore het verder bygedra tot die "welslae" van die veldtog. Eerstens het die wit mense wyd uitmekaar gewoon – soms tot selfs twintig kilometer van mekaar af, sodat die afgesonderde plaasbewoners nie gou gewaarsku kon word nie. Daarbenewens wou vele aanvanklik eenvoudig nie die grusame werklikheid aanvaar nie, veral aangesien hulle op besonder goeie voet met Hendrik Witbooi en sy mense verkeer het.

Binne enkele dae egter, toe dit vir baie, helaas, reeds te laat was, het dit algemeen bekend begin word dat daar iets verskrikliks besig was om te gebeur. Kenmerkend van die onverklaarbare teenstellings in sy karakter, het Hendrik aan sy bendes opdrag gegee om slegs manlike lede van die gesinne dood te skiet. Sy "menslikheid" sou hom daarvan weerhou het om ook die bloed van vroue te vergiet!

Dit kan geen doel dien om nou, ná soveel jare, die grusame gebeure van die daaropvolgende dae in al hul makabere detail te herhaal nie. Dit is egter nie onvanpas om 'n paar voorvalle kortliks weer te gee nie.

Die omvang van hierdie veldtog kan in 'n mate begryp word deur die swart week van 4 tot 10 Oktober 1904 in herinnering te roep. In dié week het die sogenaamde "van-huistot-huis"-moorde plaasgevind en is in die ergste geteisterde gebied minstens vier-en-dertig mans en seuns vermoor. Hou veral in gedagte dat dié getal manlike persone, of hulle nou suigelinge of grysaards was, ingesluit het. In talle gevalle is die vrouens gedwing, soms met 'n osriem om die nek, om die uitvoering van die moordbevel te aanskou. Ná die voltrekking van die doodvonnis op die volwassenes, is klein seuntjies en suigelinge van die moederbors geskeur en sonder meer doodgeskiet.

Om 'n beter besef van die aard van die moorde te kry, moet 'n mens noodwendig vlugtig na die tragiese verhaal van iemand soos Hendrik Smit van Swartmodder, sy gesin en 'n klein groepie vriende kyk.

Ten spyte van enorme afstande, van boodskappers wat op pad oorval en gedood is en van 'n algemene gebrek aan verbindings, het die onverwagte noodtoestand tog weldra bekend begin word. Die enigste moontlike wyse waarop dit die hoof gebied kon word, was om die wydverspreide gesinne te laat saamtrek. Die aangewese plek hiervoor was die gehuggie Kub.

Hendrik Smit, 'n besonder welvarende en vriendelike man en verskeie ander gesinne het op die plaas wat hy van Hendrik Witbooi gekoop het, geboer. Op 'n dag het hy onverwags die opdrag van Witbooi ontvang dat hy sonder versuim die plaas moes ontruim, anders sou sy lewe in gevaar wees. In die lig van die vriendskaplike betrekkinge wat daar tussen hom en Witbooi bestaan het, was die berig vir hom volkome onverklaarbaar. Die stygende onrus en vrees van sy gesin en bywoners het hom nogtans weldra oorreed om ook maar tydelik na Kub te verhuis. Tesame met vyf ander gesinne het hulle die taak aangepak om die veekuddes byeen te bring en voedsel voor te berei vir die trek.

Alles was gereed op die aand van 9 Oktober. Die vee was bymekaargemaak, ses waens opgelaai, die trekosse aan die jukke vasgemaak en die klein groepie het vir laas byeengekom vir 'n afskeidsgodsdiens. Die volgende oggend sou die trek begin.

Met die eerste lig van 10 Oktober het Hendrik Smit na die veekrale, 'n ietsie meer as 100 tree (91 m) van die opstal af, gestap om seker te maak dat die veewagters en drywers gereed was. Halfpad daarheen het 'n sarsie geweerskote onverhoeds deur die oggendstilte geskeur en Hendrik Smit het neergesyg. Hy was onmiddellik dood.

Onderwyl die ander mans haastig na hul geweers gryp om hul gesinne en hulself te verdedig, het 'n vreemde toneel hom skielik afgespeel. Deur die eerste sonstrale heen het Izak Witbooi, 'n broer van die kaptein, meteens van agter 'n skuilplek na vore getree en met ontblote hoof van 'n afstand af die klein eenheid smekend toegeroep en sy diepe spyt oor die gebeure van so ewe te kenne gegee terwyl hy sy hoed met die witband meewarig teen sy bors vasdruk. Dit sou dan 'n misverstand wees – 'n tragiese, pynlike misverstand – want die oorledene en sy broer was tog sulke goeie vriende. Sy sending, gaan hy voort, was alleen maar bedoel om hul vuurwapens te kom opeis en indien hulle daaraan sou voldoen, sou die vyftig vegters onder sy bevel hulle geen leed aandoen nie.

Aangesien die wit mense slegs bestaan het uit ses volwasse mans, vier vroue en veertien kinders, was dit 'n uiters moeilike situasie. Veel hoop het hulle nie teen die bende gehad nie, hoewel ene Johannes Potgieter daarop aangedring het dat hulle liewer moes veg, indien nodig, selfs tot die dood toe. 'n Vinnige kajuitraad is gehou en op aandrang van die vroue, beangs oor die veiligheid van hul kinders, is daar besluit om liewer maar die Hottentotleier se voorwaardes te aanvaar.

Hierop het die paar mans na vore getree en hul wapens aan die wagtende bende oorhandig. 'n Paar oomblikke van spanning het gevolg – toe sny die verradelike bevel van Izak Witbooi opeens deur lug: "Skiet almal dood!" 'n Oomblik later het 'n sarsie weerklink en al vyf mans het in hul bloed neergesyg – elkeen deurboor deur talle koeëls.

Hierna was 'n bedlêende grysaard aan die beurt en onmiddellik daarna die seuntjies en selfs suigelinge. Een vir een is hulle van die moeders losgeskeur, na buite geslinger, ten aanskoue van die vroue doodgeskiet en op 'n hoop gesleep. Asof die naakte grusaamheid nog nie volkome was nie, het een van die seuntjies wat swaar gewond was, uit die hoop gekruip, bebloed na sy moeder gestrompel en huilend in haar arms veiligheid gesoek.

Vir die bende was dit 'n bron van vermaak. Die leier het hul gevoel opgesom deur laggend te sê: "Dè, vat hom maar – die Here wil hom nie eens hê nie!" Sonderling genoeg het hulle nie meer aandag aan hom gegee nie en het hy dit oorleef.

Sonder dat hulle ook maar toegelaat is om hul dooies te begrawe, is die vroue op een wa gebondel en weggejaag, die huise geplunder en die oorledenes (of gewondes) vir die aasvoëls nagelaat.

In sommige opsigte was hierdie vroue nog gelukkiger as andere wat in dergelike omstandighede te voet moes vlug – die Dorsland in, sonder kos of water vir hul klein dogtertjies.

Meer en meer gesinne het nou na Kub en Gibeon begin vlug in 'n poging om hulle weerbaarder te maak. Die lot van die beroofdes was in baie gevalle uiters haglik, terwyl tienduisende stuks vee – sommige bereken dit op 'n kwartmiljoen – deur die Hottentotte buitgemaak is. Dit was geen vreemde gesig om vroue te voet, met klein dogtertjies aan die hand, die plekkie te sien nader nie.

In die onvoldoende beskutting van die paar geboutjies moes hulle weldra tydelik woon. Die klein getal weerbare mans was die verdedigingsmag, 'n lae grondwal daaromheen hul verskansing. Kommando's van tot soveel as 500 Hottentotte het hulle tot digby die klein laer gewaag, maar nog op 'n bevel gewag voordat hulle dit aanval.

Die Duitse bevel het weldra deur middel van heliograafboodskappe verneem van die dringende nood van hierdie klompie mense, bestaande uit net dertig man en 'n aantal vroue en kinders. Só besig was hulle egter met die ander opstandelinge dat hulle slegs 'n klein eenheid van veertig soldate kon afstaan om hulp te gaan verleen.

Toe die werklike aanval derhalwe kom, het die verdedigingsmag van Kub bestaan uit net meer as sewentig man teenoor 1500 Hottentotte met gewere en meer as 'n duisend ander.

Om by die drama van Grootkolk uit te kom, is dit nodig om die ontstaan en verloop van die veldtog in breë trekke te skets.

In Kub het die Duitse offisier die bevel op hom geneem. Die klein groep verdedigers was nou geheel en al omsingel. Hardnekkige verdediging, akkurate skietwerk en die wil om te lewe, het weliswaar aanvanklik sukses meegebring, maar dit was spoedig duidelik dat die verdedigers dit nie lank teen die oormag sou kon uithou nie.

In die uur van grote nood was die uitkoms tog naby. Terwyl die oggendgeveg aan die gang was, is die skote daarvan deur *Oberst* (Majoor) Von Däumling gehoor wat met sowat 200 soldate, waaronder tagtig Basters, op pad was om die beleërdes te help. Sy eenheid het die afstand van ses myl (9,6 km) in minder as 'n uur afgelê en toe die Hottentotte hulle kom kry, was hulle agterhoede onder vuur. Dit was te veel en hulle het voorlopig die aftog geblaas.

Die vreugde oor die onverwagte verlossing was groot en is heel paslik met danksegging en gesang geloof. In die geveg het nege Duitse soldate gesneuwel en is drie-en-twintig verwond terwyl die Afrikaners geen lewensverlies gely het nie.

Ná hierdie oorwinning was die oorlog geensins verby nie. Inteendeel, dit het maar pas begin. Vir die beleërdes van Kub en Gibeon is met die koms van *Oberst* Däumling verligting gebring maar ook dit was maar voorlopig van aard. Met sy aankoms in Kub het Däumling met groot lof daarvan gepraat dat die Afrikaners en Duitsers skouer aan skouer geveg het, terwyl hy sterk beïndruk was deur die dapperheid van die klompie Afrikanervegters.

Selfs die moordveldtog was nog nie iets van die verlede nie en patrollies het van tyd tot tyd op die lyke van vermoorde mans en seuns afgekom waar hulle aan die genade van die woestynson en aasvoëls oorgelaat is.

Die magte van Hendrik Witbooi en Simon Koper is pas voor die aanval op Kub saamgesnoer en dit was gou duidelik dat iets selfs groters daarna beplan word.

Ná enkele skermutselings het *Oberst* Däumling besluit om 'n sterk patrollie na die hoofkwartier van Simon Koper op Rietmond te stuur om verkenningswerk te doen met die oog op 'n moontlik aanval.

Nou moet hier dadelik genoem word dat die Hottentotte meesters was van die guerrillakrygstaktiek en dat hulle dit deurgaans bo 'n frontoorlog verkies het. Terwyl die patrollie derhalwe Rietmond nader en nêrens Hottentotte kon gewaar nie, het dit vir een van die Afrikanerverkenners, Eduard Mostert, weldra duidelik geword dat hulle besig was om hul in 'n lokval vas te loop. Die Duitse luitenant het nie met sy gevolgtrekking saamgestem nie en selfs geïnsinueer dat Mostert bang sou wees. So 'n insinuasie was genoeg vir die vreeslose verkenner. Hy het sy offisier 'n oomblik vierkantig in die oë gekyk en gesê: "Goed, Luitenant, ons gaan voort! Maar voor die son onder is, sal ons sien wie eintlik bang is – of wie sal bid dat hy liewer betyds bang was!"

Enkele minute hierna het honderde koeëls vanuit die duintjies aan weerskante van hulle op die klein eenheid begin reën. Die patrollie was totaal omsingel deur versteekte Hottentotte. Die wit mense het hul desperaat probeer uitskiet uit die omsingeling, terwyl man na man dood neergesyg het. Mostert self het die een koeël na die ander deur sy vleis gevoel ploeg totdat hy uiteindelik uit die omsingeling gebreek het met vier koeëls deur sy liggaam. Gelukkig is geen belangrike bene getref nie. Die enigste ander oorlewendes was 'n Duitse onderoffisier en die perdewagter. Die luitenant het op die slagveld agtergebly.

Mostert was spoedig tot die uiterste toe uitgeput weens pyn en bloedverlies, maar die berig van die patrollie se uitwissing moes sonder verwyl na Dabied, waar die troepe gelê het, gebring word. Die veertig kilometer lange woestyntog wat voorlê ten spyt, het hy dadelik terugvertrek. Op pad het sy Duitse metgesel, wat sy lyding nie meer kon aanskou nie, hom probeer oorhaal om eers af te draai na water en ná 'n kort verposing verder te gaan. Hiervan wou hy egter nie hoor nie. Op pad moes hulle nog 'n omweg ry om 'n Hottentotpatrollie te vermy.

Sy ysere gestel, sy kennis van die gebied, maar veral sy taaie volharding en sy wil om te wen, het hom die dorspad help voltooi en uiteindelik het hy betyds die berig aan *Oberst* Däumling kon bring.

Hy het ook herstel en mettertyd die eerste Afrikaner geword wat die gesogte Duitse Ysterkruis vir dapperheid verower het.

Intussen het Duitse versterkings aangekom met vars perde en proviand. Hendrik Witbooi en Simon Koper se magte was nou ook voltallig gemobiliseer en oorlog was in die lug.

Ná aanvanklike skermutselinge op Stampviet en elders, is die Hottentotleërs by Nabas saamgetrek. Hier sou die grootste slag van die woestynoorlog plaasvind, dit wil sê die grootste ten opsigte van lewensverlies, maar nie deurslaggewend nie.

Die verhaal van hierdie slag is van besondere belang omdat 'n groot mate van die verwarring wat heers ten opsigte van die gebeure by Grootkolk, ongetwyfeld hier sy ontstaan gehad het. Trouens, dit is meer as waarskynlik dat sommige van die gebeure wat aan Grootkolk toegedig word, 'n relaas is van die gebeure by Nabas. Derhalwe gaan ek taamlik volledig daarop in.

Nabas is geleë in die Ouobrivier, effens suid vanwaar Simon Koper se hoofkwartier was en nie baie ver van die huidige Goehas nie. Die Duitse mag, vergesel van 'n paar Afrikanerverkenners, in sy geheel sowat 150 man sterk, het ook nou daarheen begin opruk. *Oberst* Däumling is egter enkele dae tevore vir 'n spesiale sending afgesonder, sodat die eenheid toe onder bevel van majoor Meister was.

Intussen egter, het die Hottentotte hulself deeglik ingegrawe en verskans. Ook het hulle sorg gedra dat die enigste water vir die Duitsers ontoeganklik sou wees.

Die geveg het op 3 Januarie 1905 begin en die volgende drie dae het die Duitse soldate, ongewoond daaraan om so blootgestel te word aan die felle sonstrale, 'n wanhopige stryd gevoer om besit van die water. Van onder het die gloeiende woestynsand hulle gemartel, van bo die somerson, terwyl dors – droë verlammende dors – spoedig 'n groter vyand as die Hottenotte was. Ná één dag reeds het die lippe begin bars en die vel 'n kwaadaardige rooi kleur begin aanneem. Ná twee dae het die tong in die mond klewerig geword en begin swel sodat dit spraak bemoeilik het. Ná drie dae was dit 'n algemene gesig om te sien hoe die vel by harde aanraking afskeur en 'n bloedstreep nalaat. Dit was duidelik dat geen mens dit veel langer in dié ongenadige omstandighede sou kon uithou nie. Die lot van die gewondes was veral iets wat selfs 'n geharde soldaat kwalik kon aanskou. Toe die oggend van die vierde dag aanbreek, met die vooruitsig op nog 'n martelende lydingsdag, het daar iets gebeur wat 'n mens nie dikwels by gewapende magte in die algemeen en eintlik glad nie by die streng gedissiplineerde Duitse weermag aantref nie. Sonder 'n bevel, asof 'n onbekende stem telepaties die opdrag oorgedra het, het hulle meteens opgespring en stormenderhand die vyandelike stellings aangedurf. Die Hottentotte, voortreflike skuts wat hulle was, het man op man van die aanstormende eenheid op die kaal vlakte in die stof laat byt. Niks kon hulle egter nou stuit nie – ook nie die vyandelike koeëls wat oor die afstand van 500 tree (455 m) dood en verwoesting onder hulle gesaai het nie. So gedetermineerd was die aanval dat hulle weldra die Hottentotte van die water verdryf het – maar nie voordat drie-en-vyftig in die stryd gesterf het nie.

'n Eg menslike gebeurtenis het hom op die derde dag van die gevegte afgespeel en verdien hier vermelding. Die Duitse soldate in die algemeen, en veral die offisiere, was besonder dapper. Daarteenoor egter, het hulle min kennis gehad van die gebied en nog minder van die inboorlinge. Hulle het besonder goed klaargekom met die groep Afrikanerverkenners en vrywilligers wat hulle vergesel het. Een faset van die oorlogvoering het egter (soos vroeër ook reeds genoem) by verskeie geleenthede aanleiding gegee tot meningverskille. Dit het gewoonlik voorgekom wanneer enkelinge, of klein groepies van die Hottentotte, hulle op 'n veilige afstand van 'n kilometer of meer opsetlik ten toon gestel het. In vele gevalle het die Duitse offisier dan deur sy verkyker gekyk, vasgestel dat dit 'n Hottentot was en die bevel gegee: "*Rückt an!*"

Onvermydelik het die Afrikanerverkenners, bekend met die lis van die Hottentotte, dan die offisier se aandag daarop gevestig dat dit waarskynlik bloot 'n lokval was. Dikwels is hierdie waarskuwing verkeerd vertolk en was die antwoord: "*Hast du Angst?*" (Is jy bang?) Komende van 'n Duitse offisier was dit 'n baie radikale vraag, met die gevolg dat daar dan maar geswyg is en die lokval dan tog wel toegeklap het.

Een van die junior offisiere wat self hierdie vraag by meer as een geleentheid gestel het, was ook betrokke by die gevegte van Nabas. Op die tweede dag van die dooie punt, met sporadiese skietery oor en weer, het hy 'n koeël deur die maag gekry. Sy lyding daarna, sonder enige verdowingsmiddels en blootgestel aan die hete sonstrale, kan aan die verbeelding oorgelaat word. Al wat sy makkers vir hom kon doen, was om hom agter die relatiewe veiligheid van 'n lae duintjie in te sleepdra, sodat hy darem uit die vuurlinie sou wees.

Die volgende dag, toe hy reeds vier-en-twintig uur van onbeskryflike lyding moes deurstaan, het hy sy oë oopgemaak en aan die paar soldate om hom die ongehoorde aanbod gedoen: "As iemand van julle," het hy hortend gesê, "my één glas water gee, sal ek my hele besitting daarvoor afstaan, 35 000 mark." Ná 'n paar minute waarin hy gewag het vir krag om voort te gaan het hy vervolg: "Maar ek weet dit is futiel." Hy het selfs floutjies geglimlag. "Want nie een van julle het dit nie, anders sou julle dit in elk geval vir my gegee het!"

Weereens het hy sy oë 'n paar minute lank gesluit en moontlik het hy gedink aan kere toe hyself die uitdagende vraag gestel het. Weereens het hy sy kop langsaam van kant tot kant geskud en met moeite hierdie beroemde laaste woorde geuiter, ontbloot van alle grootdoenerigheid, byna asof hy enigsins verbaas was: "Ek ondervind geen vrees nie!"

'n Lang tyd het hy weer stil gelê, en toe die laaste maal sy oë oopgemaak. "Groet my moeder namens my," het hy gevra en gesterwe soos hy gelewe het – vreesloos.

Van die put by Nabas word vertel dat die water ná die geveg so rooi gekleur was van die bloed dat dit byna ondrinkbaar was.

Sporadiese gevegte het daarna gevolg. Die Duitse eenheid is versterk ná die swaar verlies en die oorlog het nou 'n volskaalse guerrillastryd geword. Heliograafposte het op hoë heuwels verrys en geleidelik het die gevegte van die Ouobrivier, oor die duine wat hulle skei, verskuif na die Nossob, maar nog steeds aan die Suidweskant van die destydse Unie. Intussen het Hendrik Witbooi gesterf aan infeksie in 'n voetwond wat hy naby Tses opgedoen het en het die militêre leiding oorgegaan in die hande van Simon Koper. *"Der Fuchs aller Füchse,"* is hy destyds genoem en met sy fantastiese guerrillategniek, en sy meedoënloosheid, het hy die titel "die jakkals van alle jakkalse" verdien.

Ongeveer hierdie tydstip het *Hauptmann* (kaptein) von Erckert hertoegetree as bevelvoerende offisier van die gevegseenheid. Enkele opmerkings oor sy agtergrond sal van pas wees.

Kaptein Von Erckert was vroeër, ná 'n diensperiode in die *"Schutztruppen"* na Duitsland terugverplaas. Reeds gedurende sy eerste diensperiode het hy homself onderskei in gevegte teen die Bondelswarts. Met sy verhewe opvattinge en sterk karakter, was hy 'n besonder beminde figuur onder die pioniers van Suidwes. Soos met vele andere voor en na hom, het ook die heimlike bekoring van die sonnige Suiderland vir hom gou te sterk geword. Die veel versmade land met sy wye, vrye vlaktes en sy magtige bergreekse het weldra van hom besit geneem. Terug op die vasteland van Europa het hy in sy vaderland gesit, vervul met heimwee na Suidwes.

Met die uitbreek van die oorlog was hy derhalwe een van die eerstes wat as vrywilligers na vore gekom het om terug te gaan na Suidwes. Tot sy verdriet egter, was sy dienste elders benodig en is sy aansoek van die hand gewys.

In desperaatheid het kaptein Von Erckert daarna vir die eerste en enigste keer in sy lewe agter die skerms begin organiseer om terug te gaan. Hy het naamlik 'n hooggeplaaste offisier, die pa van een van die gevallenes, genader en hom daarop gewys dat sovele van die manne sneuwel bloot omdat óf hulle óf hul offisiere nie genoeg kennis van die land het nie. Sou hulle dan nie maar instem om die taak aan hom op te dra nie?

Nie lank daarna nie is hy terugverplaas na Suidwes-Afrika, waar hy weldra bevelvoerende offisier geword het van die taakmag belas met die moeilike opdrag om die glibberige Simon Koper eens en vir altyd 'n les te leer. Kaptein Von Erckert was waarskynlik die een man wat oor die persoonlike hoedanigheid beskik het om so iets te vermag.

In die eindelose uitgestrektheid van die Kalahari, teen 'n uiters geslepe en baie gevaarlike vyand, was dit 'n taak van geen geringe omvang nie. Von Erckert het dit egter met groot omsigtigheid aangepak. Meer helioposte is gestig, waar moontlik is waterpunte beleër en die soldate is onderlê in die geheime van 'n woestynoorlog. Van konvensionele oorlogvoering was daar baie min sprake. Skermutselings het voorlopig selde voorgekom. Dit was inderdaad, soos die Basters dit genoem het, "'n uitoorlê-oorlog".

Tot aan die einde van 1907 het dit voortgesleep, hoofsaaklik in of tussen die Ouob- en die Nossobrivier. Algaande is die net stywer om Simon Koper en sy bendes gespan, sodat hulle weldra met hulle vee en gesinne 'n landverhuising begin onderneem het.

Om weg te kom, het hulle met die breë vallei van die Nossob af begin trek. Kaptein Von Erckert het gou die nuwe maneuver agtergekom en besluit dat Simon Koper nog 'n finale "vergeldingshou" toegedien moes word weens al die onskuldige bloed wat hy vergiet het.

By Unie-end het Simon Koper die destydse Unie van

Suid-Afrika binnegedring en in die rigting van Grootkolk getrek, met die Eerste Kompanjie 'n hele afstand agter hom. Nou was hulle in die gebied wat vier-en-twintig jaar later (dit was nóú aan die begin van 1908) as die Kalahari-gemsbokpark geproklameer sou word. Nog steeds het die Duitse eenheid hulle agtervolg, vasbeslote om van Simon Koper 'n voorbeeld te maak vir elke moontlike rowerkaptein.

Nou was die Duitse eenheid egter in gebied wat nie net aan hulle volkome onbekend was nie, maar ook aan die paar Afrikanerverkenners in hulle midde. Selfs die Basters in hul diens, het dié streek nie geken nie. Derhalwe was hulle nou meer as ooit vir verkenningswerk aangewese op die paar Boesmans (onder wie se geledere die voortreflike spoorsnyer met die naam Damap). Sonder om sy teenwoordigheid te verraai, kon hy die uitgeslape Hottentotte kort op die hiele bly.

Sowat vyftien myl (24,15 km) af met die Nossob, vanwaar dit die Uniegrens gekruis het, het slegte nuus op die taakmag gewag. Die Hottentotte het die riviervallei verlaat en ooswaarts die woestyn in getrek. Dit dan, was in die omgewing van die huidige Grootkolk.

'n Gewigtige besluit het nou vir Von Erckert en sy bevelsgroep voor die deur gestaan: Moes die veldtog voortgesit word of nie?

Indien nie, sou dit beteken dat Simon Koper eintlik skotvry afgekom het van sy moord- en rooftogte. Dit sou onvermydelik 'n ongunstige uitwerking hê op ander inboorlingstamme.

Indien hulle sou voortgaan, het die waterlose Engelse Kalahari voor hulle gelê. En betrekkinge tussen Engeland en Duitsland was juis al gespanne.

Nogtans is die besluit spoedig geneem: Die agtervolging gaan voort, die protektoraat binne.

Voordat dit egter aangepak kon word, moes die nodige voorbereidsels getref word.

Allereers was dit duidelik dat hulle van Grootkolk af ooswaarts nie langer van perde gebruik sou kon maak nie. Voor hulle het die Dorsland nou in al sy ongenaakbaarheid gelê. Derhalwe moes hulle eers wag op kamele.

Onderwyl hulle die aankoms van die kamele afgewag het, het hulle hul deeglik ingegrawe. Al was Simon Koper en sy Geelkamme volgens berigte 'n goeie afstand verder weg, sou dit teen so 'n geslepe vyand noodlottig wees om nie paraat te wees indien hy mog besluit om 'n "hou in te kry" nie.

Bo-op Verkennerskop, drie myl noordwes van die Kolk, is dadelik begin om 'n heliograafpos op te rig. Vir dié doel is swaar kameeldoringbalke onder op die vlakte gekap, moeitevol teen die sandhelling van die kop uitgesleep en op die kruin in 'n formidabele toring saamgebind. Van hierdie pos af sou boodskappe gesein kon word na die reeks poste in Suidwes.

Hiermee klaar, is die klein veldbattery eweneens bo-op die kop opgestel, met sy loop in die rigting van Grootkolk. 'n Klein eenheid sou die pos beman.

Laer af na die Kolk, net buite die vallei van die Nossob, is die manskappe ingegrawe, krale vir ry- en pakdiere opgerig en is daar begin met die opberging van rantsoene.

In die Kolk self het die groot kameeldoring dadelik die aandag getrek. Dit het bó die paar ander om hom heen uitgetroon. Hierdie vorstelike ou boom sou hom ideaal daartoe leen om as uitkykpos ingerig te word. Vorstelike boom? Ja, baie letterlik. Binne enkele dae het ook die Duitse kommando hierdie hoedanigheid nie kon miskyk nie en dit is vernoem tot "*Königsbaum*". Al teen die stam van die boom, op gereelde afstande, is 'n reeks perdehoefysters ingedryf om dit makliker vir die brandwag te maak om die uitkykpos te bereik. Van hier kon sy waaksame oog onbelemmerd oor groot afstande heen die omgewing fynkam op soek na 'n vyand.

Vlak by die stam, beskerm teen die dorstige sonstrale wat water maar alte gou laat verdamp, is 'n krip gemaak waar die diere kon drink. Die beskikbare hoeveelheid water sou aangevul word met behulp van waterkarre wat deur agt kamele getrek is en waarop die los tenks gelaai is. Nou was die eenheid in sy stellings, en kon daar gewag word op die koms van die kamele.

Nie lank daarna nie, het die kamele opgedaag, 550 in getal, met voorop 'n Arabier in sy "toga". Laasgenoemde moes, waar nodig, hulp verleen met die afrigting van sowel kameel as manskap. Die aanpassingsproses was spoedig na wense afgehandel, want geeneen was heeltemal oningewy nie. Daar was egter nog een laaste proefneming wat gedoen moes word. Hiervandaan verder sou die kamele se vrag hoofsaaklik bestaan uit voer, ruiters, proviand en ammunisie. Sover dit water betref, kon daar eintlik alleen maar voorsiening gemaak word vir die behoeftes van die soldate, en selfs vir hulle ook maar op 'n minimumbasis – die vrag was reeds te swaar. Derhalwe moes daar allereers getoets word hoeveel dae 'n kameel sonder water kon bly, of met 'n klein hoeveelheid kon klaarkom.

Hierdie voorbereidende wagperiode het agt-en-twintig dae in beslag geneem. Die Boesmanverkenners het gou vasgestel dat die Geelkamme steeds verder weg trek en daar was nie veel gevaar van 'n aanval nie. Ook het daar in hierdie tydperk geen gevegte voorgekom nie.

Op 7 Maart 1908 is die voorbereidsels afgerond en het die klein taakmag Betsjoeanaland (tans Botswana) binnegetrek na sy eindbestemming.

Van Grootkolk af is daar min of meer ooswaarts getrek. Al dadelik het die veld dramaties verander. In stede van die droë riviervallei met sy plat opslag, het die soldate hulle spoedig in 'n eindelose, deinende grasvlakte bevind, met die wuiwende grassaad reeds verguld in sy somerprag. Verder oos sou hulle selfs nog vreemder plantegroei teëkom: sandkiaat en bonthout, tussen koolganna en volstruiskos, maar met die altyd teenwoordige witgat as behoudende element.

Al op die spoor van die Hottentotte ooswaarts het die kamele hulle skommelgang geloop, vinnig maar versigtig, met die ruiters ongemaklik in die harde saals en 'n skroeiende somerson van bo. Die kameelkantientjies en veldflesse was nog vol, maar moes met goeie oordeel en versigtigheid gehanteer word.

Tot groot teleurstelling van die bevelvoerder was daar nouliks 'n tsamma te sien. Dit was 'n swak jaar en die Hottentotte het die skraal oes op hul deurtrek byna opgebruik.

Die manne was reeds 'n dag of twee-drie op pad, toe hulle die Rooi Rambuka bereik het. Hulle het deur die droë pan getrek en toe verder ooswaarts. Weldra kon ook die oewerduintjies van die legendariese Tweeling Rambuka teen die horison opgemerk word. Om die neus het die eenheid getrek, terwyl menige oog met vrees na die dorre verlatenheid van die uitgestrekte kalkblad gekyk het. Glinsterend wit het dit daar in die sonstrale gelê, plat soos 'n tafel, groot en angswekkend vanweë sy stilte en verlatenheid. 'n Sonderlinge vernouing, byna soos 'n droë kanaal, was verantwoordelik daarvoor dat die pan deur menigeen vir twee aangesien is, en uiteindelik tot die "Tweeling Rambuka" gedoop is.

Van die Rambukas af is daar effens meer noord geswaai. Weereens het die veld verander. Hoër duine, enkel of in pare, het hier en daar hul koppe bo die driedorings en geniepsige blouhaak begin uitsteek.

Die volgende dag het die eenheid steeds koers gehou, deur die vaal maramba – op enige ander plek sou dit bekend gestaan het as Gannavlei – getrek en dit byna verwar met die beroemde, of berugte, Pollenswa.

Ver vorentoe het nou inderdaad ook die vaal streep van die Pollenswa in die gesigsveld begin kom, met sy wit duinekoppe wat blou oor die gesigseinder loer. Nee, dis geen vreemde teenstelling nie, dis presies die indruk wat 'n mens kry as jy die koppe op 'n groot afstand betrag.

By die Pollenswa is daar weereens effens van rigting verander om stroomop – as dié term nog toepaslik was op 'n rivier wat bepaald 'n duisend jaar gelede laas geloop het – met die bedding te trek. Oor die grillerige, halfharde kors wat 'n mens aan 'n toneel op die maan laat dink, oor die dwarsduine wat die rivier finaal verseël tot regoor die Boerekoppe, het dit gegaan. Daar het hulle "uitgeklim".

Nou was hulle, volgens berigte van Damap en sy medespioene, warm op die spoor van die Geelkamme. Die grootste omsigtigheid moes nou aan die dag gelê word. Allereers is 'n heliograafstelling, weereens met behulp van kameelboomblokke, op die hoë los kop opgerig.

Dit kan miskien hier genoem word dat die oorsprong van die naam "Boerekoppe" vir my 'n geheim gebly het. "*Thlogo tsa Makgoa*" noem die Bakgalagadi dit. Die "kop" het derhalwe betrekking op 'n witte se hoof en nie op 'n duinkop nie. Dis aanvaarbaar dat die inboorlinge na wit mense in die algemeen as "Boere" verwys het, maar watter verband hou dit met die kop? Ek kon nie vasstel nie.

Versigtig het hulle agter die kop gehou in 'n poging om hul koms 'n volslae verrassing vir die Hottentotte te hou. Hierdie maneuver was egter 'n mislukking, want Simon Koper het op sy beurt self oor 'n besonder goeie spioenasiestelsel beskik en die koms van die strafekspedisie was bekend bykans vandat hulle die Nossob verlaat het.

Uiteindelik het die aand van 15 Maart aangebreek – vir vele aan beide kante ook die laaste aand. Die Duitse mag was nou binne 'n enkele uur se trek van Simon Koper se "werf" en die aanval sou voordag die volgende oggend van stapel gestuur word.

Simon Koper het van sy kant besluit dat hy ver genoeg gevlug het en dat die finale slag moes plaasvind.

Wat het intussen in die Hottentotlaer plaasgevind? Die aand voor die geveg het Simon Koper sy Geelkamme behoorlik laat ingrawe in vlak klein "gorras" of gate, waarna hy ammunisie uitgedeel het. Die skietgate en klein loopgrawe is in 'n groot sirkel in die sand gegrawe, met die los sandhopies aan die kant van waar die vyand waarskynlik sou aanval. Die vroue, met hul geel nekdoeke, en die kleiner kinders, is binne die reusesirkel geplaas, terwyl die groter seuns net buite gesigsafstand met die vee gestaan het. Terwyl hy op sy bont perd die stellings besoek het, sy reusehangsnor fletswit in die laaste sonstrale, het Simon Koper sy volgelinge onder geen illusie probeer bring wat werklik vir hulle voorlê nie. Hy het, beter as enigiemand anders, besef dat dié geveg deurslaggewend sou wees vir die voortbestaan van die Geelkam-Hottentotte. Sy stam se stellings was nou reeds sowat een-en-sestig kilometer die Britse protektoraat in, met die Duitsers hardnekkig op hul spoor.

Kaptein Frederick von Erckert het, as senior bevelvoerder van die drie kapteinskappe, besluit om die vyandelike stellings in drie afsonderlike eenhede te nader. Die eenhede sou egter in 'n halfsirkel ontplooi, om weereens by mekaar aan te sluit sodra hulle min of meer binne skietafstand was. 'n Uur voor dagbreek is die mars van drie kilometer wat hulle by die vyand sou bring, begin. Die drie kapteinskappe het uiteengegaan, twee om van die flanke en die derde van die front af die halfomsingelingsbeweging uit te voer. Om 05:20, met die eerste kleurtjie van die oosterkim, het die eenheid van kaptein Willecke, asook dié van kaptein Grüner, weereens presies volgens beplanning, by Von Erckert se mag aangesluit. Feitlik onmiddellik daarna het die geveg begin.

Die Duitse *Hauptmann* Friedrich von Erckert het teenoor die Hottentothoofman Simon Koper te staan gekom.

Vanaf Duitse kant af het 'n seinpistool meteens die donker hemel verlig om die boodskap te bring dat die ontplooing voltooi was en dat die eenheid gereed was vir die aanval.

Hauptmann Von Erckert was, soos die eer van sy leierskap hom genoop het, tien tree voor sy manskappe. Die volgende oomblik het 'n skoot vanuit die geledere van die Geelkamme die stilte geskeur en Hauptmann Von Erckert het dood neergesyg. Die koeël het hom reg van voor getref. Nou het ook sy bloed vir die beskawing van die Suiderland gevloei.

As tweede in senioriteit, het *Hauptmann* Grüner dadelik die bevel op hom geneem en voortgegaan met die krygsplan van sy gevalle wapenbroer.

Sarsie ná sarsie het nou uit die twee linies opgeklink,

maar dit was nog so donker en die twee magte so ná aan mekaar dat die strydendes soms die gevoel gekry het dat hulle aan die vyand se geweerlope kon vat.

In die daaropvolgende twee ure het die Duitse mag van stelling tot stelling gevorder.

Simon Koper het, uitgeslape verkenner wat hy was, sy manskappe beveel om versigtig met die ammunisie te werk solank dit nog skemer was. Sodra die son egter oor die horison kom en die Duitsers verplig sou wees om teen die son in te skiet, moes die Geelkamme dié voordeel soveel moontlik uitbuit.

Hierdie maneuver was weliswaar gedeeltelik geslaag en talle Duitse soldate het in die uur ná sonsopkoms gesneuwel. Van deurslaggewende aard was dit egter nie en Koper se verdediging is geleidelik teruggedruk.

Teen sewe-uur het die weerstand al hoe vertwyfelder geword en om presies halfagt het dit volkome gebreek en het die Geelkamme in wanordelike vlug uiteengespat.

Simon Koper self het in die digte kameeldoringplaat ontkom, maar sy vrou, saam met enkele ander vroue, is gevange geneem. Daar word vertel dat sy besonder swaarlywig was – vandaar dat sy bepaald nie saam kon vlug nie – en dat 'n sterk ryperd haar onmoontlik langer as twee uur kon dra.

Verliese aan albei kante was swaar en met 'n aansienlike getal gewondes in eie geledere, het die Duitse eenheid nie juis belang gestel in krygsgevangenes nie. En elk geval was die doel nou bereik en Simon Koper se mag gebreek.

Aan Duitse kant het, behalwe *Hauptmann* Von Erckert, ook luitenant Ebinger geval en verder twaalf manskappe en drie bruines. Daar was 19 gewondes, waaronder een offisier en die veldarts.

Aan Hottentotkant was daar 58 dooies, waaronder twee hoofmanne, terwyl die getal gewondes nie vasgestel kon word nie. Die Duitse mag het daarbenewens die volgende gebuit: 29 gewere, 'n groot hoeveelheid ammunisie, 10 perde, 45 stuks grootvee en 150 stuks kleinvee.

Van belang is dit nog om te noem dat die totale verlies

aan die kant van die Duitse magte in die hele operasie nie minder nie as 1289 gedood (insluitend dié wat aan siektes, ontbering of dors gesterf het), 74 vermis en 924 verwond was.

Die finale slag was nou gelewer. Suidwes was van die bedreiging van die rowerkaptein bevry en al wat nog oorgebly het om te doen, was die teraardebestelling van die gevallenes, die verpleging van die gewondes en die lang pad terug.

*Hauptmann* Von Erckert het sy belofte van drie jaar tevore, toe hy 'n generaal wou oorhaal om die sending aan hom toe te vertrou, gestand gedoen, al het dit van hom die hoogste offer geverg.

Ook Simon Koper en sy Geelkamme het nie ver van die laaste slagveld nie, gewag dat die Duitsers moes vertrek sodat hulle hul dooies, kon begrawe.

Ter ruste gelê in vlak sandgrafte, in volle krygsdrag geklee, het vriend en vyand saam op die slagveld agtergebly. Die ligging van hierdie slagveld was, tot kort voor die skrywe van hierdie werk, onbekend.

Met sy dooies begrawe en die gewondes verpleeg, was die nuwe bevelvoerder se probleme nog geensins opgelos nie. Die vervoer van die gewondes terug huiswaarts, oor die lang afstand op skommelende kamele, was reeds 'n lastige probleem. Gelukkig was die veldarts darem teenwoordig, al was hy dan ook gewond.

Verder het die verlies van 'n aantal kamele, plus die vervoer van die gewondes, meegebring dat daar baie versigtig gewerk moes word om nie die diere, wat nog redelik sterk was, te oorlaai nie. Om dié rede is daar besluit om die veldbattery maar agter te laat. Om dit onskadelik te stel, is 'n belangrike onderdeel van die pom-pom verwyder, waarna dit moeisaam teen die kop uitgedra en onder 'n groot, oorhangende swartbasboom versteek is.

*Hauptmann* Grüner wou op hierdie stadium graag nog meer besonderhede omtrent die rigting van die Hottentotte se vlug bepaal, om seker te maak dat die gevaar permanent verby was. Sy medeoffisiere het hom egter daarop gewys dat die kamele laas op 7 Maart, nege dae tevore, water gedrink het en sedertdien op 'n minimum tsammas moes leef. Tsammas sou ook nie eens meer op die terugtog beskikbaar wees nie. Vir die manskappe was daar in dié stadium net een liter water elk oor en die naaste water was in die omgewing van Arahoab (nou bekend as Aranos) – 245 kilometer ver. In die omstandighede is daar besluit om die terugtog onverwyld aan te pak.

Daar kan bladsye geskryf word oor die moeilike pad terug, die lyding van die gewondes, die brandende son en die kwellende dors. Maar dit val buite die bestek van dié werk. Genoeg is dit om te noem dat die manskappe aanvanklik gerantsoeneer was tot een glas water per dag en later tot 'n halwe glas. Vir kenners van hierdie Dorsland sal dit 'n duidelike beeld teken. Daar word vertel dat as iemand uit die eenheid te onhoudbaar dors geword het, hy dit aan die sersant-majoor, "Die Leeu van die Leër", moes rapporteer, wat hom dan medies laat ondersoek het. As sy mond werklik te droog was, het hy 'n rantsoen van 'n eetlepel koue tee gekry. In die algemeen was dit egter ontmoedig om die moreel hoog te hou.

Die moeilike omstandighede ten spyt, het die eenheid uiteindelik die woestyntog oorleef en weer by sy hoofkwartier opgedaag.

Simon Koper het op sy beurt verder ooswaarts getrek tot by Matsap in die huidige Botswana. Daar het hy die res van sy dae geslyt tot met sy dood enkele jare gelede.

En die nagedagtenis van *Hauptmann* Von Erckert?

In die kerkhof by Gochas het ek, voordat ek die volle tragiese verhaal nagespeur het, op 'n lentedag verbaas voor 'n grafsteen gaan staan. Elk van die ander grafte daaromheen het sy eie steen gedra, maar hier was 'n steen sonder graf. Die ander het byna uitsluitlik die laaste rusplek aangedui van soldate wat in die Hottentotoorlog gesneuwel het.

Teen die oostekant van die monument wat vir hulle opgerig is, is hierdie mooi steen eenvoudig net staangemaak.

'n Mooi steen ja, 'n simboliese steen van suiwer wit marmer, soos vir 'n volksheld wat die draer van lig in die duisternis was en wat deur dankbare nakomelinge met groot sorg en liefde laat maak is. En die inskripsie? Daarop het daar nie één naam voorgekom nie, maar twee. Die name van *Hauptmann* Friedrich von Erckert en luitenant Oskar Ebinger. Maar waarom hier, en waarom nie opgerig nie?

Meteens het 'n lig van voorwetendheid tot my deurgedring, en ek het aan Stoffel le Riche aan my regterkant gesê: "Hulle kon nie die steen oprig nie, want hulle het nie 'n graf gehad om dit op te plaas nie!" Later eers het ek vasgestel dat hy in 'n vlak sandgraf honderde kilometers ooswaarts, in 'n vreemde land agtergebly het.

Dit dan, is die volle verhaal van Grootkolk.

Wat ek op daardie oomblik ook nog nie geweet het nie, was dat in die naspeuring van die verhaal, daar op die verstommendste wyse en skynbaar deur die ongelooflikste toevallighede en sameloop van omstandighede, die besonderhede stuk vir stuk aan my ontvou sou word totdat dit uiteindelik soos 'n voltooide legkaart klaar en helder voor my gelê het. So ook het ek mense ontmoet wat ek skaars kon hoop om nog in lewe te vind. Daar was wat waarskynlik die laaste oorlewende verkenner aan Duitse kant was, oom Christoffel Brand; die laaste oorlewende seun van Simon Koper, wat selfs nog onder hom geveg het, Markus Koper. En daar was andere.

# Oorlogswolke

Sewe jaar het nou verloop sedert die stigting van die Gemsbokspark. Van hierdie sewe het Joep vier jaar lank in diens gestaan. Baie dae het dit vir hom gelyk asof hy niks verder kom met die oplossing van die talle probleme nie. En tog was dit nie so nie. In die paar jaar is daar wel deeglik vordering gemaak.

Die moeilike depressiejare was aan die verbygaan. Dit op sigself was al veel om voor dankbaar te wees. Maar veral vir 'n park in sy ontwikkelingstadium was so iets van die grootste belang.

Vir die ganse mensdom was daar ongelukkige voortekens op die horison. Ver na die noorde, op die vasteland van Europa, het donker oorlogswolke begin kop uitsteek.

In die Gemsbokpark self, was baie dinge bestem om te gebeur in die tydperk wat die oorlog onmiddellik voorafgegaan het. Aan die vreedsaamheid en rustige groei van die park het die voorspooksels van 'n wêreldkryg geen afbreuk gedoen nie maar dit eerder bevorder. Maar so is die Kalahari: Niemand kan ooit voorspel hoe dit deur die wisseling van lotgevalle geraak sal word nie. Veral 1938 was merkwaardig ten opsigte van prestasie en ontwikkeling en die bereiking van ideale wat lank reeds gekoester was.

Dit was eintlik sedert die stigting van die park duidelik dat die huis op Gemsbokplein geheel en al ontoereikend was. Dit was te klein, swak ontwerp, van minderwaardige materiaal gebou en in die algemeen allermins wat die Raad graag aan die veldwagter wou bied. Gedurende die depressiejare kon weinig hieraan gedoen word maar toe toestande begin verbeter, het die kwessie van beter huisvesting onverwyld aandag gekry.

In dié stadium het oom Piet Mof met 'n skitterende plan voor die dag gekom om die posisie te verlig. Hy het die meerderheid van die Raadslede ook tot sy standpunt oorgehaal, maar ongelukkig was die skittering van die plan beperk tot die uiterlike. Oom Piet het naamlik geweet van 'n sinkhuis – "'n baie goeie sinkhuis" wat teen 'n redelike prys van die Staat gekoop sou kon word.

Dié oplossing is terstond aangegryp en nie lank hierna nie het die blikkerige hamerslae oor die stil Dorsland weerklink. Die vreemde gedoente moes die wild in die onmiddellike omgewing in stille verwondering laat opkyk het. Veel laer af met die Ouob hierdie keer, om beter beheer te kon hou oor albei riviere, bo-op die klein plato in die vurk by die sameloop van die Ouob en die Nossob, het die sinkhuis verrys.

Algou kon die Le Riche-gesin, saam met hul bediendes en bruin konstabels, verhuis. Ongelukkig was die ontnugtering ook net om die draai. Miskien kan die hele situasie die beste saamgevat word in die kenmerkende reguit, duidelike taal van die destydse visevoorsitter, die alombekende meneer Joe Ludorf. Hy was toentertyd die sameroeper van 'n kommissie wat benoem is om algemene toestande in die park te ondersoek.

"Die sinkgebou waarin tans die veldwagter met sy gesin woon, staan op die wal van die Nossobrivier, net bokant die samevloeiing met die Ouob. Hierdie gebou is geheel en al ongeskik vir die doel waarvoor dit opgerig is. Dit bestaan uit ou materiaal wat oral gelap en heeltemal ondig is. In die somermaande is dit weens die hitte totaal ondraaglik vir die bewoners en in die wintermaande koud en onherbergsaam. Daarby kom nog dat die water uit die put wat daar gemaak is, geheel en al ongeskik en nadelig vir menslike gebruik is, soos blyk uit die ontleding daarvan."

Nadat hy ook daarop gewys het dat die veldwagter met groot ongerief water vir huishoudelik gebruik moes aanry en gras op die plafon moes pak om die ergste hitte uit te hou, beveel meneer Ludorf terstond aan dat 'n goeie steenhuis laer af gebou moet word, "onder direkte toesig van die veldwagter" en dat 'n put vir die voorsiening van goeie water onverwyld gegrawe moes word.

Meneer Ludorf se woord het normaalweg baie gewig gedra by die Raad en sy aanbevelings sou heel waarskynlik mettertyd uitgevoer word. Op 'n dramatiese wyse is die deurslag egter gegee.

Die volle Raad was hierdie keer met besoek aan die park en moes noodwendig deur Cillie en Joep gehuisves word. Dit op sigself was reeds ongerieflik, want die kamers en beddens was maar min. In die skroeiende middaghitte het die Raadslede opgedaag en spoedig het hulle gevoel dat hulle tussen die sinkmure gebraai word. Toe slapenstyd aanbreek, is elkeen sy slaapplek aangewys. In Joep-hulle se slaapkamer het regter De Wet en meneer Hockly gaan slaap en die egpaar self in 'n voorkamertjie. In 'n ander klein voorkamertjie het meneer Ludorf en 'n ander raadslid hulle gemaklik probeer maak terwyl die eetkamer die slaaplokaal geword het van menere Van Graan, Glas en Palmer.

En daardie nag het die elemente toegeslaan. Almal was al in die bed toe die eerste dowwe rammelinge gehoor is, eers ver, maar steeds nader, terwyl die geel blitse oor die sinkmure skitter en speel.

Skaars het die eerste groot druppels op die sinkdak begin neerkletter, of enkeles het saggies en geruisloos in die vertrekke en soms onplesierig op die slapendes neergeplons. Aanvanklik was dit moontlik om die vallende druppels te vermy deur na links of regs te skuif. Toe die bui daarbuite weldra in 'n stortreën ontwikkel en die vallende druppels al meer word, moes die vetkerse maar "brand gemaak word" om te soek na 'n veiliger plek. Dit was darem nog moontlik om die beddens so te maneuvreer dat die meeste druppels op die vloer neerplons. Spoedig egter, sou dit ook nie meer help nie. Daar buite het die reën nou emmersvol uit die swarte hemel neergestort – terwyl 'n magtige bui binne ingelek het. Met die beste wil ter wêreld kon 'n mens nou nie meer droog bly nie en van slaap was daar natuurlik geen sprake nie. Die huis was uitsluitlik ontwerp en gebou vir woestyntoestande. Dit wil sê, sover dit lekdigtheid betref het; origens was dit vir nóg die somer, nóg die winter geskik.

Die enigste persoon wat nie sy lot oor die nagtelike ongerief bekla het nie, was meneer Ludorf. Hy het skaars kon hoop dat sy stellings eers die middag in die broeiende hitte en toe die nag in die gietende reën, so dramaties bewys sou word. Meneer Ludorf was nie 'n persoon wat een ding gesê en 'n ander bedoel het nie. Hy was die regte kampvegter en daar is kort daarna besluit om die huis, hoewel nog "nuut", te sloop en 'n ordentlike woning op te rig.

Die 1938-kommissie het egter 'n wyer veld gehad om te dek as behuising en met die oog daarop was die lede voordag een oggend op pad na Unie-end. Al met die Nossob op het die rit gegaan met Joep wat as gids moes optree vooraan. Afgesien van meneer Ludorf was daar in die geledere van die kommissie ook ander bekende persoonlikhede, soos die byna legendariese doktor Gustav Preller, raadslid Hockly, die Sekretaris, meneer Van Graan en natuurlik meneer Piet de Villiers, Inspekteur van Lande.

Die twee motors het hul passasiers, ten spyte van 'n betreklik digte stand gras, veilig met die Nossob op geneem in die rigting van Unie-end. Langs die pad het hulle 'n redelike verskeidenheid wild teëgekom, maar hulle nogtans verbaas dat die paar stuks diere in die suidelike dele van die Nossob so onmenslik wild was. Hiervoor was die oewerbewoners aan die protektoraatkant natuurlik verantwoordelik, en dit sou nog jare duur voordat die wild begin besef het dat daar niks meer te vrees was nie. Gemsbokke was skaars, ook hoër op, want dit was kalftyd en die koeie het vir die vroeë lentedae na die binneveld verhuis.

Onderweg het die lede, en in die besonder meneer Ludorf, baie lewendig belang gestel in die probleme wat Joep aan hulle verduidelik het. Dit het gou geblyk dat dié kommissie nie net wou praat nie maar beslis wou help.

Twintig myl van Tweerivieren af het die geselskap die plaas Kijkij (toentertyd ook bekend as Melkvlei) bereik. Die water was bykans ondrinkbaar en die kommissie was uiters geskok om te verneem dat die plaas nog in private besit was. 'n Privaat eiendom binne die grense van 'n nasionale park! Dit was ondenkbaar! Voeg hierby nog die feit dat dit op die grens van die protektoraat gelê het, onbewoon was met die eienaar oorsee, 15 000 morg (12 800 ha) groot was en dat dit waarskynlik teen 10c (destyds 'n sjieling) per morg aangekoop kon word!

Joep het die genoegdoening begin voel dat, onder die leiding van meneer Ludorf, hy hier te doen het met 'n kommissie wat ongeëwenaard was in sy insae in probleme en sy doelgerigtheid, sover dit die Gemsbokpark betref. En hier was hy nie verkeerd nie. Onmiddellik ná sy terugkeer het meneer Ludorf in geen onsekere taal nie die onuithoudbare toestand onder die raad en die owerheid se aandag gebring. Die gevolg was dat ook KijKij nie lank daarna nie tot die park toegevoeg is. Daarmee was een van Joep se ernstige grens- en beheerprobleme opgelos.

Vandag rus meneer Joe Ludorf se as in die suidelike Krugerwildtuin, by die Naphe-koppies. Om verskeie redes is dit gepas so. Tog wonder 'n mens of sy nagedagtenis nie ook êrens in die Kalahari herdenk behoort te word nie – en waar is 'n beter plek as Kijkij?

Van Kijkij af het dit langsaam gegaan na Unie-end toe. Die voorsomerdae was reeds bloedig warm en daar was geen rede om die twee karre onnodig te straf nie. By Unie-end het Joep destyds nog 'n groepie Boesmans tydelik aan die lewe gehou. 'n Mens sê "tydelik" omdat dit telkens maar weer die ondervinding was dat hulle slegs 'n tydjie lank vertoef, om dan óf gedeeltelik, óf voor die voet, te verdwyn. Die lokstem van verre horisonne was te sterk, die vreemde swerwersdrang te groot. Voedsel, tabak ... niks kon hulle beweeg om permanent te bly nie.

Ná hul besoek was die kommissie daarvan oortuig dat dit wenslik sou wees om 'n meer permanente nedersetting vir Boesmans naby Tweerivieren te stig. Daar sou Joep hulle onder sy persoonlike toesig kon hou. Vleis, suiker, tee en tabak sou dan aan hulle uitgereik kon word. Dit was weeldeartikels aan Boesmanstandaarde gemeet. Ten spyte daarvan, sou Joep tog in die toekoms ervaar, selfs toe almal bymekaar gebring was en versterk is deur 'n groepie wat na die Rykskou was, dat hulle nog allermins van hul swerwersdrang ontslae was.

Maar vir die huidige was die groepie gelukkig by Unieend. As hulle skugter was by die geselskap se aankoms, het hulle dit gou vergeet toe 'n porsie suiker en tabak te voorskyn gebring is. Met kinderlike opwinding het hulle onder mekaar begin gesels, gebare gemaak om hul dank te betuig en toe lustig weggeval aan die snoeperye. Die Basterkonstabels het die gedoente op 'n afstandjie staan en betrag, hoflikheidshalwe effens geamuseerd, maar andersins beslis afsydig en uit die hoogte. Die ou strydpunt onder hulle van of 'n Boesman 'n mens of 'n dier is, was weliswaar al besleg: Hulle was mense, want hulle kon vuurmaak en honde aanhou. Die gesindheid jeens hulle was egter nog geensins goed nie. Vandaar was dit bepaald dat van 'n "troppie" gepraat is en dat die Gemsbokpark met hulle probeer "boer" het.

Hoe later dit geword het, hoe uitbundiger het die vreugde oor die onverwagte porsies geword. Met die grootste vraatsugtigheid het hulle alles verorber. Die klimaks is bereik toe die groep 'n egte stamdans vir hul weldoeners wou uitvoer. Daarvan het egter nie veel gekom nie. Meneer Ludorf se uitlating pas ná die aanvang, het sy misnoeë met sekere aspekte van die vrolikheid so kernagtig uitgedruk dat die geselskap laggend uiteen is terwyl die Boesmans hul dans voortgesit het.

Van Unie-end af is die geselskap die volgende dag terug tot op Kwangpan – "Piet Mof se werf" – met meneer Ludorf en Joep (of Jopie soos eersgenoemde hom altyd genoem het) in die voorste motor en die res in die agterste. Die pan was Piet Mof se werf, maar dit was ongelukkig nie bestem om oom Piet se dag te wees nie. Die eenvoudige waarheid was dat oom Piet sy bynaam van "Kalaharikoning" met sy wye algemene kennis van die Dorsland wel deeglik verdien het en dat dit nie sy skuld was dat hy onbekend was met die gebied wat hulle nou op die punt was om te betree nie. Toe die geselskap, op grond van sy reputasie as Dorslandkenner, hom spontaan as medeleier aanvaar, was dit maar menslik dat hy nie dadelik genoem het dat die besondere gebied vir hom vreemd was nie.

Die tog weswaarts tot by Sewepanne was voorspoedig. Die aand is kamp opgeslaan op die vloer van een van die panne. Kampbeddens is te voorskyn gebring, die vuur het die wit kalk meters ver verlig en 'n algemene gevoel van ontspanning en vrolikheid het hom van die klein geselskap meester gemaak. En hoe kon dit dan ook anders, met die fluwele lentenag wat hulle toegevou het? Al is die lentedae reeds bloedig warm, die nag dra nog die herinnering aan 'n verbygaande winter met hom mee.

"Ons moet maar vroeg bed toe gaan. Môre gaan ons 'n moeilike dag hê!" het Joep nog gewaarsku, onbewustelik profeties. Maar die kommissielede was nog lank nie uitgepraat nie en dit was middernag voordat hulle mekaar oor en weer 'n goeie nagrus toegewens het.

Die oggend se vertrek is deur verskeie klein dingetjies effens vertraag. Die vroeë ure was geniepsig koel, die sand yskoud onder 'n mens se voete en die brandhout het traag vlam gevat.

Oom Piet Mof was in sy element. Kampeer, veral op 'n pan, was een van sy groot voorliefdes. Terwyl hy met veel gebare besig was om sy broek aan te trek, het hy tot groot vermaak van die ander lede van die geselskap sy kenwysie aangehef: "*It's a hell of a morn...*" en wat daarop volg.

Die vertrek is verder vertraag deurdat daar besluit is om eers ontbyt te eet. Wie kan enigiemand sy eetlus verwyt in die kraakvarse woestynlug? Daarna is die beddens opgepak en met die son hoogagtuur, is die terugreis na die Ouob aangepak.

Die afgeplatte duine is weldra vervang deur hoër duine verder suidwaarts. Daarby was die kruine nou ook meestal los, waar dit vroeër heg saamgebind was deur plantwortels.

Teen negeuur het die son al ongenadig begin steek en om dinge verder te bemoeilik, het die noordewind teen tienuur begin waai. Reg van die begin af was daar venyn in sy asem. Oor die duine heen het dit met oonddroë togte begin blaas en die termometer letterlik met koorsige haas opgejaag – en daarmee die temperatuur van die motors ook. Nie alleen was die wind reg van agter sodat dit die waaier se werk omtrent volkome geneutraliseer het nie, maar daarby het dit by die uur warmer geword.

Dit het maar één los duinrug gekos waarteen die agterste Ford nie kon uitkom nie – net vyf minute se vorentoe-agtertoe beur deur die los sand of die eerste klein stoompluimpies begin onder die verkoelerprop uitbars. Hier was nou regtig 'n affêrinkie! Nog nie eens kwartpad nie, pas elfuur, en die agterste motor kook. Joep met sy lang ervaring, het betreklik maklik met die voorste motor tot oor die rug gery, teen die skuinste stilgehou en teruggestap om sy reisgenote te gaan help.

Die bande word gedeeltelik afgeblaas, los sand voor die wiele weggegrawe, 'n strepie duinriet word in die spore gelê om die vastrap fermer te maak en dan word die voertuig ver teruggestoot om die duin storm te loop. Momentum is die wagwoord en dan koershou as jy momentum het.

Vyftien minute later staan Joep met die tweede motor vlak agter sy eie. Maar nou kook so 'n Ford asof hy betaal word. In 'n halfkring staan die reisigers die magsvertoon en betrag.

"Die verkoeler," sê iemand uit die geselskap, "is ook al byna toegestop van saad."

"Verkoeler," sê meneer Ludorf, "is miskien nie die regte woord nie!"

"Hoe ver is dit nog na die Ouob toe?" vra meneer Ludorf in die rigting van die ander reisgenote.

Joep was op die punt om te sê dat dit sowat vyftig myl is, toe oom Piet antwoord: "Ag, nie meer baie ver nie, meneer Ludorf. So omtrent ... dertig myl." Moontlik maar 'n oordeelsfout, dog Joep.

Ná twintig minute was die kar sodanig afgekoel dat hulle water kon bygooi en verder kon reis. Net voordat hulle vertrek, voel Joep iemand hom aan die arm vat.

"Ry ons nog reg, Joepie?" vra oom Piet saggies, "dwaal ons nie?"

As Joep verbaas was, het sy stem niks gewys nie.

Binne 'n halfmyl (0,85 km), is die proses so presies herhaal dat dit net sowel 'n fotokopie van die eerste kon gewees het: die vasval, die gemaal van die wiele, die stoompluime en daarna Joep wat teruggestap kom om hulp te verleen. Die agterste motor is bepaald nie met dieselfde vaardigheid gehanteer nie. Weereens was daar die wagtog en die volmaak van die verkoeler.

Net voordat hulle ry, was dit egter Joep wat 'n mening lug. "Ons is nou besig om baie te waag," sê hy. "Met hierdie noordewind agter ons, gaan my motor ook netnou begin kook. En hiervandaan lê al die hoë duine dwarsoor ons pad. Ons moet liewer êrens onder 'n boom wag totdat die noordewind gaan lê, anders is al ons water netnoumaar uitgekook. Ons het juis nie baie nie."

Vraend kyk meneer Ludorf na oom Piet.

"Ag, nee wat," antwoord laasgenoemde selfversekerd, "ons is nou-nou in die Ouob!"

"Ken jy hierdie wêreld, Piet?" vra meneer Ludorf wat dadelik bemerk dat daar verskil van mening oor afstande bestaan.

"Ja, meneer Ludorf! Sien u daardie blou kop? Daar op die horison? Nou ja, ek het met jagtogte dikwels daar gekampeer!"

Teen twaalfuur het die son uit 'n bleekblou hemel neergebrand, terwyl hittegolwe oor die duinrûe heen galop het. Die noordewind het bly stoot, nie uitermate sterk nie, maar drukkend en ongerieflik. Indien dit moontlik was om vinniger te ry, sou selfs 'n warm spieëlwind se uitwerking grootliks uitgeskakel kon word. Maar teen 'n gemiddelde snelheid van hoogstens 10 myl (16,09 km) per uur en 'n windsterkte van vyftien knope, het verkoeling vir die motors se enjins eenvoudig nie bestaan nie.

Die twee karre het nou beurtelings geïnspireerd begin kook. Die watervoorraad het onrusbarend begin krimp – dit was oorspronklik maar bedoel vir drinkwater. Dit wil sê, vir die passasiers.

Toe die vassit-, uitgrawe- en stormloopproses met eentonige reëlmaat met die agterste motor herhaal moes word en by geleentheid met die voorste ook, terwyl albei kort-kort as gevolg van die noordewind moes afkoel, het dit duidelik geword dat die probleem groter was as wat daar aanvanklik vermoed is. Ook die passasiers het begin deurloop onder die dors. Telkens moes die liggaam maar weer verkoel word met 'n bekertjie halflou water uit die kan. Want buite of binne die motor – dit was moeilik om te sê waar dit die warmste was.

Teen vieruur was die water so te sê gedaan. Nog net in die een kan het 'n enkele gelling oorgebly. Die tyd vir noodoptrede het aangebreek – of dinge kon begin "moeitlik" word.

Meneer Ludorf het die geselskap tot halt geroep, en hom hierdie keer tot Joep gewend.

"Jopie, ons moes jou vanoggend geglo het! Maar ons is nou in die pekel, en ons moet daaruit! Wat stel jy voor?"

"Meneer Ludorf, ek meen ons moet nou maar die een motor hier laat en die mense laat kampeer. Sodra my motor afgekoel is, sal ek eers ry en gaan water haal."

"Wanneer meen jy om terug te wees?"

"Vroegoggend, meneer Ludorf. Julle moet maar hier oornag. Daar is darem nog 'n gelling water oor wat julle kan agterhou. Ek sal dit nie nodig hê as ek deur die nag ry nie."

"Sal jy nie verdwaal nie, Jopie? Jy het nie eens 'n kompas nie."

"Nee wat, meneer Ludorf, ligdag is ek terug."

Meneer Ludorf het hom 'n tyd lank stip gestaan en betrag. So geheel sonder grootdoenerigheid is die jongman en tog met 'n stille selfvertroue. Op hom kan 'n mens in 'n krisis staatmaak.

"Goed," antwoord hy "dan maak ons so!"

Niemand waag 'n ander voorstel nie.

Net voordat hy ry, bied meneer Van Graan aan om saam te gaan – 'n voorstel wat Joep dadelik aanvaar.

Met die nag om hulle heen, ry die twee stuks langsaam verder.

Soos vele ander na hom moes meneer Van Graan dié nag ervaar watter byna ongelooflike sin vir rigting Joep aan die dag kon lê. Soms het dit vir sy passasier gevoel asof hulle reg terugry, soms te links en soms te regs. En tog, byna asof hy op 'n verborge sein afry, kom hulle meteens by die Ouob aan – en op Kamqua, soos beplan. Dit was byna te goed om waar te wees.

Van daar is hulle huis toe by die sameloop en kon hulle selfs 'n paar ure se welverdiende slaap inpas. Voordag is hul kanne gevul, ander nodige dingetjies opgelaai, en toe die son sy kop se punt oor die naaste duin steek, hou hulle by die "agtergeblewenes" stil.

Die verligting was baie groot. Trou aan sy joviale aard, het oom Piet by die aanskoue van die naderende motor met 'n oorlogskreet uit die bed op die sand gerol, komberse en al, tot groot vermaak van sy kampmaats. Dit blyk toe dat meneer Ludorf so letterlik betekenis geheg het aan die besluit om die laaste gelling vir 'n noodrantsoen te hou, dat hy gedurende die aand nie eens toestemming wou gee dat die gestrandes 'n bietjie daarvan gebruik om "by te gooi" vir die senuwees nie.

Ná ontbyt het hulle vertrek en op pad hulle daaraan verwonder hoe presies reg Joep die vorige aand op Kamqua afgery het. Daar aangekom, het die dam water, ná hul ontkoming, so 'n verruklike skouspel gebied dat daar eers geswem moes word – baaikostuums ofte nie.

Die kommissie se besoek het nog verder vrugte afgewerp. Daar is besluit op bykomstige boorgate, die aankoop van meer kamele en die uitbreiding van die nieblanke korps. As gevolg van laasgenoemde is bekende name tot die geledere van die konstabels gevoeg: Andries du Pont, Johannes van der Byl, Jan Burger en so meer. Sommiges sou nou op strategiese punte elders in die Gemsbokpark gestasioneer word.

Een van die belangrikste besluite was egter die permanente sluiting van die Nossob as 'n deurweg na Suidwes. Hiervoor het Joep hom feitlik reg sedert sy aanstelling beywer omdat onbeheerde verkeer in die rivier reg teen die doelstellings van wildbewaring ingedruis het. Al was motoriste maar 'n seldsaamheid – soms nie meer as een per week nie, wou hulle eenvoudig nie die wild met rus laat nie. As dit nie op 'n skyfskietery ("sport!") uitgeloop het nie, het dit byna sonder uitsondering 'n sinnelose rondjaery van die wild meegebring, tot groot vermaak van die reisigers. Die wild was tot so 'n mate verwilder dat Joep al by geleentheid aanbeveel het dat hulle liewer na die Ouob gelok moes word as om verder water in die Nossob te voorsien. Maar hierdie probleem was minstens nou opgelos!

Kenmerkend van die dramatiese wisseling in die klimatologiese patroon, het snerpende koue op die warm lenteweer gevolg. Reeds met die omsit van die wind, van noord na suid, was dit duidelik dat hierdie fratskoue nie net 'n skrikmakertjie was nie.

By die huis op die plato in die vurk van die twee riviere, waar niks die ysige suidewind kon breek nie, wou dit voorkom asof daar 'n onheilige verbond tussen suidewind en sinkmure gesmee was. 'n Mens kon sweer dat die sink die koue daarbuite nog vererger het. En dan, vanselfsprekend, die stof. Dit het nou lynreg met die bedding van die rivier opgewaai gekom om by die sameloop die arme sinkhuis letterlik te omhul waar dit vasgekeer gesit het in die hoek tussen die twee riviere en gerieflik op 'n kaal plato waar niks die aanslae kon afweer nie. Die bodem buite in die duine, al is dit sand, is byna vry van stof. Die duinsand is swaar met 'n tekstuur wat 'n mens aan suiker herinner. In die droë rivierbeddings egter, waar verbygaande motors die slik tot 'n ligbruin poeier vertrap het, is dit 'n ander geval. Daar kan selfs 'n slang stof uitgeseil kry. Wat 'n geniepsige suidewind daarmee kan doen, gee bepaald nie stof tot dankbaarheid nie.

Terwyl dit aan venster- en deurkosyne ruk en pluk en 'n klaende lied om die hoeke en oor die sinkdak aanhef, laat die wind poeierfyn stof ongemerk deur skeure en lapplekke insif en spoedig kon oor die blink tafelblad van die voorkamer die vaal, dun stoflaag alte duidelik bemerk word. Stroomaf met die rivier, onderkant die sameloop, het vaalbruin wolke traag en onwillig in yl, deursigtige kolonne hemelwaarts opgestyg. Ry op ry het hulle aangesweef gekom, asof die wind plek-plek tussenin sy krag verloor het, en onwillekeurig aan 'n veraf veldbrand herinner. En dan die koue, die bytende koue wat ongemerk deur wol en vesel sypel totdat dit voel asof dit êrens selfs die gebeente binnegedring en uiteindelik in die murg gaan setel het.

Toe die wind die tweede aand gaan lê, het niemand op die plato hom 'n lang rusperiode misgun nie. Tog het hulle geweet: Môre, ja môre, gaan alles hard verys wees, sodat selfs die duinsand onder die voete kraak en wag om te ontdooi.

Terwyl hy koes-koes teen die laaste windstootjies huis toe stap, maan Joep Gert nog om voordag reg te wees om na een van die Boesmans wat al weer neus teen die wind gesit het, te gaan soek. "En tap tog die motor se water af – anders bars alles vannag uitmekaar van die koue."

"Ja, Meneer," het Gert nog geantwoord en aangestap na die "moutertjie" om die nodige te doen.

Voordag het Gert al, volgens belofte, begin om alles reg te kry vir netnou se rit. Met hande dom van die koue, het hy die nodige opgelaai en daarna lugtig oor die harde graspolle gestap om te gaan sê dat alles nou reg was.

Stram-stram skuif Joep agter die stuur in, wag dat Gert sy sitplek neem en sluit die motor aan. Genadiglik vat dit byna dadelik. Enkele minute later was hulle op pad terwyl hulle die lyf skraal hou vir die windvlae wat die motor binnedring, Dis baie, baie koud.

En tog, skaars was hulle ses myl (9,66 km) weg, of Joep merk onraad – gelukkig ook net betyds. Die motor word dan warm. Wat nou?

"Ou Gerrie, het jy weer water in die verkoeler gegooi?"

"Nee, maar die kar kan tog nie in die bitterlike kouetjie dors word nie!"

"Mag!" antwoord Joep ergerlik, "jy sal mos laat die motor uitbrand!" Hy hou stil.

"Maar hier is tog g'n ding wat in die koue watertjies kan drink nie! Hoe sal hý dan nou wil dors word?"

Joep ag dit gerade om liewer nie daarop te antwoord nie. Die ou konstabel wil maar steeds menslike eienskappe aan die voertuig toedig. Behoedsaam draai hy die verkoelerprop af. Verlede week nog het meneer Ludorf met die term "verkoeler" geskerts. En hier staan die Ford al weer en blaas nadat hy hom van bevriesing wou red! O, omgekeerde wêreld! Ondertussen het die ou Baster ook kom loer wat nou alles aangaan. Gelukkig was daar blykbaar nog geen skade gedoen nie.

"Gert," sê Joep streng "nou moet jy die blikkie agterin vat en die verkoeler uit die brakboorgat hier voor voldra!"

Die stappery behoort die ou 'n goeie les te leer oor sy nalatigheid. Maar daarmee had Joep dit ook mis. Terwyl Gert met die gellingblik verbykom, sê hy nog ewe verbaas: "Vandag het ek darem ook nou geleer dat mens nou nie 'n moutertjie sonder watertjies kan ry nie! Ek had dit nou maar al: Vir wat sal hy nou staan dors word in die bitterlike kouetjie?"

Toe hy met die blik wegstap, skud hy vir laas nog sy kop in stomme verbasing.

Die jaar 1938 was ook nog bestem vir meer groot deurbrake. Tesame met die proklamering van die vyf-en-twintig myl breë reservaat oos van die Nossob, het die Britse regering besluit dat die tyd aangebreek het om die klein Bastergemeenskap wat binne die grense sou val, te verskuif. Die Parkeraad het hom natuurlik etlike jare reeds daarvoor beywer en selfs aangebied om geldelike vergoeding te help betaal aan diegene wat skade sou ly ten opsigte van behuising, watervoorsiening en wat dies meer sy. Solank hulle teenoor die suidelike deel van die Nossob bly woon het, kon wildbewaring daar vergeet word.

Ten einde ook verteenwoordigers van die Bastergemeenskap die geleentheid te gee om hul standpunt te stel, is 'n vergadering op 11 Mei 1938 belê deur die owerhede van die protektoraat. Teen tienuur, toe die vergadering 'n aanvang moes neem, was 'n groot getal Basters en Kleurlinge reeds op Bokseputs (of Bok-se-puts) saamgetrek.

Die Britse regering is verteenwoordig deur onder andere meneer Mathews, die hoofmagistraat van die distrik, terwyl kommandant Seheepers (SAP), meneer Van der Linde (Veeartseny), meneer Van Graan (Sekretaris) en Joep as waarnemers teenwoordig was. Aangesien meneer Mathews nie Afrikaans magtig was nie, het sersant Bothma as tolk opgetree.

Ten aanvang het meneer Mathews die vergadering toegespreek, die posisie in sy geheel verduidelik en die teenwoordiges daarop gewys dat daar reeds op die verskuiwing besluit is en dat dit derhalwe 'n voldonge feit was. Nietemin het hy die besluit van meet af aan verduidelik en gemotiveer en daarop geleentheid vir vrae gegee.

Eerste op die been was hoofman Titus Marthys, hul "segsman". Hy het bitterlik gekla oor die groot "onreg" wat hulle aangedoen word deur hulle verder suid na die Bokspitsgebied te verskuif, aangesien die wild in daardie streke al bykans uitgeroei was.

Hierop het meneer Mathews hom trompop gevra of hulle van voornemens was om tot in lengte van dae op die wild te probeer teer. Wat van hul vee? By Bokspits was daar onbeperkte weiding en water beskikbaar. Dit was tyd dat hulle, in stede van die luilekker bestaan uit jag, liewer aandag aan boerdery moes begin gee. Verder het meneer Mathews hom daarop gewys dat hulle binne hul eie woongebied en verder op tot 50 myl (80,5 km) noord van Kijkij al die wild uitgeroei het. Dit was die vernaamste rede waarom hulle uit die nuwe wildreservaat moes padgee.

Toe Titus sien dat hy hom hierin vasgeloop het, het hy, as alternatief, toestemming gevra dat hulle van die sameloop af suidwaarts tot by Bokspits mag uitsprei, d.w.s., tot op die grens van die reservaat. Dit was egter glashelder dat die posisie nie in die minste verbeter sou word deur so 'n skuif nie en dit is dus ook van die hand gewys.

Meneer Mathews het hulle ook daaraan herinner dat hulle reeds bykans twee jaar gelede daarop gewys is dat hulle sou moes verskuif, sonder enige gunstige reaksie van hul kant. Nou was daar egter nie meer tyd te verspele nie en die finale trekdatum is neergelê vir 14 Mei 1938.

Vir die jagters was die luilekker bestaan iets van die verlede en vir die wit handelaar, wat as tussenganger gedien het om hul "produkte" onwettig bemark te kry, het die geldfonteintjie opgehou vloei. Die Afdeling Veeartseny aan die Uniekant het die bevrediging kon smaak dat een van die groot gapings waardeur diereprodukte omwettig uit besmette gebiede ingestroom het, toegestop is.

Asof om finaal te bewys op welke skaal hierdie uitroeiing van wild plaasgevind het, het Joep en meneer Van Graan net die volgende dag so 'n jagparty betrap. Op die sewentig myl tussen Tweerivieren en Kameelslee het hulle slegs twee gemsbokke gesien. Op Kameelsleep self het hulle meteens op die perde- en donkiespore van jagters wat die wildtuin binnegedring het, afgekom. Die geluk was aan hul kant en die volgende oggend het hulle vier jagters, onder leiding van Albert Souls, betrap. Tussen die vier stuks het hulle vier perde, tien donkies en ses honde gehad.

Die jagparty is betrap toe hulle lustig die vleis van 'n springbok, wat pas tevore geskiet was, gesit en braai het. Hulle het onder andere 56 volstruisvelle en 60 jakkalsvelle in hul besit gehad – die "trofeë" ná 'n jagtog van twee en 'n half maande.

Die Maandagmôre daarna het die laaste trekke plaasgevind. Altesaam 84 gesinne, bestaande uit 483 siele, is verskuif, kompleet met hul 1056 stuks beeste, 3203 bokke, 582 donkies, 792 skape, 130 honde en talle maer jaghonde.

Toe Joep die laaste trekkies suidwaarts sien verdwyn, het hy gevoel dat die wild nou minstens een groot vyand minder gehad het en dat die R1000 wat die Raad aan kompensasie uitbetaal het, baie goed bestee was. Aan Botswana se grens het nou 'n gebied van 4250 vierkante myl (11 000 km$^2$) weer na die natuur teruggekeer. Hoe lank die Basters egter sou wegbly uit hul ou jaggebied, was 'n ander vraag.

Die voorbereidsels vir die aanbou van 'n nuwe woonhuis was nou in volle gang. Stroomaf van die sameloop af, net anderkant die hoë rooi duin, is 'n geskikte en 'n mooi plek gevind. Hier sou 'n mens die oggendson die rooisand kon sien streel, kon sien hoe die kurwes gedurende die dag verander en saans hoedat die kruine se skadu's rek. Maar altyd, ondanks wisselende seisoene, ondanks lig of donker ... was daar altyd die rooisand, die asemrowend skone rooisand.

'n Put moes gegrawe word om vars water te voorsien – nie weer dieselfde ongerief as by die sinkhuis waar 'n mens jou water van Noute moes laat karwei het nie! En 'n steenhuis, 'n ordentlike steenhuis moes dit wees, sodat winter en somer maar kan kom, met suidewind of noordewind. En dan, op die koop toe die eerste drie rondaweltjies, al was dit voorlopig bedoel vir raadslede en beamptes wat van tyd tot tyd kom besoek aflê. Maar eers die huis.

Vir elkeen van hierdie dinge moes mens mense kry wat hul werk ken. Selfs die put grawe kon nie sommer aan beginners oorgelaat word nie. Om dié rede was Joep bly toe hy Lukas se dienste kon bekom met die grawery. Al het Lukas so 'n bietjie van 'n reputasie gehad dat hy met transaksies soms lelike esse kon gooi – put grawe was sy ambag. Daarmee het hy niemand oor sy streep laat kom nie.

Die dae het weke geword en Lukas het al dieper die Kalaharisand ingesink. Voorlopig gaan dit nog vinnig, maar wanneer die kalkbank eers bereik word, begin 'n man hot-op-ses trek. Geleidelik het Lukas dieper en dieper ingegrawe totdat daar op 'n dag die blye nuus weergalm: Water! Helder, skoon water. Met so 'n soutigheidjie weliswaar, maar goeie, drinkbare water. Nou kon Joep maar die tou bring, sodat die put se diepte gemeet kon word.

Op die rand van die put het Joep gaan staan, baie in sy skik met die waterfonds, terwyl hy die meettou voet vir voet in die put laat afsak. Onder wag Lukas dit in om dit styf te span.

"Lukas, maar is die tou nog nie by jou nie?" roep Joep van bo af.

"Nee, hy kom nog seker aan. Gee maar nog tou." Verder en verder rol dit af.

Meteens was Joep se agterdog gaande gemaak. Hy het 'n baie sagte maar onmiskenbare pluk aan die tou gevoel. Die ou moes 'n beter plan bedink het om hom om die bos te lei. Maar laat Lukas nou maar deeglik in sy eie strik trap. Nog agt voet (2,44 m) laat hy die tou afsak.

"Raak hy bodem Lukas?"

"Nog nie ... maar dit lyk darem al nes ek hom sien aankom."

"Goed, ek kom maar eers self af om te kyk. Ek sit 'n stompie hout hier bo-op die tou sodat hy nie dalk self ingly nie."

Doodse stilte.

"Het jy gehoor Lukas?"

Dit klink of Lukas se stem uit 'n grafkelder in stede van 'n put kom. "Ja ... maar... e ... ek sê dissie noorag nie. Vir hoekom nou al die vreeslike klim doen? Die tou is nou al naby – ek kan hom al sien!"

Maar nou wéét Joep. Trouens, hy het vroeër al 'n sterk vermoede gehad. Langsaam klim hy af onderwyl Lukas hom doodbenoud inwag. Uiteindelik staan hy ook in die syferwater wat besig is om die put te vul.

"Lukas, my jong, en hierdie hoop tou wat dan al hier onder lê?"

"Ag Vadertjie toggie, ek het hom seker misgevang!"

Die put was klaar, die regte diepte gemeet en die huis kon gebou word. En ná 'n paar lang maande het die dag ook aangebreek dat die Le Riche-gesin kon verhuis.

Steeds het die oorlogswolke swaarder en swaarder in die noorde saamgepak en hul dreigende skadu's verder en verder oor hulle heen laat val. Daar was gerugte van ultimatums en bedreigings en intimidasie. En die propagandamasjiene was reeds goed geolie en in die hoogste rat.

Maar in die Kalahari was daar nog vrede en vooruitgang. Met die veldwagter nou op 'n permanente plek gevestig, kon 'n begin gemaak word om ook vir besoekers huisvesting te voorsien. En al was drie rondaweltjies maar min, was dit tog 'n begin.

Die tweede oogmerk met die park sou weldra volvoer word.

Vir die rondawels moes Joep self laat stene maak want dit was te buitensporig duur om hulle buite te koop. Dit was reeds 'n enorme taak om die sement aan te ry.

Om in die afgesonderde wêreld van die Gemsbokpark iemand te vind wat stene kan maak, was nie so maklik nie. Joep het sy navrae onder die inwoners van Mier laat rondgaan, maar nêrens kon hy iemand raakloop wat die kuns geken het nie. Dit was nou 'n probleem en te meer so omdat hy op die punt gestaan het om met 'n maand se welverdiende verlof te vertrek.

Hulp het uit 'n heel onverwagte oord gekom. Gert het op 'n goeie dag opgewonde by die agterdeur aangekom met die blye tyding dat hy 'n steenmaker gevind het ... 'n Boesman!

"'n Boesman?" antwoord Joep verbaas. "Watter Boesman?"

"Van onse eie troppie," antwoord Gert selfvoldaan.

"Só?" vra Joep verbaas. "Wie dan?"

"Malgas-Boesman!" antwoord Gert, hoog in sy skik dat hy Joep iets kon meedeel wat hy nie reeds geweet het nie. (Die gewoonte om die ras agter aan die naam te koppel, is tradisioneel onder die Basters, veral ten opsigte van die Boesmans. Soms brei hulle dit uit tot ander rasse ook.)

"Malgas?" vra Joep, nou eers uit die veld geslaan. "En waar het hy dit miskien geleer?"

"Malgas-Boesman was in die tronkietjie, Meneer. En daar het hy nou geleer om die steentjies te maak!" Gert het die neiging gehad om dubbel verkleinwoorde te gebruik wanneer 'n saak hom darem ná aan die hart gelê het.

"Ja ... e ... maar ek sal hom eers moet toets," antwoord Joep.

"Ja-nee dis 'n meningse ding," stem ou Gert saam. "Meneer moet die Boesman eers toets."

Tot Joep se verdere verbasing het dit geblyk dat Malgas inderdaad die ambag deeglik in die tronk aangeleer het. Van sementstene maak het hy bepaald baie geweet en Joep kon met 'n laaste vermaning vertrek.

Piet Moller het in Joep se afwesigheid na Tweerivieren gekom en aangesien net Gert daar was om te help, het Piet aangebied om ook maar hand by te sit. Hy was self gretig dat die werkie moes klaar kom. Daarmee is Joep toe weg en sou hy nie by die steenmakery teenwoordig wees nie. Die verloop van sake moes hy eers by sy terugkoms verneem.

Dit het so gebeur dat hy by sy terugkeer eers die stene moes sien voordat hy van Gert kon verneem wat alles gebeur het. Piet Moller was elders.

Eintlik het hy nie verwag om veel van 'n relaas te verneem nie, want daar het die blok stene gelê, netjies, goed gemaak en, volgens alle aanduidings, ook reeds 'n geruime tyd al klaar.

Hy was juis besig om, hoog in sy skik, die steenhoop te betrag toe Gert skoorvoetend daar aangestap kom.

Soos altyd was Joep bly om terug te wees in die Kalahari, die stene was klaar ... en daar was geen enkele rede tot bedenking nie. En tog, hier het sy ou konstabel gestaan, ingetoë, miskien selfs effens bot, met die duidelike tekens dat hy êrens veronreg is.

Dit het Joep maar enkele sekondes geneem om vas te stel dat daar iets geskort het.

"Het die wilddiewe baie gepla?"

"Nee, hulle was tamelik stillerig."

"Ek sien julle is klaar met die stene. Dit het goed gegaan."

"Dit het maar ellendig gegaan!"

"Die stene lyk eersteklas. Wat skort dan?"

"Die Boesman! Sôs jy weet, het ons mos daar niks af geweet nie. Ek meen nou, ons moes mos maar leer stene maak."

"Ja?" moedig Joep aan, "maar Malgas kan mos stene maak?"

"Ja, die Boesman kan ... maar ons was mos nou die Boesman se boys! Hy was mos nou die leier!"

Joep kon insien dat dit vir Gert en in 'n grotere mate vir Piet 'n vernedering moes gewees het. Maar dit was tog ou Gert se voorstel en dit het ook net beteken dat die Boesman hulle moes leer en allermins hulle "leier" moes wees!

"Ja, en toe?" vra Joep verder uit.

"Die Boesman het ons vreeslik verniel! Ek weet nie of hy ons nou ook maar in die hart gedra het nie. Maar nou moet ons die klei aanmaak en die ou twaalfduimvorm (305 mm) kom neersit. Die Boesman maak hom nou vol, maar dan moet ons hom nou met ons handjies gelyk krap, wanneer die Boesman hom vasgestamp het. En dan moet ons nou met die ou vormpie wegstaan baan toe – ons moet nou draf! Die Boesman ja ons aan! Dis 'n meningse ding! Onse handjies is naderhand seer – ons weet ok nie beter nie – ons vat sommer die sement met die hanne saam! Dan staan die Boesman vir ons met hy se hanne in die sakke vir ons sta' agterna kyk! En hy drywe ons! Onse hanne is naderhand deur – nee, dis 'n meningse ding!" beklemtoon Gert nog verlaas.

Simpatiek soos hy voel, kry Joep dit net-net reg om nie die geringste spoor van 'n glimlag te wys nie. Dit moes 'n koddige gesig gewees het om te aanskou hoedat die Boesman sy kortstondige magsposisie ten volle uitbuit.

"En Piet?" vra Joep en hy slaag jou waarlik daarin om elke teken dat hy geamuseerd is, te verberg. "Wat sê Piet toe?"

"Wat kon hy sê? Hy's dan ook nou die Boesman se handlanger!" antwoord ou Gert gegrief. "Maar een daggie het hy gesê: "O, Christen, nee! As ek langer hier in die wildtuin die Boesmankoning moet dien! Onder sy wette kan ek nie staan nie!"

"Nee, ou Gert, ek is baie jammer!" antwoord Joep met opregte simpatie. "Maar ek het dit nie so bedoel nie. Ek het maar gemeen hy moes julle net leer hoe dit gedoen word. Maar die stene is darem goed gemaak!"

"Die stene is goed gemaak, ja, maar nou vat die Boesman te veel sement, meer as wat nodig is. Hy het ons ampertjies uitgeroei, vir my en Piet! En dan ja hy ons nog aan ook! Ek wou gaan sê, dis 'n meningse ding dié!"

En selfs die bouer, meneer Mater, moes saamstem dat die Boesman die stene goed laat maak het. Maar Joep het gevoel dat hy nou letterlik en figuurlik salf aan Gert se wonde moes smeer.

Die oorlogswolke het swaarder saamgepak oor 'n verre Europa. En oor die aangesig van die park het ook 'n klein donker wolkie verbygesweef, al het dit op die oog heel onbeduidend en gering gelyk. Toentertyd was dit nie eens presies só nie.

Ou Gert het besluit om weg te gaan. Joep was nie by magte om hom 'n hoër salaris as die reeds vasgestelde aan te bied nie. In die polisie kon hy veel meer verdien en hy het dit nodig gehad. In werklikheid was daar nie vir een van hulle twee 'n keuse nie. Maar daar was maar één Gert! Moenie praat van sy oordeelsfoute en sy klein swakhede nie, vergeet van sy vrese en selfbejammering. Vir Joep-hulle was daar net één Gert. Saam het hulle die moeilike beginjare aangedurf, die lang stofpad dra albei se voetspore. Inderdaad, elke donker wolk het onvermydelik sy silwer rand bygekry deur Gert se teenwoordigheid.

Terwyl ek en hy teen die voet van die duin – die onvergelyklike rooisand agter sy huisie sit en bespiegel en ou Gert se oë rustig oor sy eie karakoeltroppie en Afrikanerbeeste gly, vra ek hom op die man af: "Ou Gert, maar hoekom het jy nou eintlik weggegaan? Jy en Joep het so 'n lang pad saamgeloop. En julle het dan reeds besluit gehad dat julle maar die werk in die park sou hou?"

"Ag," antwoord die ou gewigtig, "iedere mens maak tog maar 'n mistykie. Ok het ek mos nie weggeblý nie!"

En dan lag die ou hie-hie-hie by die herinnering aan klein mistykies en gebeure uit 'n ver verlede. Oor sy verrimpelde wang, merk ek op, biggel 'n vreugdetraantjie, terwyl hy praat. Of is dit dalk werklik 'n traan? vra ek myself af.

Wie sal ooit weet?

So vinnig omstandighede hom dit toelaat, wou Joep nou die reservaat aan die protektoraatkant afpaal. Voornemende wilddiewe moes besef dat die instelling van 'n beskermingsoord nie grappies was nie.

Noudat die Basters uit die gebied verwyder is, kon hy allermins op sy louere rus. Een ding moes hulle deeglik begryp: Daar was nou beheer. Maar daarvoor was 'n fisieke afbakening onontbeerlik.

Met groot moeite is die swaar pale, altesaam meer as 200, na die grenslyne aangery. Eers 25 myl (40,25 km) ooswaarts uit die Nossob en dan meer as 170 myl (274 km) in lyn daarmee.

Die suidelike deel was bykans kaalgestroop van wild, maar in die noordelike dele was daar nog verrassend baie – gemsbokke, springbokke, wildebeeste en volstruise, letterlik in hul honderdtalle. Dit was nog maagdelike, onbetrede wêreld – daar was selfs byna geen plekname nie! Laer af na die vallei van die Nossob, in die noordelike dele, vind 'n mens die trotse, sierlike rooihartbees, met sy ongelooflike vaart en grasie. As die rooisand op sý gebied die pronkstuk van die Kalahari is, is daar niks wat die rooihartbees kan klop wanneer die sierlikheid van wildsoorte teen mekaar gemeet word nie. En dan trek ek die lyn veel verder as die Kalahari. Selfs nie eens die prinslike eland, wat hier in groot getalle aangetref word, kan vir hom kers vashou nie.

Die vragmotortjie was boordensvol gelaai met swaar pale en die dae van vierwielaandrywing het nog ver in die verskiet gelê. Dus ry Joep so versigtig as wat omstandighede hom toelaat. Maar versigtigheid was ook nie altyd moontlik nie. Daar is geen sin in om versigtig teen 'n duin te probeer uitry nie. Dit is inderwaarheid die beste manier om seker te maak dat jy nooit "oor die bult" kom nie. Daar bly eenvoudig een uitweg oor: Sodra jy wil "klim", moet die versneller maar onsag weggetrap word om selfs die laagste plekke oor te steek. Vir die oningewyde is hierdie "duinery" 'n skrikwekkende ervaring. Die groot moontlike momentum moet reeds met die aanloop opgebou word, die masjien brul en sidder, die wiele skop en maal onderwyl dit in die los sand soms die sonderling rukkerige effek gee asof jy oor sinkplaatpad ry. Dit kos 'n kenner om die voorwiele op koers te hou terwyl die helling uitgebeur word, terwyl die passasier byna op sy rug sit vanweë die steilte. En dan, meteens is 'n mens bo en val die vaste bodem sonder waarskuwing onder jou weg op die toppunt van die skerp kruin. 'n Oomblik lank sien jy net blou Kalaharilug en verwag jy instinktief om op te styg. Maar 'n breuk van 'n sekonde daarna stort die masjienkap sonder waarskuwing na die dieptes daar onder en die arme passasier stort mee, terwyl net sy maag 'n keer rondomtalie draai om darem te bewys dat hy protesteer teen die maneuver. Dit is voorwaar 'n ervaring om te beleef, veral as dit elke driehonderd meter herhaal word.

Hierdie soort werk moet noodwendig sy tol eis sover dit die voertuig betref – die insittendes herstel later vanself. En soos die ongeluk dit wou hê, moes Joep se motor op dié besondere dag die verste moontlike punt kies om te loop breek.

Daar staan hy! Geen hoop om hom hier reg te kry nie. En die Nossob is veertig kilometer ver. Daar is ook geen sprake van dat enigiemand anders hom hier sou raakloop nie. Afgesien van wilddiewe kom niemand ooit hier nie, en dan is die één ding waarop hulle juis bedag is, om nié raakgeloop te word nie. Daar bly dus maar net een genade oor: Hulle sal moet voetslaan huis toe. Veertig kilometer en die Desemberson steek ongenadig.

Wanneer 'n mens in die Dorsland gedwing word om lang afstande te voet af te lê, is dit natuurlik die verstandigste om oordag te skuil en in die nagure te stap. Sodoende voorkom 'n mens dat die liggaam te veel vog verloor en is die hitte en vermoeienis ook nie sulke groot vyande nie. Vir Joep het sulke sterk argumente egter nie nou die deurslag gegee nie. In elk geval was hy geskool in die weë van die Dorsland, taai en fiks … en haastig. Hy het sy hoed op sy kop gesit, 'n kannetjie water geneem, een aan Andries du Pont gegee, die broek ergerlik op die drieuurflank opgetrek en toe die lang mars begin. Vir 'n vuurwapen was daar geen plek nie want die ding word hoe langer hoe swaarder en al was dit ook Kalaharileeuwêreld, hy moes nou maar deurdruk.

Stap, stap, stap, duin op beur en duin af rem. Oor los sandkruine en fermer driedoringstrate, deur skaapganna en perdebos – maar oppas vir die geniepsige takke van die nxoibos, soos die swarthaak algemeen genoem word. Groot kameelbome is hier skaars en 'n koeltetjie seldsaam, behalwe as 'n mens dit onder 'n swarthaak kan kry of dit onder 'n witgat wil waag. 'n Waagstuk is dit bepaald, veral in Desember, wanneer die koeltes onder die noeniebosse (of witgat) verpes is van die grillerige klein tampans. Jy sien hulle nie raak nie, want hulle skuil net onder die bolaag sand, maar met die stilstaanslag kruip hulle met 'n doelgerigtheid uit wat jou koue rillings gee. Klein, plat en gemeen, op die oog af met ver te veel pote, is dit beter as jy betyds koue rillings kry en laat vat, want één vasbyt en jy vergeet die brandende gejeuk nie lig nie.

Van bo af bak die son met ewe veel doelgerigtheid, veral in die windstiltes tussen die duine.

Verder, steeds verder gaan dit. Die gesprek het lankal opgehou teen die tyd dat die son verdwyn het. Al teen die rooi nagloed in stap hulle aan, altyd aan.

'n Sekelmaantjie loer skugter tussen yl wolkbankies deur, en meteens kan die onmiskenbare dreuning van veraf leeugebrul herken word. Verder is dit net die tlik-tlik-tlik van die grondgeitjies.

Joep glimlag in die donker. Waar sou Gert nou wees en hoe sou dit met hom gaan? So 'n nag, ja, net so 'n nag was dit die aand op die pan toe die ou hom met die koffie probeer wakker hou het. As hy nou daaraan dink, neem dit in die donker van die voornag so 'n gestalte van werklikheid aan dat hy byna, by die herinnering aan die gesprek, hul stemme kan hoor – hý ergerlik, Gert paaiend.

"Gert! Mag man, jy moet nou loop slaap!"

"Haai, maar ou loutjie gaan nie slaap nie!"

En ver vanuit die donker, in die rigting van die Nossob, rol en vibreer die diep note van ou loutjie se stem om sy gemoed om te krap. Maar nie omdat hy bang is vir Kalahariléeus nie!

Teen drieuur die oggend, toe die môrester al hoog en helder begin brand, kom hulle tuis. Hoe goed sou Gert se beskrywing van die eerste groepie Boesmans hulle nie nou gepas het nie, dink Joep wrang. Ook hulle is nou "honger, dors, ellendig".

Die volgende oggend was hy genoodsaak om die donkiewa te laat inspan, konkas water vir die esels op te laai en toe weer ooswaarts koers te kies om die motor te gaan haal. Laasgenoemde sou nou maar noodgedwonge 'n roemlose terugtog agter die donkiewa moes doen.

Die Wêreldoorlog, wat so lank reeds gedreig het, het in die lente van 1939 in al sy felheid losgebars. In Suidwes, wat sedert die vorige oorlog onder voogdyskap van die Unie gestaan het, is die nuus met 'n groot mate van beklemming aangehoor. Niemand het geweet wat in die toekoms wag nie. En talle mense in daardie gebied het nog noue bande met Duitsland gehad – familie, vriende, sakebelange.

Oor die Gemsbokpark het die skadu van die oorlog ook geval. Beperkings op brandstof het voorkom dat die toeristebedryf die verwagte toename toon, trouens dit het Joep self ernstig in sy werksaamhede gekortwiek. In 'n meerdere of mindere mate het almal maar daaronder gely. Mieliemeel het so skaars geword dat hy soms drie weke na mekaar vrugteloos na Askham moes ry, sonder om iets vir die Boesmans te bekom.

Vroeg in 1941 het hy die geluk gehad om 'n nuwe bakkie te kry – die laaste in 'n lang tyd. Van Pretoria af, waar hy dit gaan haal het, het hy sukkel-sukkel teruggekom. Die wêreld was deurnat en meer as een keer moes selfs dié nuwe voertuig met donkiespanne uitgesleep word! Toe hy in die Kalahari terugkom, moes hy tot sy teleurstelling vind dat die park kurkdroog was!

Maar al was die reën dan nie altyd na wense nie, is daar nou baie gedoen om die watervoorsieningsprogram te bevorder. Veral die Nossob het nou sy porsie begin kry, selfs al moes daar soms kwaai rondgesoek word voordat water eers gevind is. By Kwang (Piet Mof se werf), is nie minder nie as vyf gate geboor voordat goeie, drinkbare water gekry is.

Sy vervoermiddels is versterk deur 'n teeltrop van vyftig kamele wat van die teelstasie af verkry is. Nou was hier te kus en te keur! En selfs saals! Waar was die dae toe hy maar uit sy eie sak twee moes aankoop om die afgeleefde ou goed te vervang.

Al het dit vir die mense leed en ongerief meegebring, het die oorlog die wild bevoordeel. Patrone was haas onverkrygbaar, brandstof uiters skraps, en wilddiefstal het gekwyn tot 'n onbeduidende minimum. Selfs in die suidelike deel van die Nossob, waar die jagters enkele jare tevore so roekeloos uitgeroei het, het die eerste troppe wild al weer ingetrek en gevestig begin raak. By Kameelsleep, nie ver van waar die groot jagparty drie jaar tevore betrap is nie, het Joep op 'n dag tot sy stomme verbasing 'n trop van ruim duisend gemsbokke raakgeloop. Die tye het verander en die wild begunstig.

Onder die nuwe probleme was daar die vreemde oogsiekte wat hom met skrikwekkende simptome aangemeld het. By die eerste tekens het die oë waterig en dof begin word, terwyl die diere in klaarblyklike swaar lyding rondtrap en al agteruit beur. Op sy ergste het dit letterlik later die oë uit die kop laat bars. Sover dit die wild betref, was daar natuurlik niks wat Joep kon doen om die lyding te verlig nie en moes hy maar vol medelye aanskou hoedat wildebeeste, gemsbokke en veral die skugter steenbokkies, aangetas word. Gelukkig het die siekte nie besonder lank aangehou nie, maar lank daarna sou sy letsels en verminkings nog gesien kon word.

Op die Suidwesgrens het Joep weer verskeie wildsbokke verloor deur iemand wat gif op die lyn gestrooi het. Wat sou 'n mens met so iemand doen as jy hom in die woestyn onder hande kry?

In die vroeë oorlogsjare is daar vir Cillie en Joep 'n tweede seuntjie gebore. Stoffel was 'n fris knaap en sou kon begin omsien na kleinboet, wat die naam Elias gekry het.

Reg aan die einde van die oorlog het 'n ander bekende heengegaan, ook 'n ou Kalaharibewoner: ou Malgas-Boesman, van sementsteenfaam.

Die namiddag het Joep die ou besoek waar hy in sy krotjie gelê het en dit moeilik gevind om te bepaal hoe ernstig sy ongesteldheid nou eintlik was. Daar het die ou gelê, onder die velkarossie, 'n klein bondeltjie wat halfbang uitloer om te sien wie binnekom. Op Joep se vraag hoe dit gaan, het die ou gekla dat dit maar sleg gaan ... maar, het hy bygevoeg, hy is tog so lus vir 'n lekker stukkie skaapvleis. Dit was 'n onverwagte versoek. As die ou se eetlus nog hou, kon dit darem nie te sleg gaan nie. Tog, volgens alle ander tekens, was sy kragte maar bitter min.

Vir die werkers wat vir Joep jare al geken het, was dit nie snaaks toe hy uitkom, hulle nader roep en hulle beveel om 'n vet skaap uit te soek en vir ou Malgas te slag nie. Sulke menslike dade was nie vreemd nie – dit was maar een van die redes vir die hoë agting wat hulle vir hom gekoester het.

Ure later het die rokies oor die kole die boodskap gebring dat ou Malgas se geurige skaapvleis begin braai. Ook net halfgaar ... presies so verkies die ou dit.

In die vroeë môre-ure het twee bediendes aan Cillie en Joep se kamervenster geklop, huiwerig en skugter. Ou Malgas roep Joep dringend!

"Goed, loop sê vir hom ek kom dadelik!"

Terwyl Joep nog besig was om haastig te verklee, is die vroue weer terug.

Joep was te laat.

Ou Malgas was reeds dood.

Voordat die vrede sou aanbreek, het Joep met nog een sonderlinge verdere gebeurtenis te doene gekry.

Verhale van die legendariese Verlore Stad van die Kalahari het hy baie jare lank reeds geken. Ook aan geselskappe wat daarna gesoek het, was hy gewoond. En by menige geleentheid sou hy, as een van die grootste kenners van daardie wêreld, met raad help en selfs as gids optree, hoewel hy lankal sy eie opvattings daaromtrent gehad het.

Op 'n dag in die Nossob egter, toe hy op pad was om Jan Jannewarie, wat sedertdien by Unie-end diens gedoen het, te gaan besoek, het hy per toeval afgekom op een van die mees ongehoorde "soekgeselskappe" wat hy nog ooit teëgekom het. Aan die uiterlike sou niemand dit geraai het nie, en tog, aan die geloofwaardigheid kon hy nie twyfel nie.

Dit was inderdaad 'n ekspedisie op soek na die Verlore Stad van die Kalahari ...

Pionier Christoffel le Riche en sy gesin met Joep tussen sy knieë. (Laasgenoemde was glo baie ontstoke omdat hulle hom die dag "'n rok" laat aantrek het.)

Die eerste veldwagter in die Gemsbokpark:
Johannes le Riche en sy vrou, Bettie.

Minister Piet Grobler, die man wat verantwoordelik was
vir die proklamering van die Kalahari-gemsbokpark.

'n Bruid voor haar huis: Dié graswoning het op Kamqua in die Ouob gestaan en die vroue heet albei Burgers.

Tant Lulu en haar laerskoolkinders – op enkele uitsonderings na die enigste "gaste" by die stigting van die Gemsbokpark. Die ander is minister Piet Grobler, meneer Willie Rossouw en oom Piet (Mof) de Villiers. Die mense links se name is nie bekend nie.

Joep le Riche en sy vrou Cillie.

Stoffel voor die huis op Gemsbokplein.
Hy sou later natuurbewaarder van die Gemsbokpark word.

Gert Mouton – die eerste bruin veldwagter in Joep se diens.

"Die ou tjortjie kôk in die Nossob." Joep met Gert en Andries.

Simon Koper wys na 'n boom wat tydens die Duits-Hottentotoorlog as uitkykpos gebruik is. Hoefysters is in die boomstam ingekap om vastrapplek te skep.

'n Foto deur myself geneem en 'n skets volgens Farini (deur Henriette Botha) van die kortbeentafel met die enkele poot in die middel. Klaarblyklik het Farini en ek na presies dieselfde voorwerpe gekyk.

Hannes Kloppers en Joep le Riche

# Die Verlore Stad van die Kalahari

A half-buried ruin – a huge wreck of stones,
On a lone and desolate spot,
A temple – or a tomb of human bones
Left by man to decay and rot.

Rude sculpted blocks from red sand project,
And shapeless, uncouth stones appear,
Some great man's ashes designed to protect,
Buried many a thousand year.

A relic, maybe, of a glorious past,
A city once grand and sublime,
Destroyed by an earthquake, defaced by a blast,
Swept away by the hand of time.

Hierdie liriese, prikkelende woorde is deur die Amerikaner Gilarmi A. Farini in die jaar 1885 geskryf toe hy sy nou reeds klassieke werk *Through the Kalahari Desert* aan die wye wêreld bekend gestel het.

Let asseblief op die datum en veral ook op die bewoording, wat 'n mens eintlik twee maal moet lees om die omvang van die subtiele misterie na waarde te skat – want hier speel sowel die bewoording as die datum later nogal 'n belangrike rol.

Misteries uit vergange eeue, of ook uit onlangse tye, het immer daarin geslaag om die mensdom te prikkel, aan te gryp en te bekoor. Dit lê maar in die aard van die mens, antiek, klassiek of modern, dat hy maklik aangegryp word deur die onbekende, die geheimnisvolle. Veral is dit die geval as dit nie blatant nie, maar subtiel aan hom gesuggereer word, maar met 'n sterk beroep op die onbegryplike, die onsintuiglike.

Hierin slaag Farini uitstekend.

Daarom is sy sinspelinge op 'n verlore stad en die wyse waarop dit die verbeelding van mense aangegryp het, en steeds nog aangryp, veel doeltreffender as berigte oor die monster van die Vaaldam, suggestiewer as die monster van Loch Ness en prikkelender as die Duitse *Grosze Seeschlange*, sodat dit uiteindelik op gelyke voet geplaas kan word met die vreemde verhale van trolle en die Vikings uit die Oud-Skandinawiese mitologie.

Vroeg gedurende die jaar 1885, vanjaar dus vyf-en-tagtig jaar gelede, het die Amerikaanse beesboer en verhoogaanbieder Gilarmi A. Farini (wat 'n skuilnaam was van ene William Leonard Hunt) vir die doel van 'n aanbieding deur Boesmans wat hy vir die Amerikaanse publiek op die planke gebring het, 'n Baster met die naam van Gert Louw as 'n "skakelamptenaar" tussen hom en sy klein "grondmannetjies" aangestel. Hy verwys ook na hulle as "pigmeë" en in ander kleurryke benaminge.

Farini was van meet af aan geïnteresseerd in Gert Louw, maar veral in die verhale wat hy uit 'n verre woestynland kon voorttower. Moontlik ook, soos hy dit aan sy vriende gestel het, was hy intens geïnteresseerd in die geheimsinnige fluisteringe van groot diamantneerslae waarop Gert gesinspeel het, of in die magdom wild wat die eindelose ruimtes sou bewandel; van vreemde avonture wat op 'n ontdekkingsreisiger na die ver Suiderland van Afrika wag. Miskien het Farini daarin die moontlikheid gesien om eendag werklik "Farini die Grote" te word, 'n titel wat hy vir hom al by voorbaat toegeëien het. Hierdie aspek word pertinent genoem om die leser se aandag te vestig op die feit dat Farini in sy geskrifte ... nou ja, geneig was om sake van die dag effens "kleurryk" te beskryf.

Maar wat ook al die oorspronklike beweegredes was, die feit bly dat 'n seevaart na Afrika en 'n toer deur die Kalaharidorsland weldra op Farini se program verskyn het. Vir Gert Louw, wat teen hierdie tyd al vol heimwee was, was daar meer op die spel as avontuur en diamante ... daar was 'n terugkeer na sy eens geliefde Kalahariwêreld. En wie sal Gert Louw dan kwalik neem as hy, met dit op die spel, miskien self ook maar bietjie teuels aan 'n vrugbare verbeelding gegee het.

Nietemin, diamante of nie diamante nie, algou was sake gefinaliseer en het die *Roslin Castle* met Farini aan boord die lang tog oor die Atlantiese Oseaan aangepak. Eers het hy egter 'n vlugtige besoek aan Groot Brittanje, oor wie se gebied die son (destyds) "nooit ondergegaan" het nie, gebring.

En in Brittanje het vir Gert Louw 'n gebeurtenis voorgelê wat die hoogtepunt, ja, letterlik die kroon, van sy reis moes gewees het: 'n ontmoeting met die "Groot Koningin", Victoria. Inderdaad het hulle werklik hande geskud. Blykbaar was Gert nie uitermate beïndruk met die oudiënsie nie, want in sy latere herinneringe het hy hoofsaaklik gepraat van die Londense huise wat so groot sou wees dat 'n mens die hele Upington in een kon inpas.

Van daar is hulle na die suidpunt van Afrika waar hulle op 30 Januarie 1885 aangeland het, vergesel van Farini se seun Lulu wat 'n fotograaf van faam was.

In Kaapstad het 'n hartlike verwelkoming op die drietal gewag, hoofsaaklik vanweë waardevolle briewe van bekendstelling. Van hier het hulle op 2 Junie 1885 vertrek op die seshonderd myl lange (966 km) treinreis in die rigting van Kimberley. Die skommelende rit, die twee en dertig uur se reis, die feit dat sy salon nie oor komberse beskik het nie terwyl sy eie elders vervoer was en die feit dat dit snags ysig koud en bedags skroeiend warm was, het waarskynlik daartoe bygedra om veel van die genot uit Farini se rit te neem. Dit is verstaanbaar.

Ook is dit aanvaarbaar as hy geen trek gehad het vir die Karoo nie, dis 'n kwessie van persoonlike smaak en niemand kan hom dit kwalik neem nie. Die woorde waarmee hy homself, ter wille van effek, bedien by sy beskrywing daarvan, is egter so oordrewe dat 'n mens verderaan maar geneig is om sulke kleurryke bespiegelinge met die nodige korrel sout te neem – om nie te praat van wat Karoobewoners van sy sieninge dink nie. Kyk hoe beskryf Farini dit: "Dié landstreek is die skrikwekkendste, en die mees verdorde, verskroeide, oonddroë, kaalgeblakerde, gebakte, verbrande, en godverlate distrik waarop die son ooit neergeskyn het." Verder: "Diegene wat verplig is om hul lewens hier te slyt, hoef geen vrees vir Toekomstige Straf te hê nie."

In Kimberley het Farini 'n wa en muile gekoop en is sy klein ekspedisie aangevul deur 'n gids met die naam van Jan.

Terwyl hulle nog vertoef het, het die eerste swaar buie reën begin uitsak. Weldra sou die wêreld soos met 'n towerstaf in groen geklee wees.

Dit het nie lank geduur om die geselskap te oortuig dat osse beter as muile aan die doel sou beantwoord nie en dié is weldra aangeskaf.

Hul verdere trek het hulle byna dadelik met die Kalahari in aanraking gebring. Noordwaarts, noordwaarts, immer noordwaarts!

Nou moet 'n mens darem regverdig wees en erken dat, wat ook al die dryfveer was, 'n tog per ossewa na die Kalahari destyds 'n gewaagde onderneming was.

Agter hulle het die groen riviersome by die dag verder en verder oor die yl horison weggesink. En voor hulle, as hul deel van dag tot dag, van uur tot uur, van week tot week, van maand tot maand, ja selfs tot 'n groter mate hul deel as hul daaglikse brood, was daar duine, duine, duine. Honderde, duisende – smôrens duine, en sawends nog duine, wit duine en rooi duine wat mekaar ongereeld afwissel, maar altyd duine. Hard moes daar gebeur word as die velling sand sny deur die stekelrige driedoring en growwe duinriet na die losse sandkruin, rem aandraai as die wa duinaf momentum begin kry na die skaapganna en perdebos onder in die laagte. Nuttige plante moes gesoek word teen uitspantyd, sodat die osse in goeie kondisie kon bly in die beskeie groen van driedoringblare of die ryke, rypwordende kortbeenboesman. Die wintermaande en die winteropslag het nog ver vorentoe gelê, ver in die afgeleë Nossob waar hulle uiteindelik moes uitkom, net betyds vir sy gansogies en sewejaartjies, vir sy hongerblom en brandboontjies.

Op 'n klein plekkie met die naam Khies het 'n Duitse handelaar, 'n uitgewekene, hom by die geselskap aangesluit.

Ons moet nou in gedagte hou dat hulle nie 'n spesifieke punt van bestemming voor oë gehad het nie, en dat hulle al trekkende ver afgewyk het van die meer bekende weë. Weliswaar het Farini 'n landkaart van die streek in sy besit gehad, maar die kaart was so onjuis dat twyfel ontstaan of dit 'n bate of 'n las was. Afgesien van meer obskure belangstellings het sowel Farini as sy seun 'n besondere belangstelling in die plantelewe getoon en 'n ryke versameling opgebou wat later dan ook aan museums geskenk is, soos ook sy versameling skoenlappers.

Laasgenoemde mag effens vreemd klink vir die Kalahari. Die waarheid is egter dat Farini se tog saamgeval het met een van die beste reënjare in menseheugenis – 'n feit waaraan hy ongetwyfeld sy lewe te danke gehad het. Weiding was volop, tsammas was volop, wild was volop! Waarvoor kan 'n avontuurbelustige meer vra?

Hulle het wel ook te doene gekry met droë streke waar water en selfs weiding vir die trekdiere haas onbekombaar was. Dit het weinig geskeel of Farini self het by minstens één geleentheid in so 'n streek sy lewe ingeboet. In die algemeen egter, was toestande so gunstig as wat mens maar voor kon hoop – in so 'n mate dat die tsamma selfs 'n tweede oes binne dieselfde jaar opgelewer het. Verder en verder noordwaarts het die trek sy moeisame weg gevolg, oor die Molopo en steeds kilometers ver ten ooste van die Nossobrivier. Uiteindelik is selfs Ngami verbygesteek en nog steeds is noordwaarts gehou totdat die moeilike terugtog uiteindelik ver noord van die meer begin is. Daarvandaan is dit met 'n wye boog voortgesit, hierdie keer ten weste van die huidige Gemsbokpark, deur Suidwes, suidwaarts af tot oor die Oranjerivier. In sy geheel moes die tog bepaald die 3000 mylkerf (4830 km) oorskry het.

Op pad terug is ook die Miernedersetting aangedoen, omstreeks die tyd toe die Le Riche-gesin – Joep se pa, soos elders vollediger omskryf – hulle op Rietfontein gevestig het om daar 'n handelspos te begin. Saam met Philander se Basters, het Farini toentertyd ook 'n jagtog onderneem.

Enkele dae later was hulle weer op pad toe hulle op die dynserige gesigseinder 'n hoë kop gewaar wat sy gids, Jan, as die Kijkij-kop geïdentifiseer het. Later het Jan egter erken dat hy 'n fout begaan het.

Aan die voet van die kop is kamp opgeslaan. Daar word soms ook na verwys as 'n "berg" wat bepaald 'n verkeerde beskrywing moet wees. Hier het die groot ontdekking op hulle gewag. Farini skryf: "Ons het aan die voet daarvan gekamp, vlak langs 'n lang reeks klippe, wat gelyk het soos die Groot muur van Sjina ná 'n aardbewing en wat na ondersoek geblyk het die bouvalle te wees van 'n betreklike groot konstruksie, in sommige plekke onder die sand begrawe, maar op ander ten volle binne gesig. Ons het die murasies vir bykans 'n myl gevolg. Dit is hoofsaaklik 'n hoop groot klippe, maar almal is platkantig, terwyl die sement hier en daar goed en duidelik sigbaar was. Die boonste ry rotse was grootliks weggevreet deur die weer en waaisand. En enkeles van die hoogstes is aan die onderkant in sonderlinge vorms geslyp sodat dit uitstaan soos 'n sentertafel met een kort been in die middel."

Dan gaan Farini voort met verdere beskrywings, maar ons haal nog net die volgende aan: "Sommige van die klip het bestaan uit soliede rots ..." en "... dat dit een of ander stad moes gewees het of 'n plek van aanbidding, of die begrafplaas van 'n groot nasie, moontlik duisende jare gelede ..."

Hulle het sketse gemaak en foto's geneem (waarvan nie

een uitgekom het nie) en sonder dat hulle veel meer kon ontdek, is hulle drie dae later weg.

Vroeg die volgende jaar, pas na sy tuiskoms, is sy boek gepubliseer en kort daarna het hy 'n lesing voor die Royal Geographic Soeiety gelewer waar hy sy vonds verder toegelig het en selfs die benaderde ligging volgens die lengte- en breedtegrade aangegee het.

Nou was die gort gaar en die kiem vir 'n nuwe misterie is geplant. "'n Verlore Stad" met al sy implikasies van 'n verlore beskawing en van hoe dit eintlik verlore sou gegaan het. Sommige wou dit aan Zimbabwe koppel en ander het met nog vreemder teorieë gekom.

Hoewel die verbeelding van die mensdom al gou geprikkel is, het daar 'n aansienlike tyd verloop voordat die eerste werklike soekgeselskap byeengebring en 'n ekspedisie gereël is. Intussen het 'n oorlog tussen die twee klein Republieke in Suidelike Afrika en Brittanje die toneel oorheers, gevolg deur die bloedige wêreldoorlog van 1914–1918. Kort daarna is die ganse mensdom vasgevang in die greep van die verwoestende griepepidemie. Dit was derhalwe eers teen die einde van die twintigerjare dat die tyd en geleentheid hom begin voordoen het vir 'n soektog.

In die eindelose uitgestrektheid van die Kalaharidorsland het dit gou 'n gevaarlike, uiters duur en baie onsekere onderneming geblyk te wees. Almal was nie so gelukkig om hulle besoek met 'n groot reënjaar te laat saamval nie. Verder was dit gou duidelik dat Farini se "kaart" slegs 'n baie rowwe aanduiding van die gebied in die algemeen was, en dat dit op plekke tot sover soos 100 myl (160,9 km) verkeerd en uit koers was.

Oor die vele ekspedisies wat sedertdien daarheen onderneem is, is daar al soveel geskryf en gepraat dat dit oorbodig is om hier meer as 'n paar opsommende opmerkings te maak:

- Sedert die Proklamering van die Kalahari-gemsbokpark in 1931, is daar reeds altesaam agt-en-twintig georganiseerde soektogte onderneem.

- Die meeste van hierdie ekspedisies was baie goed toegerus met voorradebasisse, voertuie, soms vierwielaangedrewe voertuie, kompasse en in 'n halfdosyn gevalle is selfs lugverkenning gedoen.
- In een besondere geval is nie minder nie as 15 000 vierkante myl (38 850 km$^2$) met behulp van 'n Dakotavliegtuig verken.
- Wetenskaplike studies is gemaak van die moontlike roetes wat Farini kon getrek het, berekenings is daarvolgens gedoen, en die resultate is te velde getoets.
- Tot op datum, na al die lange jare, en al die honderdduisende rande wat bestee is, is eintlik nog geen spoor van 'n Verlore Stad gevind nie.
- Een punt van belang moet onthou word, naamlik dat Joep le Riche ten nouste betrokke was by die meeste soektogte hoewel hy nie veel van die teorieë aanvaar het nie, soos baie van die soekers nie sy teorie wou aanvaar nie. Dit behandel ons weer bietjie later.

Veel liewer as om die leser te vermoei met 'n herhaling van verslae van al hierdie groot aantal ekspedisies, goedgeorganiseerd en toegerus, wil ek vertel van twee ander – twee wat nêrens beskryf is nie en waarvan die buitewêreld niks weet nie. En tog was albei op hulle eie manier minstens uniek. Hulle staan in elk geval in sterk kontras met mekaar.

Die eerste is die verhaal van Albert Albath, 'n man van Duitse afkoms wat sy oudag tans op Haruehas in Suidwes deurbring.

Allereers moet ek noem dat Albert Albath 'n besondere soort mens is, humoristies, dapper en met 'n ondernemingsgees wat mens nie dikwels aantref nie.

'n "Lewenslange" oujonkêrel, het hy onder meer die NG Kerk op Gochas eiehandig gebou. Sy soektog na die Verlore Stad, het hy op 'n wyse onderneem wat ongeëwenaard is. En al het dit dan hier en daar effens ongerymde elemente bevat, soos hy met 'n vonkeling in die oog self vertel, sy moed en deursettingsvermoë was iets so vreemd aan 'n "sagwordende" mensdom, soos die Verlore Stad self. So was ook die byna koue roekeloosheid waarmee hy die gevare van die Dorsland bejeën het.

Albert Albath het naamlik in die moeilike oorlogsjaar van 1942, met die swaard van internering bo sy hoof, sy soektog vanuit Suidwes gaan onderneem. By Unie-end was toentertyd 'n Basterkonstabel met die naam Jan Jannewarie op diens, toe nog in sy fleur. Tans in die winter van sy lewe, geniet die ou nog goeie gesondheid, behalwe dat sy naam (heel paslik) nou verander het na Jan Julie! Jan Jannewarie was destyds verantwoordelik vir die bewaking van die driehoekgrens by Unie-end.

Op 'n dag het hy besoek ontvang van Albert Albath – 'n besoek en 'n besoeking – en 'n versoeking op die koop toe. Albath het hom naamlik die rojale som (vir destyds) van tien pond (R20) aangebied – met vermelding van redes. Hy wou naamlik 'n donkie koop om na die Verlore Stad te gaan soek. Jan se vrou moes vir hom roosterkoek vir padkos bak, terwyl die saldo ... nou ja, ook maar in Jannewarie se sak kon beland. Hy het dit miskien nie so blatant soos die bekende Portugese doeane-beampte gesê nie maar dalk ook so bedoel: "*If you're kind to me, I'll be kind to you.*"

Hoe dit ook al sy, die esel is gekoop, die roosterkoek gebak, die saldo is oorgeplaas na die bestemde oord en siedaar, Albert Albath was toegerus vir sy reis. Dit was oorlog en geweers en ammunisie was moeilik te kry, maar tog het hy daarin geslaag om êrens vandaan 'n .22 geweer – 'n *saloon* soos hy dit noem – te bekom, en ook 'n twaalftal patrone. Verder net 'n waterkannetjie en hy was gereed om 'n soektog na die Verlore Stad te onderneem.

Hoe ongelooflik dit ook al mag klink, dit was sy hele uitrusting. Geen kompas, geen slaapsak, geen komberse, geen kaart en geen kombuistoerusting nie. Vleis kon gebraai word en die roosterkoek was klaar gaar. Sy meer persoonlike toerusting het bestaan uit 'n knipmes en vuurhoutjies. Geen mediese voorrade, geen addisionele klere vir hitte of koue nie. Rookgoed en sterk drank het hy nie gebruik nie. "Buitendien," sê hy "moet mens jou nie oorlaai vir so 'n vermoeiende tog nie!"

Farini se tog mag 'n geweldige onderneming gewees het, maar watter woorde kan die ondernemingsgees van Albath uitdruk? Diamante was destyds nie meer 'n oorweging nie, maar in die oorlewering is vaagweg daarop gesinspeel dat daar in die Verlore Stad goue bekers, kandelaars en beelde kon wees.

Ter voorbereiding het Albert 'n deeglike studie van Farini se werk gemaak, sodat hy darem sou "weet" waar om na die Verlore Stad te gaan soek.

Alles was nou gereed vir die groot soektog.

Van Unie-end af het hy suidwaarts al met die droë loop van die Nossob langs getrek, en hom al stappende daarin verheug dat sy tog baie vergemaklik word deur talle plasse vlak water wat in die kolke oorgebly het. Daarsonder was dit uiters twyfelagtig of hy ooit die tog sou kon oorleef.

Verder en verder suidwaarts het dit gegaan, al met die slingergang van die rivierbedding langs. 'n Sonderlinge prosessie moes dit bepaald uitgemaak het. Vlak langs die esel het Albert Albath die tog gelei met die halterriem stewig slag-om-die-hand om te voorkom dat die pakdier by die skielike verskyning van onverwagte gevaar die wye vlaktes kies. Onmiddellik agter hulle, letterlik in die eselin se voetspore, het haar jaaroue vul gevolg, kopknikkend en onbesorgd. Sy het nog nie die gevare van Dorsland en roofdiere geken nie. Die donkie self was daarenteen al gesout in die jagveld, soos 'n paar haarlose kolle op haar rug van getuig het. Daarom het Albert die vuurwapen versigtig op haar vasgegord om nie al te gevoelige plekke te raak nie, en daarna ook die waterkannetjie en die bondeltjie roosterkoek.

By Aasvoëlkolk het hulle "uitgeklim", die duineveld in. Gelukkig was Albert wys genoeg om nie te ver ooswaarts te trek nie. Volgens die aanwysing wat hy uit Farini se boek gekry het, sou die Verlore Stad drie dagreise per ossewa uit die rivier lê, in dié besondere terrein hoogstens dertig tot veertig kilometer. Derhalwe het hy die Botswana-Kalahari nooit verder binnegetrek nie, maar in stede daarvan suidwaarts afgeswaai, min of meer in lyn met die rivier.

Dit het nie altyd goed gegaan nie. Die vlugvoetige wild van die Kalahari kon eenvoudig nie met die *saloon* bygekom word nie. Sy dieet het dus bloot uit roosterkoek en water bestaan, behalwe in uitsonderlike gevalle wanneer hy op 'n paar volstruiseiers afgekom het.

Ná 'n week is Albert met die onvermydelike gekonfronteer: Hy kon eenvoudig nie 'n aanvullende vleisvoorraad bekom nie en die voorraad roosterkoek het onrusbarend vinnig gekrimp. 'n Mens kan van brood alleen nie leef nie en nog minder van roosterkoek. 'n Drastiese plan moes gemaak word en sommer gou ook. Sy patrone was ook te min om op 'n gelukskoot te hoop en sommer op die wild los te brand.

Dieselfde aand nog het hy, onder die druk van omstandighede, die onvermydelike besluit geneem: Die enkele patroon wat hy nog kon afstaan moes op 'n doodsekere skyf gebruik word. Die selfverwyt het hom verteer terwyl hy met 'n apologetiese blik in die rigting van die merrie die vul eenkant toe lei.

Afgesien daarvan dat sy daaglikse roosterkoek nou "aangevul" is, het Albert ook nog 'n verdere onverwagte ontdekking gemaak: Hy kon die aand- en oggendmaal voortaan verryk met 'n beker voedsame donkiemelk.

Bedags het dit soek-soek gegaan oor duinrûe heen en wanneer die skerp eselskloutjies die klim deur die los sand te veel vertraag het, is sy maar onder in die straat vasgemaak, terwyl Albert die vermoeiende klim alleen onderneem het. Hy moes noodwendig soveel hoë duine moontlik bestyg om die omliggende veld te verken. Dit kon ligtelik gebeur dat 'n mens 'n bouval met enkele meter misloop as jy nie elke moontlike uitsig van bo te baat neem nie.

Saans is die eenvoudige voorbereidings getref vir die nag wat voorlê. Aangesien hy nie oor 'n tent beskik het nie, is daar maar onder die sterre "op die vlak" oornag met die eselin stewig aan die naaste kameelboom vasgemaak. Hy het in meer as een sin van die woord naby aan die natuur gelewe. Al word die sand teen die oggendure deksels koud, die plekkie waar hy homself in sy adamspak ingevroetel het,

het darem bietjie liggaamshitte behou. Kameeldoring was buitendien nou volop. Die enigste nadeel was dat hy telkemale moes opstaan om die kampvuurtjie brandend te hou.

So het die een mooi somderdag na die ander oor die ondernemende jong avonturier heengeskuif. Hy het hierdie harde lewe geniet, want hy was 'n natuurliefhebber by uitstek. Water was geen groot probleem nie, want dit was 'n goeie reënjaar en in die kolke was daar genoeg.

Die kosprobleem het hom egter weldra weer voorgedoen. Die vleis en die roosterkoek kon nie onbepaald hou nie. Die paar oorgeblewe patrone moes vir selfverdediging bewaar word en het later tussen hom en die dood kom stelling inneem.

Soek, soek, soek! Van smôrens vroeg tot skemeraand, met slegs 'n twee uur lange siësta oor die warm middagure, terwyl die donkie haar verlustig het in die weelde van die stand fyntwa en driedoring. Sý was immers die hongerpyne, wat nou haar meester se lot begin word het, gespaar. Hy moes van die veld leef en al was water volop, volstruiseiers was skaars. Die nxabbas het nog nie begin "lag" nie, (soos die Boesmans sê wanneer hierdie gesogte woestynlekkerny begin uitswel en die sand daarbo laat bars).

Rosyntjiebessies was al volop, maar met weinig meer as die soet skilletjie om die pit, was dit nie maklik om 'n maaltyd daarvan te maak nie. En buitendien was dit nie wys om te veel te eet nie want tereg, in die woorde van ou Gert, het die "ou pitjies maar sy maniertjie met 'n mens".

Die soektog was aanvanklik teleurstellend, want nêrens kon hy iets vind wat op 'n Verlore Stad gedui het nie. Geen berg, geen rotsblokke, geen muur nie, niks, letterlik niks.

Ná twee maande was Albert, in sy eie woorde "net vel en riempies", al was sy moreel dan nog taamlik hoog en sy donkie lekker vet. Die nood het nou hoog begin word. Selfs water was nie meer so geredelik te kry nie. Daar was nou net die minimum hoeveelheid om te drink. Die donkie was gelukkig gewoond daaraan om van die veld "water te eet". Dinge het kritiek begin word toe hy drie weke lank nie meer vars water kon bekom nie en hy het besluit om maar weer een van die Nossob se kolke op te soek.

Dit was 'n vermoeide wandelaar wat uiteindelik die riviervallei bereik het met sombere bespiegelings oor wat kan gebeur as dié kolk ook droog is. Strompelend het hy die laaste oewerduintjie begin afdaal, so besig met sy nare voorspooksels dat hy geen onraad vermoed het voordat sy esel vassteek, en hom in die proses byna van sy wankelende voete ruk nie. Iets het sy ou lasdier hewig ontstel. En jou waarlik, voor sy voete lê die familiegrootte leeuspoor, netjies afgedruk in die ligte sandkors. Vinnig laat Albert sy oë oor die effense helling van die vallei gly en, "Himmel!" nie verder as dertig meter nie staan die geelbruin kolos hom, en vermoedelik meer bepaald sy vet kameraad, berekenend en betrag. Vir 'n oomblik nog het die gerusstellende gedagte deur sy kop geflits dat dit dalk 'n eland sonder horings kon wees want die helling het die perspektief enigsins versteur. 'n Sekonde later het die onvermydelike egter tot hom deurgedring: Dis 'n leeu! Inderdaad was die maanhaar so groot dat dit eintlik die leeu se gesig klein daarteen laat afsteek het.

Die esel het moontlik hulle defensiewe toerusting effens oorskat (sy was baie intelligent, verseker Albert my), want sy het net een lang opsommende blik in die rigting van die leeu gewerp, toe veelseggend omgekyk na die *saloon* op haar rug, en daarna verwikkelinge rustig gaan staan en afwag.

Albert daarenteen, het nie dieselfde vertroue in sy wapentuig gehad nie. Hy sou dit wel gebruik as dit die laaste uitweg was, maar nie nou al nie. Eers ander planne probeer.

Derhalwe het hy die ou gelofie dat selfs 'n leeu vir die menslike stem stuit, op die proef gestel.

"Hierjy!" het hy die leeu toegebulder. "Gaan weg!" Vir die oomblik is die gewenste resultaat verkry. Die leeu het omgedraai en begin aanstap.

Albert het, helaas, vergeet dat daar ook 'n teenoorgestelde gelofie bestaan, maar skaars het die swart stertkwas oor die kalkie verdwyn, of hy onthou: "Moet tog nooit op 'n leeu skree nie," het 'n ou Baster jare gelede gewaarsku, "want die einste aand nog gaan hy weer kom gesig wys." Gelukkig het Albert ook oor 'n tikkie fatalisme beskik sodat hy hom nou maar berus het in wat moes kom.

In die kolk was daar genadiglik darem water. Genoeg om te drink en genoeg vir 'n bad. 'n Bad vir môreoggend, want die nag was op hande, en al was daar nie kos om gaar te maak nie, 'n vuur moes gemaak word. Die leeu kon dalk besluit om terug te kom. En dan natuurlik die onnadenkende skree van so-ewe.

Die esel is stewig aan 'n boom vasgemaak, die vuurtjie het weldra gesellig geknetter, die dors was geles en die nag het saggies oor die woestynlandskap gedaal.

Albert se sintuie was ingestel om die geringste teken of geluid van naderende onwelkome besoekers waar te neem. En die leeu het hom nie lank laat wag nie. Pas het die naaste kameelbome wat buite die ligkring van die vuurtjie staan, in die nag vervaag, of die onmiskenbare diep stem vanuit die kolk het die lug laat tril.

"Uuummmf!"

Die leeu was beslis nie eens vyftig meter ver nie.

Albert het onseker na sy roertjie gevoel-voel. Patrone om af afskrikmiddel te dien was daar nie en in die donker van die somernag het die paar wat daar was nog kleiner gekrimp. Die geweertjie self het al meer na 'n speeldingetjie begin lyk.

"Uuummmf!"

"Himmel, hy's nog nader!"

Op hierdie stadium het 'n onverwagte terugslag die ongelukkige Albert getref. Dit was niks minder as hoogverraad nie! Sy gewoonlik stoïsynse esel het sonder waarskuwing haar selfbeheersing kwytgeraak en 'n melankoliese gebalk ten hemele aangehef om sodoende hulle presiese posisie aan die sluipende vyand bekend te stel. Dit was byna te veel vir Albert se selfbeheersing en dit het weinig geskeel of die vroeëre kameraad het 'n kitskrygsverhoor gekry.

'n Paar goedgemikte vuurstompe het die situasie tydelik

gered, maar dit kon die leeu nie sy belangstelling heeltemal ontneem nie. Die gevolg was dat 'n lang, vermoeiende nagwaak op 'n leë maag sowel Albert as die leeu se lot was. Laasgenoemde het elke brokkie uitoorlêtaktiek waaroor hy beskik het, ingespan.

Tog het 'n bleek someroggend die jong avonturier en die esel heelhuids aangetref.

Toe die son teen agtuur lekker warm skyn en die laaste leeubrul lankal ver agter die naaste duin verdwyn het, het Albert besluit dat 'n bad nou die aangewese ding was om hom na liggaam en gees te reinig.

Die water was heerlik koel en verfrissend en die sonstrale koesterend op sy nat vel terwyl hy sommer van die geleentheid gebruik gemaak het om ook sy klere te was.

Meteens het sy oog 'n vinnige blits raakgesien, onmiddellik gevolg deur 'n klein stofkolom en weldra 'n dreuning. 'n Motor was vinnig met die droë loop langs in aantog!

Oorhaastig skarrel hy om die klewerige nat broek aan sy bas te kry en die sakkerige nat hemp aan te worstel. Hy was kwalik daarmee klaar toe die motor langs hom stilhou.

Wee, o wee...

Dit was niemand minder nie as Joep in persoon.

Joep het 'n oomblik lank agter die stuur bly sit, die ietwat bedremmelde figuur stip aangekyk en toe het die lig van herkenning skielik in sy oë gekom.

"En toe Albert, wat maak jy hier?"

Vir Joep jok mens nie.

Daarom het Albert hom sonder huiwering die hele verhaal vertel, al het sy aktiwiteite dan nou effens afgewyk van bestaande wetgewing.

"Het jy wild geskiet, Albert?"

Albert het meewarig na sy "grofgeskut" gekyk.

"Ek het probeer maar kon niks doodkry nie!"

Joep het die skraal uiterlike met diepe menslikheid betrag en geluister na die verhaal van ontbering en lyding. Hy het ook daaraan gedink dat daar eintlik geen kwaad aangerig is nie. "Ek behoort jou te arresteer, weet jy?" het hy gesêvra.

Albert het saamgestem. Hy het Joep en die Wet goed genoeg geken.

Meteens het die onverwagte uitspraak gekom.

"Gaan reguit na my huis toe, en sê vir my vrou sy moet vir jou kos gee. Kyk hoe lyk jy, man! En vergeet van die Verlore Stad! Die ding bestaan nie! Want as ek jou weer vang..."

Maar laasgenoemde was eintlik nie nodig nie – Albert was lankal oortuig.

By die herinnering skud hy sy kop terwyl ons op Gochas sit en gesels.

"Jou moeder," (hy het bly glo dat Cillie my moeder was) herinner hy homself, "het baie goed vir my gesorg, en 'n heerlike ete gemaak. Ek was later skaam dat ek so baie eet – byna soos 'n wolf!"

"En die Verlore Stad?" wil ek weet. "Glo u nog daaraan?"

"Nee wat! Ou Farini wou maar net sy storie borduur."

Die tweede ekspedisie wat ek hier kortliks wil behandel, is net soos die vorige, uniek, hoewel volkome anders.

Indien dit nie die heel eerste beplande soektog was nie, was dit in elk geval een van die heel eerstes van 'n lang lys wat daarna sou volg.

Oom Mias Rossouw was een van die pioniers van die Kalahari. Sy ouers het reeds in 1914 op Kooppan-Suid gewoon. Met die uitbreek van die Eerste Wêreldoorlog het die destydse Unieregering 'n reeks boorgate al in die middel van die Kurumanrivier weswaarts geboor met die oog op watervoorsiening aan 'n troepemag wat hulle na Suidwes wou stuur.

By elk van die gate is later 'n boorgatwag aangestel om te waak teen misbruik en sabotasie. So het dit dan gebeur dat oom Mias se moeder destyds – sy pa was al oorlede – vir die gesin 'n boorgat bekom het en daarmee saam 'n leeftog. Nog later is van die plase aan die voornemende eienaars beskikbaar gestel en so het dit gebeur dat ook Mias later die eienaar van die huidige Murray geword het.

Nie baie jare na sy kennismaking met die Kalahari nie, het oom Mias die legende van die Verlore Stad gehoor en weldra sterk daarin begin belang stel.

Algaande het die koors hoër geword en teen omstreeks 1925 het oom Mias, in vennootskap met 'n sekere Japie du Toit en 'n konstabel Jacobs, besluit om die soektog aan te durf.

Brandstof is destyds nog hoofsaaklik in konkas verkoop – "'n viergelling paraffienblik vol petrol" – en hiervan het oom Mias en die geselskap betyds 'n goeie hoeveelheid bekom. Verder noord was daar geen moontlikheid om brandstof, of enigiets anders, te koop nie. Die twee ou Fordjies is boordensvol brandstof gelaai en die onsekere soektog is aangepak.

Met die Nossob op het dit hierdie keer gegaan, van sy samevloeiing met die Ouob af tot bo by Unie-end. Daar het hulle "uitgeklim". Nou het die soektog in alle erns begin. Hulle was nou in 'n gebied wat eintlik min hoë duine gehad het en dit was ook maar goed, anders sou die soektog bepaald al die eerste dag afgelas moes word. Maar selfs in die breë deining van die omliggende veld, afgewissel deur egte vlaktewêreld, het die ou tjorries maar hulle probleme gehad. Saad in die verkoelers, kosbare water wat uitgekook het, pap wiele tussen die skerp dorings en stompies – probleem na probleem. Maar die ergste het nog voorgelê. Daar het 'n stukkie bosveld voorgelê waaraan oom Mias en sy reisgenote nie gewoond was nie. "Ruig," verseker oom Mias my, "gans anders as die Kuruman se wêreld. As mens jou terugkomspoor per ongeluk misry, Boetie, dan sit jy! Weet ook nie watter kant toe nie."

Ek het elke woord geglo want ek was self ook al daar, al was dit met 'n ander doel.

Ná agt dae het die brandstofvoorraad onrusbarend begin krimp en het die Fordjies gedreig om die laaste water in rook en damp te laat opgaan.

Wyslik het oom Mias en sy twee vriende besluit om maar huiswaarts te keer. Laat die ou Verlore Stad maar na sy peetjie loop, ons gaan huis toe!

Die Verlore Stad is nog nie gevind nie, indien dit ooit bestaan. Of bestaan dit?

Dit is nie die doel van hierdie hoofstuk om 'n finale antwoord op hierdie interessante ou kwelvraag te gee nie. Daaroor is elders al te veel en te volledig bespiegel.

Daarteenoor is die legende al so onlosmaakbaar aan die Kalahari gekoppel dat dit eenvoudig nie moontlik is om oor die een te skryf sonder om ook die ander onder die vergrootglas te plaas nie.

Joep kan 'n mens ook eintlik nie van die ander twee skei nie. Die oorgrote meerderheid van die soektogte het plaasgevind tydens sy dienstermyn en aan baie het hy daadwerklik deelgeneem. Met min of meer almal het Joep op een of ander wyse te doen gehad, aangesien die ekspedisies byna uitsluitlik vanuit die Gemsbokpark onderneem is.

By die nadere betragting van die relaas van soekgeselskappe vind mens telkens maar die ou-ou feit: Joep was by uitnemendheid die ideale gids, hoewel sy werk hom min tyd gelaat het om sulke hulp te verleen. Telkens word mens opnuut getref deur sy uitmuntende kennis van die uitgestrekte Dorsland en méér nog deur sy byna ongelooflike sin vir rigting (miskien moet mens dit selfs instink noem). Dit was vir hom 'n alledaagse ding om na ure se heen en weer vlieëry waar daar haas geen uitkenbare landmerke was nie, sonder huiwering die presiese rigting huiswaarts aan te dui.

Voeg hierby die eenvoudige waarheid dat geen witte waarskynlik ooit dieselfde vertroue van sowel die Kleurlinge as die Boesmans, die Bakgalagadi en die Basters geniet het nie. Dit is derhalwe ondenkbaar dat enige groot gebeurtenis of vonds onopgemerk by hom sou verbygaan.

En wat sê Joep?

Wanneer mens uit die rigting van Aroab in Suidwes die Kaaplandse grens oorsteek, lei die pad regoor Rietfontein (die hoofsetel van Mier) in die rigting van die reusagtige Haakskeenpan en verder na die Molopo. Enkele myle voordat 'n mens by Haakskeenpan aanland, doem regs van jou die hoë blou kruin van Buys se Kop op. Vlak daarby lê die plaas Middelpos wat vroeër aan Joep behoort het, 'n wêreld wat hy bykans sedert die begin van die twintigste eeu soos die palm van sy hand ken.

Ten noorde van die pad kry mens die afdraaipad na die Oxfordpan. Daarvandaan lei die tweespoorpaadjie na die plaas Klipkolk.

As 'n mens verder gaan, word jy weldra gedwing om in die loop van 'n droë riviertjie af te ry, terwyl die plantegroei drasties verander. Digte plate oewerbome vervang die oop veld van so-ewe. Vroeër moes dit ideale jagplekke gewees het vir die mense van Mier.

Gaan mens nog verder met die droë loop af, verrys daar die donker lyne van 'n hoë kop uit die veld en weldra, asof dit iets grotesks uit 'n vergange tyd is, die effens grillige luglyn van 'n sonderlinge struktuur. Ek het minute lank stip daarna gestaan en kyk. 'n Mens het beslis die indruk gekry van 'n "muur van Sjina". Dit was egter vervalle "soos ná 'n aardbewing".

Dan gaan mens nader – nie sonder huiwering nie.

Die massiewe, platkantige rotse toring plek-plek nog die hoogtes in, opeengestapel en grotesk, terwyl die sonderlinge verwering die tand van die tyd dramaties beklemtoon. Vir die grootste deel egter, het een of ander vreemde mag dit laat ineentuimel en wek dit die illusie van 'n omgevalle muur. Sonderlinge, ligkleurige strepe wek die indruk van sement wat in vroeër jare daarteen kon geloop het.

"Dit," sê Joep "moes ongetwyfeld maar gewees het wat Farini vir 'n Verlore Stad aangesien het."

En dit moet mens erken: Met 'n goeie vlug van die verbeelding kon so 'n oordeelsfout ligtelik geskied.

"Veral as 'n mens sy roetebeskrywing noukeuriger ontleed," gaan Joep voort "en in gedagte hou dat hy Mier pas tevore besoek het, plus die feit dat sy kaart hopeloos verkeerd was, is hierdie myns insiens die enigste moontlikheid."

Verder oor die "bouvalle" heen het my oog gesweef totdat dit tot stilstand geruk is by 'n "sentertafel met een kort been en waarvan die onderkant in sonderlinge vorms verweer was". Ek het 'n foto geneem en vir myself gesê: Wat Farini laat skets het en wat ek gefotografeer het, is een en dieselfde ding.

Ons het monsters van die klip en "sement" geneem om te laat ontleed. Hier dan is, ten besluite, professor T.W. Gewers van die Witwatersrandse Universiteit se ontleding:

### Vierkantige gesteente (rotsblokke)

Dit is 'n growwe dolerietgang of plaat in die sedimente van Karoosisteem. Het gewoonlik 'n patroon van splete, wat mekaar parallel sny.

In 'n vogtige klimaat soos Natal verweer hoeke en kante vinnig sodat elliptiese rotsblokke ontstaan, maar in 'n maer, droë klimaat is die verwering minder snel sodat die vierkantjiesvorm bewaar bly.

### Verweerde materiaal (sement-sogenaamd)

Doleriet bestaan uit 'n veldspaat wat 'n hoë persentasie witterige kalsium bevat en 'n donker peroksied wat ook ryk aan kalsium is. Verder nog magnesium en yster.

Terwyl die gange nog ondergronds is, los die magnesiumkarbonate makliker op en kalk bly agter wat dan die doleriet verkalk aan sy oppervlakte en tussen die krake. Hierdie verkalking word oppervlakkalk genoem.

Die Karoosisteem bestaan uit skalie en maklik verweerbare sandsteen. Met die eeue verweer bogenoemde weg en die dolerietgange verskyn bokant die oppervlakte aangesien hulle nie maklik verweer nie. Die oppervlakkalk verweer weg rondom die doleriet maar tussen die krake is hulle redelik beskut teen verwering en kan dan later lyk soos sement wat tussen die krake is.

Ek is baie jammer om die verhaal, wat met soveel belofte van misterie begin het, op so 'n prosaïese noot af te sluit. Maar miskien is dit die klassieke geval van 'n halwe eier wat beter is as 'n leë dop, want sien, die betrokke formasie staan bekend as die Eierdopkoppies.

# 'n Nuwe era

Oor die slagvelde van Europa en die Ooste, het die gebulder van kanonne teen 1945 tot 'n einde gekom. Allerweë is die hoop op die toekoms gevestig en is daar uitgesien na 'n nuwe era wat moes aanbreek.

In hoe 'n mate die wêreld ontnugter is, of in welke mate daar aan die verwagtings voldoen is, is 'n ope vraag. 'n Nuwe era is nie noodwendig 'n seën nie en ook nie noodwendig 'n vloek nie.

So was dit ook in die Kalahari-gemsbokpark. Die nuwe dag waarna die wêreld reikhalsend gesmag het, was nie in elke opsig die seën waarop gehoop is nie, maar gelukkig ook nie in elke opsig die vloek waarvoor daar gevrees is nie.

Pas na die sluiting van die vrede, toe brandstof en ammunisie weer vrylik gekoop kon word, het die Gemsbokpark en sy buurreservaat 'n vloedgolf van wildstropery beleef soos nooit tevore in sy geskiedenis nie. Spoedig het selfs die hele patroon van wilddiefstal verander. Terwyl dit aanvanklik nog maar sporadies was en daar in Joep se botsings met wilddiewe selfs nog plek vir ridderlikheid en humor was, het die nuwe jagpatroon geleidelik in massaslagtings ontaard en die opsporing daarvan in 'n lewensgevaarlike onderneming. Die nuwe patroon bespreek ons egter in 'n volgende hoofstuk. Voorlopig gesels ons net oor die overtures tot die werklike drama, soos dit sigself algaande voorgedoen het.

Gedurende die laaste jaar van die oorlog en die eerste jaar van die vrede is Joep en sy gesin om die beurt getref deur periodes van ernstige siekte. Dit het begin met die witseerkeelepidemie wat ook die Gemsbokpark getref het. Gelukkig is net een van die twee seuns aangetas, maar selfs so was dit ernstig genoeg. Die naaste dokter was 330 kilometer ver, en al was die koste om die geneesheer op Tweerivieren te kry ysingwekkend hoog, was die wete dat 'n mens op 'n kritieke oomblik moontlik nie een kon bekom nie, nog meer beklemmend.

Joep-hulle het nie getalm nadat die geneesheer bevestig het dat dit wel die gevreesde siekte was nie. Klein Elias is dadelik na Askham geneem vir verpleging. Daar was minstens 'n telefoon beskikbaar.

Vervolgens is almal wat moontlik die gevreesde siekte kon opdoen, daarteen geïmmuniseer. Net hierna het die geneesheer vertrek, terug Upington toe. Joep het vir Cillie en die babaseuntjie na Askham geneem en na Unie-end vertrek met 'n patrollie.

Pas het hy daar aangeland of hy ontwikkel 'n hewige koors, terwyl hy rooi uitslaan. Vroegaand het dit al erger begin word. Die uitslag het 'n opgehewe kors geword wat onophoudelik bly jeuk en brand het. Dit het elke ons selfbeheersing geverg om nie onbeheers te begin krap en skuur aan die pynlike uitslag nie. Terselfdertyd het sy koors onrusbarend gestyg, terwyl die kloppings van 'n swaar hoofpyn by die uur pynliker geword het. Dit was duidelik dat die inspuiting teen witseerkeel hom geweldig aantas.

Teen negeuur die aand gewaar hy 'n voelbare gloed bo sy vel, terwyl die hoofpyn nog erger word en die gejeuk en gebrand kwaaier word as dit moontlik was. Toe 'n vreemde pynlike stramheid aan sy spiere begin rem, het Joep besef dat hy hier met iets ernstigs te doen het. Die moeilikheid was dat hy nou op Unie-end en nie op Tweerivieren was nie, of anders gestel, dat die naaste dokter nou 600 kilometer ver was. En natuurlik het hy geen medisyne van enige aard by hom gehad wat hy moontlik kon aanwend nie.

In desperaatheid het sy konstabel pappe van boermeel en olie gemaak en dit op sy vel gelê in 'n poging om die byna onuithoubare irritasie te verlig. (Die genoemde konstabel verseker my plegtig dat 'n hansskapie wat per ongeluk aan die pappe gevreet het nadat dit afgehaal is, binne minute dood is.) Die noodmaatreël het verbasend genoeg heelwat verligting op die vel meegebring.

Toe dit teen middernag duidelik word dat sy koors erger word en die hoofpyn toeneem, sodat hy telkens met vreemde hallusinasies uit 'n halfslaap wakkerskrik, het die Baster met skokkende eerlikheid sy mening gelug: "Ons moet Tweerivieren toe ry solank ons nog kan! Netnou wag ons te lank – dan is jy dood, ek kan nie bestuur nie en geen mens sal eers van ons weet nie! Jou vrou sit op Askham met die kind!"

Dit was 'n drastiese voorstel, maar Joep het ingesien dat dit die enigste uitweg sou wees. Derhalwe het hy opgesukkel, 'n hemp oor sy gloeiende liggaam getrek, na die kar toe gesteier ... en die terugreis aangepak.

As hy vandag daaroor nadink, kan hy bloedweinig van die nagmerrierit onthou. Daar was die kere toe die gestamp van die voertuig en die hoofpyn te ondraaglik geword het en hy noodwendig moes rus. Dan het die konstabel een-twee-drie 'n vuurtjie aangepak en kon Joep 'n lawende bekertjie swart koffie drink. En verder, omdat dit gevoel het asof sy oë in hulle kaste gloei, herinner hy hom duidelik hoedat tallose springhase met gloeiende rooi oë sy pad gekruis het in lang verwarrende, maar ritmies en vloeiende spronge.

Tuis aangekom, was daar weliswaar niemand om hom te verpleeg nie, maar daar was minstens 'n sagte bed en middels teen die kloppende hoofpyn.

Gelukkig gaan sulke dae ook verby en ná ses weke ook die witseerkeel, sodat Joep en sy gesin mettertyd weer almal terug op Gemsbokplein was, op die oog af gesond.

Helaas net op die oog af. Want nou was dit Cillie se beurt. Enkele dae het hulle nog getalm, gewag om te sien watter wending die ongesteldheid wou neem, maar spoedig was dit duidelik dat 'n geneesheer dringend nodig was. Sy was die enigste wat nie teen witseerkeel ingespuit is nie, maar dit was reg van die begin af duidelik dat hulle hier met iets heeltemal anders, maar net so ernstig, te doen gehad het. Die geneesheer het dit van so 'n ernstige aard geag dat hy haar per vliegtuig van Tweerivieren na Upington se hospitaal laat vervoer het. Gelukkig is die breë bedding van die droë rivier uitmuntend geskik vir 'n landingsbaan.

Nou kon ook sy gespesialiseerde behandeling ontvang, maar daar sou 'n lang periode verloop voordat sy sodanig herstel het dat sy weer kon terugkeer.

En toe onverwags, op 'n Maandag, het daar 'n oproep om hulp gekom van 'n ou bekende wat volgens die berig ernstig siek gelê het. Dit was naamlik ou Gert. Hy was vir die naweek tuis – minder as dertig kilometer van Tweerivieren – en daar het die ou skielik en ernstig siek geword.

Dit was natuurlik nie vreemd dat die gekleurde mense suid en wes van die Gemsbokpark hulle in hulle nood tot Joep gewend het nie. In die betreklike vroeë stadium reeds het hy by die Basters, Kleurlinge, Hottentotte, Boesmans en selfs die Bakgalagadi so 'n posisie van vertroue beklee dat dit iets alledaags was dat een van hulle Joep met persoonlike probleme nader. Sy enigste "vyande" was die wilddiewe, en selfs daar het mens die sonderlingste vorms van menslikheid van sy kant, en agting van hulle kant, ten spyte van sy amperse meedoënloosheid, raakgeloop.

Op die betrokke Maandag het dié saak Joep na aan die hart gelê. Sy oudkonstabel was ernstig siek, en hy laat hulp vra. Ook nie hulp in die vorm van medisyne nie! Ou Gert het blykbaar bedenkings gehad of hy die krankheid gaan oorleef, want die boodskapper sê duidelik hy laat vra of Joep nie 'n gebedjie vir die doodjie sal kom doen nie. Joep was effens skepties. Ou Gert was maar alte geneig om te dink dat die "einde aller dingen" aangebreek het. Nietemin het hy geen oomblik getalm nie. As sy hulp nodig was, sou ou Gert dit kry.

By die huisie aangekom, het Joep opgemerk dat daar 'n paar van die ou se maters en familie versamel was. Maar op die oog af het dit gelyk asof almal nou nie juis die siekte met die nodige erns bejeën nie.

Toe Joep die siekekamer ingaan, het daar 'n skok op hom gewag. Op die bed het ou Gert gelê met 'n nare blougroen kleur op sy gesig, terwyl sy oë verwese en waterig onder die laken uitgeloer het, bloedbelope en diep in hul kaste. Die hand waarmee hy 'n welkomsgroet probeer wuif het, het gebewe. 'n Melancholiese kreun het die ou se bewende lippe ontsnap en Joep het sonder meer besluit om aan sy wens gehoor te gee en vir hom 'n gebed te doen. Gert se twee swaers by die koppenent het plegtig die hoof gebuig toe Joep sy hande ineenvou.

Asof in refrein op Joep se "amen" het ou Gert met 'n trilling in sy stem aangevul: "Ai Heretjie, gee tog dat ek nie in hierdie donker uurtjie die ewigheidjie mog ingaan nie!"

By die koppenent het ou Piet Tand gesnork en binnensmonds gemompel "Keer my of ek lag!"

Oombliklik het Joep hom bloedig vererg.

"Wat is jy so ligsinnig Piet?" vra hy skerp.

"Weet meneer wat makeer Gert? Hy het Saterdag te veel van die Nxannetjie-goup-bier gedrink! Meneer weet mos die bier wat ons die missies van die voëltjies bygooi om hom skop te gee? Die Hottentotte sê mos vir hom Kaddie!"

Joep het geweet dat hulle gewoonlik op Nama na die versamelvoëls as Nxannetjie-goup verwys. Ook het hy al gehoor hoe hulle die kaddie kragtiger maak, maar dit kon nie afbreuk doen aan die feit dat hy die hoenders in was vir hulle swak gedrag nie.

"Mag, Gert! En jy Piet! Sal julle nooit grootmense word nie!"

Daarmee het hy omgedraai en sonder om te groet by die deur uitgestap. Hy kon nogtans nie help om ou Gert se laaste verwytende woorde aan sy ou swaer te hoor nie: "Ek sê,

Pieta, as ek darem geweet het dat jy so 'n geheimlosse ou bloedmoertjie was, sou ek jou nooit gevra het om hom te loop roep nie! Nou versiés hy my mos...", maar sy stem was te flou en bewerig om verder hoorbaar te wees.

(Interessantheidshalwe kan hier genoem word dat "bloedmoertjie" geensins as 'n onfatsoenlike woord beskou word nie, maar bloot dui op bloedfamilie van moederskant.)

Joep het gehoor dat die Basters aan die Protektoraatkant 'n groot voorraad ammunisie in die hande gekry het en dat hulle naarstiglik voorbereidings tref om weer in hulle ou jaggebied te kom skiet. As dit so was, het daar 'n kritieke tyd vir hom en vir die wild voorgelê. Hy sou nou moes bewys dat hy doeltreffende beheer oor die reservaat kon uitoefen.

Sy paar konstabels, Andries du Pont en Johannes van der Byl, sou, soos hy, hulle dae voortaan in die saals moes deurbring om die euwel te bekamp. Jan Jannewarie, wat verkies het om voortaan as Jan Julie bekend te staan, het veel van sy ou gloed en ywer verloor en sou waarskynlik weldra maar aftree.

Die Boesmans was eersteklas spoorsnyers. Trouens, dit was by meer as een geleentheid absoluut verstommend om te sien hoedat hulle die veld kon "lees". Dit was geen vreemde ervaring om te sien hoedat hulle, selfs agter op 'n bewegende motorvoertuig, 'n spoor kon sny met 'n sekerheid wat aan die onmoontlike gegrens het. In dié opsig kon Joep hulle derhalwe nuttig inspan.

Die oggend vroeg is hulle uit om te kyk of die eerstes van die nuutgewapendes al in die reservaat was. Dit het Joep wis en seker geweet: As die berigte dat hulle geweers en ammunisie bekom het, waar was, was dit net 'n kwessie van tyd voordat hulle weer sou begin jag, selfs al is hulle agt jaar gelede tot ver buite die grense verskuif. Intussen het die wildgetalle so mooi aangegroei dat mens jou net daaroor kon verbaas.

Die patrollie was ook maar enkele kilometer uit die Nossob weg of daar lê die donkiespore. Drie donkies en twee honde. Die stropery se nooiensvaart het werklikwaar al begin – of die huweliksvlug, soos gou sou blyk.

Vinnig volg die ruiters die donkiespore. Hulle was gereed om, indien nodig, 'n hele dag in die saals deur te bring en uiteindelik nog die rit met 'n lang jaagtog af te sluit. Aan die spore kon hulle vasstel dat die jagters hulle 'n hele paar uur voor was.

Kort hierna trek hulle die kamele in toe hulle die oorblyfsels van 'n gemsbok net oor die rug van 'n duin bemerk. Mens kon duidelik sien dat die jagter 'n ou kalant was wat die duinrûe baie slim in sy guns gebruik het. Net van die beste vleis is uitgesny, aangesien die jagters blykbaar nie oor genoeg pakdonkies beskik het nie.

Ná 'n vlugtige inspeksie vertrek Joep-hulle weer. Hier sou hulle die agterstand bepaald met minstens 'n uur kon laat krimp. Tog was hulle allermins bedag op die gesig wat hulle skaars vyf kilometer verder verras het. Hulle het pas weer skuins teen 'n duin uitgeklim toe Joep sy konstabel skielik tot versigtigheid maan. Sy wakker oë het die ylblou skynseltjie van 'n kampvuurtjie bespeur.

'n Kampvuurtjie was dit inderdaad, ja, want toe hulle vinnig nader ry, het 'n vreedsame, rustige kamptoneel hulle begroet. Gemaklik en volkome rustig lê 'n Kleurlingvrou op 'n grasmatjie in die koelte van die kameeldoring … vas aan die slaap. Maar 'n vróú? Dit lyk tog onwaarskynlik.

Tot op vyftien tree het die patrollie genader toe die vrou skielik vervaard orentkom, hulle 'n oomblik in stomme verbystering aanstaar en toe 'n deurborende gil oor die vreedsaamheid van die Dorsland laat weergalm.

Nou eers merk die ruiters haar metgesel op. Vlak langs die stam waar hy die donkies vasgemaak het, kom die parmantige postuurtjie so vinnig orent asof hy deur 'n kaartmansveer aangedryf word. En sommer so met die regopspring, reik sy linkerhand al weer na sy roer. Dis jou waarlikwaar hulle ou "vriend", Hendrik Mathys!

Effens geamuseerd sit Joep vanuit die saal Hendrik se kapperjolle en beskou. Andries was in elk geval te vinnig.

Hy het die roer netjies voor Hendrik opgeraap. Bakarm stap Hendrik Mathys oor die terrein rond, so kwaad soos 'n geelkapel, terwyl hy verwensings en rampe op hulle weerlose hoofde afroep.

"Gee jou maar oor Hendrik!" moedig Joep aan, steeds geamuseerd deur die kleinerige Baster se stofskoppery. "En moenie so lelik praat nie! Ek laat Andries netnou jou kieste vol duinsand stop as jy so vloek! En dit voor dames!" vervolg Joep met 'n vonkeling in sy oog. "Ek het nie geweet jy is getroud nie, Hendrik? Is jy op jou *honeymoon*?"

"Ek ís ook nie getroud met die vrou nie!" antwoord Hendrik hom ergerlik. "Haar sommer bietjie saamgenooi vir die *trip* – dis so stil by die huis as haar man weg is. En nou vang julle my wrintigwaar die eerste dag. Jy roei my uit, meneer Joepie!"

Intussen word die esels aanmekaargekoppel, formeel op Hendrik se geweer beslag gelê en in die proses is nog 'n paaiement in hulle lang rekening afbetaal. Hoe menigmaal Joep hom nog sou vang, was Hendrik gelukkig nie beskore om te weet nie. In elk geval was dit duidelik dat 'n nuwe era ook oor die jagvelde van weleer aangebreek het. Van nou af sou Joep en sy paar helpers moes opletloop.

Gedurende Oktober 1946 het Joep sy grootste en een van die laaste massaverhuisings van springbokke gadegeslaan.

Terwyl hy Kwangpan in die Nossob nader, is sy aandag deur 'n stofkolom ver vorentoe getrek. Aanvanklik het hy vermoed dat dit maar 'n dwarrelwind was – iets wat hierdie tyd van die jaar glad nie ongewoon was nie. Toe dit egter algaande verder en verder uitbrei, het sy gedagtes van die een moontlike oplossing na die ander gewip.

Sou dit 'n konvooi motors wees? Of 'n fratswind? Maar dit was onmoontlik, want hy het self in 'n suidewind gery terwyl die stofkolomme van noord af suidwaarts uitbrei.

Eers toe hy om 'n kronkeling van die rivierbedding binne enkele honderde treë daarvandaan uitkom, het hy verbaas die koppelaar ingetrap en die motor tot stilstand gebring.

Van voor af het troppe springbokke in digte falankse op sy voertuig aangestorm gekom, twintig tree voor hom wigvormig verdeel en aan albei kante verbygehardloop. Op die spore van die eerste trop het 'n tweede gevolg en nog meer verder vorentoe sover sy oog kon sien. Ramme, ooie, jongeres en selfs halfjaaroues deurmekaar, almal met die vreemde verstarring in hulle oë asof hulle aangedryf word deur een of ander hipnose of drang buite hulle beheer.

Nadat die eerste verwondering verby was, het Joep sy voertuig aangeskakel en verder vorentoe gery. Met stygende verbasing moes hy sien hoedat die een trop na die ander in mekaar se spore volg, suidwaarts, almal suidwaarts, myl na myl. Hoe ver sou hulle trek voordat dors en vermoeienis sy tol begin eis?

Verder vorentoe het die troppe kleiner begin word en tot Joep se ontsteltenis het uit die duine aan weerskante nog steeds nuwe aankomelinge hulle by die troppe aangesluit. Hemel ons, so iets kon die Gemsbokpark van al sy springbokke beroof.

Terwyl hy voortry het Joep 'n skatting van die getalle probeer maak en gevind dat die kleiner troppe verderaan uit tussen 250 en 500 bestaan. Ná tien kilometer, toe die laaste klein troppie by hom verby is, het hy bereken dat 'n absolute minimum van vyftienduisend springbokke op trek was. So iets kon 'n katastrofe veroorsaak.

Joep was goed genoeg bekend met die reuselandverhuisings van vroeër toe selfs miljoene springbokke onverklaarbaar begin trek het. In hulle blindelingse tog het hulle plaasdamme oorstroom en veekrale met die aarde gelyk gemaak, terwyl duisende onderweg gevrek het. Dit is bekend dat enkeles dit sover soos die see gebring het en in hulle nood van die seewater gedrink en gevrek het.

Gelukkig het hierdie trek nie na ander dele van die park uitgebrei nie en kon Joep heelwat tyd afstaan om te probeer vasstel wat van die trekbokke word. Hoewel 'n gunstige windverandering 'n massa bokke betyds verhinder het om uit te trek, het duisende nogtans die park verlaat waar 'n alte "warme" verwelkoming op boereplase op hulle gewag het.

Die laaste troppies is selfs so ver soos die Molopo- en die Kurumanrivier opgemerk. Van hierdie duisende het baie min weer die Gemsbokpark gesien.

By wyse van kompensasie het 'n verandering in die wind 'n paar mooi troppe weer laat terug trek. Ongelukkig het hulle waarskynlik nie meer as 3000 getel nie.

Dit was ook nog nie die einde van die trekgees nie. Volgens berigte wat Piet Moller van Mata Mata af deurgestuur het, het duisende springbokke ook Suidwes binnegetrek, en selfs ook etlike honderde wildebeeste. Hierdie trekke het nie naastenby soveel diere behels as die suidwaartse trek nie. Hulle is genadeloos aan die ander kant afgemaai. Hier, miskien nog meer as aan die Uniekant, was patrone en selfs gewere minstens ses jaar lank 'n onverkrygbare kleinood. Trouens, die Staat het vroeg in die oorlogsjare beslag laat lê op elke geweer wat maar onder hulle aandag gekom het. Waar die nodige so gou weer gekry is, weet nugter, maar meteens was daar genoeg mense om springbokke by lorrievragte dood te skiet en te verhandel. Ironies genoeg is enkele lorrievragte selfs deur die Gemsbokpark na "markte" in die Unie versend voordat Piet Moller dit uitgevind het.

Oor een ding het Joep nou geen twyfel gehad nie. As enigiets gedoen word om 'n herhaling van die slagting te voorkom, moes die oprigting van 'n wildwerende heining tussen die Gemsbokpark en Suidwes die hoogste voorkeur geniet. So lank hierdie grens oop bly lê het, kon dit elke maatreël om wild in die omgewing van die ou "spergebied" te beskerm, nutteloos maak. Een westewind, één vreemde impuls en die verlies kon onberekenbaar wees. 'n Kwellende element was natuurlik die onvoorspelbaarheid van die trekgees onder die wild. Want al het die trekke sonder uitsondering teen die wind op geskied, het dit natuurlik allermins beteken dat hulle op trek gegaan het sodra daar 'n wind waai. Wanneer en waarom was twee raaisels wat by hierdie soort van landsverhuising 'n volkome geheim was en dit het weinig te doen met trekke agter water en weiding aan, hoewel laasgenoemde meestal ook windop geskied, maar verder in sy hele wese verskil.

Ten opsigte van watervoorsiening aan die wild het daar ook 'n nuwe era na afloop van die oorlog ingetree. Die depressie van die dertigerjare en die duur oorlogsvoering was verby en geld vir ontwikkeling was nie meer so pynlik skaars nie.

Dit sou weliswaar nog baie lang jare neem voordat 'n watervoorsieningsprogram as afgehandel beskou kon word – trouens, dit gaan vandag nog voort – maar meer doelgerigte beplanning was nou in die vooruitsig. Vanselfsprekend kon die Nasionale Parkeraad alleenlik maar so vinnig voortgaan as wat fondse hulle toegelaat het.

Die Nossob wat voorheen nog grootliks afgeskeep is, het nou aan die beurt gekom. Kwang, Rooiputs, Melkvlei, 'n nuwe boorgat by Unie-end. Boordery in die Nossob is selfs onder die gunstigste omstandighede maar 'n wisselvallige onderneming. Die watertafel is diep, soms ontsettend diep, sodat die koste van 'n enkele boorgat buite verhouding hoog loop, dit wil sê as 'n mens nog water kry. In sommige gevalle moes tot 'n vyfde gat geboor word voordat sterk genoeg water gekry is. En dan ... die smaak van die water. Dit was dikwels ondrinkbaar sleg, met so 'n hoë minerale inhoud dat Joep, nadat hy sommige van die ontledings bestudeer het, tot die onvermydelike gevolgtrekking moes kom dat, hoewel die wild dit wel drink, dit eintlik geen doel dien nie. Redelike sterk water het natuurlik nog glad nie vars water beteken nie.

Nogtans het sukses nie uitgebly nie en kon die windpompe een vir een verrys. Al het hulle dit nog nie geweet nie, was Joep-hulle net betyds, want een van die ergste droogtes in die geskiedenis het net om die draai gewag.

'n Onvoorsienbare probleem waarmee Joep hier te doen gekry het, was die bemorsing van drinkbakke deur aasvoëls. Oorvrete en lui, het hulle gou 'n groot voorliefde vir die drinkbakke getoon. Hulle bad- en morsproses, aangevul deur hulle lastige gewoonte om nou juis daar van hulle vraatsug ontslae te raak, het meegebring dat die water menigmaal so vuil en onwelriekend agtergelaat is dat die wild nie hulle bekke daaraan wou sit nie. Dan moes daar maar weer van vooraf skoongemaak word.

Jan Julie het kom "noutis insit". Hy was nou nie meer besonder gelukkig met sy werk nie en was daarvan oortuig dat hy rus nodig gehad het. Miskien het sy blaps met die eseltransaksie heelwat hiermee te doen gehad – die eseltransaksie en die roosterkoek, maar veral die feit dat hy hom laat omkoop het. Dit is eintlik verbasend dat Joep hom hoegenaamd 'n tweede kans gegee het. Hy was iemand wie se integriteit hom selfs in die moeilikste omstandighede nooit gefaal het nie, en in dié opsig was hy ook onverbiddelik in die eise wat hy aan sy onderhoriges gestel het.

Al was die versoeking waarvoor Jan geswig het sterk en die skade wat aangerig was, klein, het Joep dit onomwonde aan hom gestel dat dit sy allerlaaste kans was. Het hy dan nie in die oorlogsjare, toe niemand minder as 'n kabinetsminister hom met ontslag gedreig het indien hy nie 'n jagtog in die Gemsbokpark wou toelaat nie, onwrikbaar voet by stuk gehou nie? Destyds het hy alles te wen gehad en niks te verloor nie deur toe te gee aan die man se versoek. Daar was weinig gevaar dat "verkeerde ore" dit ooit sou hoor. By Joep was so iets egter geen oorweging nie – die enigste oorweging was om te doen wat reg is. Gelukkig het van die dreigement uiteindelik niks gekom nie, maar toentertyd was dit realisties genoeg.

Derhalwe het Joep dit nie as 'n baie groot verlies beskou toe sy konstabel kennis gee nie. Nee wat, gee hom veel liewer iemand met veel ander menslike swakhede en gebreke maar met integriteit – iemand ... soos ou Gert.

En asof hy gestuur was, het ou Gert op Tweerivieren opgedaag om aansoek te doen om herindiensneming. Hy was bitterlik skaam oor die Nxannetjie-goup-bierepisode en hy wou ten alle koste kom seker maak dat Joep hom nie "versiés" nie. Maar natuurlik kon 'n mens ou Gert nie verag nie en natuurlik is hy terstond weer in diens geneem. Buitendien, was dit nie vir hom lekker om buite die Gemsbokpark te werk nie – dis 'n meningse ding!

Soos ander wildsoorte, kry ook die Kalaharileeus by geleentheid die *wanderlust*. Skynbaar sonder enige rede neig hulle soms om ure en ure aaneen in dieselfde rigting te stap. In enkele gevalle is dit selfs so ver soos vyf-en-twintig kilometer binne die bestek van een nag. Normaalweg reageer hulle natuurlik geensins so nie. Streng gesproke is hulle glad nie trekwild nie en het hulle hul bepaalde jaggebiede wat, hoewel dit in grootte wissel na gelang van omstandighede, tog sekere grense aan hulle stel. Sommige kenners stel hulle normale terrein van operasie op tussen vyftien- en twintigduisend hektaar, maar niemand kan met sekerheid sê nie. Nogtans is dit algemeen bekend dat troppe in wye onsimmetriese sirkels jag en na 'n tyd weer by 'n spesifieke, punt uitkom.

Wanneer leeus die Gemsbokpark verlaat om een of ander onverklaarbare rede, is dit gewoonlik 'n eenrigtingpad. Min van hulle kom ooit weer terug, tensy hulle betyds deur Joep gewaar word. Buite die wildtuin is hulle natuurlik 'n bedreiging vir vee en met uitsonderings ook vir mense, sodat daar meestal nie gehuiwer word om hulle te dood nie. Verder is 'n mooi leeuvel natuurlik 'n hoogs gesogte trofee, sodat die aansporing om 'n rondloper van kant te maak, groot is. Voeg hierby dat hulle weinig beskerming onder die Provinsiale Ordonnansies geniet en dit is duidelik dat dit byna op selfmoord neerkom wanneer een of meer dit na buite waag.

Regdeur die wildtuin kan gemsbokke min of meer as die stapelvoedsel van die leeubevolking beskou word. In hierdie opsig vervul hulle derhalwe min of meer die rol wat deur rooibokke in die Krugerwildtuin vervul word. In die proses vorm hulle natuurlik 'n beskermende kordon tussen die roofdiere en die meer seldsame soorte.

Die rede hiervoor is heel eenvoudig. Die vangste word

bepaal deur beskikbaarheid. Dit is gewaagd om sekere voorkeure aan leeus toe te skryf. Baie jare van sorgvuldige waarneming het reeds geleer dat leeus eenvoudig die maklikste bekombare prooi vang en dat hulle nie die maag leeg sal laat bly in die hoop om 'n meer gesogte wildsoort raak te loop nie.

Dit alles is goed en waar ten opsigte van wildsoorte. Wanneer dit by mak diere kom, is dit eenvoudig ongelooflik om te sien tot watter uiterstes leeus bereid is om te gaan en welke risiko's hulle bereid is om te neem ten einde so 'n maaltyd te bekom. Wanneer hulle een maal die geleentheid gehad het om die smaak daarvoor te ontwikkel, is hulle selfs bereid om ongelooflike afstande af te stap om die gesogte vleis weer te ete te kry. En van al die mak diere is hulle die liefste vir die nederige donkie. Hieraan is nie te twyfel nie: 'n Leeu wat een maal donkievleis geproe het, sal gemsbok- en selfs volstruisdisse met koele afsydigheid bejeën as daar die moontlikheid is om 'n esel te bekom.

Die leeubevolking van die Gemsbokpark was toentertyd nie na wense nie – trouens selfs vandag is die totale bevolking waarskynlik nie meer as 500 nie – met die gevolg dat Joep die grootste moeite gedoen het om sy leeus te beskerm. Hy het self net in die uiterste gevalle 'n leeu geskiet en wanneer hy berig ontvang het dat leeus die wildtuin verlaat het, het hy elke moontlike poging aangewend om hulle terug te jaag. Verdowingsmiddels was toe nog onbekend en die Kalahrileeus het (met reg) die reputasie dat hulle effens kort van draad is. So 'n aanjaery was derhalwe nie 'n vermaaklike toggie vir iemand met swak senuwees nie.

Terwyl hulle deur die lang ure van die warm somernag buite die huis op die vlak gelê en slaap het ('n algemene gebruik in daardie dele) het Joep telkens op sy bed regop gaan sit om beter te kan luister. Daardie leeubrul klink telkens nader. Ook Cillie het later wakker geword, en in die middernagtelike donker half onrustig gevra of Joep die leeus hoor.

"Ek luister al van netnou af na hulle," sê Joep, "en ek is

byna seker dat hulle besig is om al met die rivier af te loop. Seker weer op pad uit om vir hulle 'n donkie te gaan vang."

Toe die môrester teen die oosterhemel begin vlam, het hulle geheimsinnig stil geword, maar nou was Joep reeds seker. Hulle was bepaald op 'n fynproewersuitstappie na buite.

Teen dagbreek het 'n donker wolk stadig oorheen geskuif en toe die eerste groot druppels neerplof, moes Joep en Cillie haastig na binne trek. Van die verwagte bui reën het egter weinig gekom en nadat 'n minuutlange spoordoodmakertjie neergesif het, het die wolk langsaam sy geruislose gang in die rigting van die Protektoraat voortgesit. In elk geval was dit naastenby opstaantyd en kon daar net sowel intussen koffie gemaak word.

Terwyl hulle in die oggendskemering hiermee besig was, het Joep hom herinner hoe 'n dergelike verbydrywende wolk hulle kort tevore laat vlug het. Onder reusekameelbome het hy met die gesin gekampeer terwyl hy aan die boorgat by klein Skrijpan gewerk het. Die babaseuntjie was effens knieserig en toe 'n swaar donker wolk laataand opsteek, het hy dit wys geag om liewer maar huis toe te gaan met die kind. Presies soos nou het daar van reën nie veel gekom nie, maar die besluit om die huis op te soek was wys. Toe hulle die volgende oggend terugkeer, het hulle letterlik na hulle asems gesnak by die aanskoue van hulle noue ontkoming. 'n Weerligstraal het, waarskynlik kort ná hulle vertrek, die kameeldoring verpletter sodat stukke stam en bas in 'n meterdik massa op die terrein waar hulle sou geslaap het, gelê het.

Maar hierdie vorige nag was dit anders. Selfs die spoordoodmakertjie het nie sy reputasie gehandhaaf nie, want toe Joep met die eerste sonstrale in die bedding aanland, kon die leeuspore in duidelike rye onderskei word.

"Hoeveel se spore tel jy?" vra Joep aan Andries du Pont. Hoewel sy huistaal ook Afrikaans was, was Andries anders as Gert, gedeeltelik van Tswana-afkoms en derhalwe veel donkerder.

"Drie! Kyk hoe lê hulle se spore hier op die vlak af."

"Ok is hulle nie halfwas loutjies nie," vul ou Gert aan.

"Goed kêrels, klim!" beveel Joep. "Tien teen een het hulle al weer 'n donkie gevang!" Daarmee klim hy self voor in die bakkie, maar net voor hy vertrek, val iets hom by.

"Ou Gert, ons moet bietjie gewig agterop kry vir die muisgate." 'n Ongeëwenaarde muisplaag het dié somer geheers en plek-plek was die wêreld so omgedolwe dat mens met moeite kon ry.

"Nee, maar ons het al twee sandsakkies hier agterop." Getroue siel, dink Joep in sy enigheid, net jammer dat hy geneig is om die kluts so effens kwyt te raak as dinge warm begin word.

Af met die droë riviervallei ry hulle – die duidelike rye spore 'n maklike rigsnoer om te volg. Die vlagie reën van die vorige nag het geleidelik minder en minder geword, totdat die laaste spore daarvan verdwyn. In die nabyheid van Noute het die drie leeus uitgeklim. Hier moes hulle waarskynlik die reuk van een of ander prooi gekry het. Gouer as wat hulle verwag het, kom Joep en sy twee konstabels 'n boodskapper teë, haastig op weg na Tweerivieren of "Ghrousies" (afgelei van *Grouses*" omdat dit die plek was waarheen hulle met hulle griewe gegaan het).

Die boodskapper is op sy beurt aangenaam verras dat Joep hom die "lang" rit te perd gespaar het, terwyl mens juis nie weet of daar dalk nog leeus op die pad skuil nie. Het Joep dan nie gehoor dat die leeus al weer geslag het nie? Drie donkies, reken, gawe esels, met die swart hings tussen hulle.

"Ry voor, ek kom!" beveel Joep en draai die bakkie se neus agter die ruiter aan. Stel jou voor, dat elkeen vir hom 'n donkie loop vang het. En al was die boodskapper dalk so effentjies ruim met sy skatting van die afstand na die park, het daar minstens vyf kilometer voorgelê waaroor hulle die leeus moes terugjaag. Bloot aan die afstand gemeet is dit nie ver nie, maar dis nie hanslammers wat aangeja moet word nie.

By die slagplek aangekom, merk Joep dat die drie leeus al goed versadig geëet is en nou nog net lui-lui aan die bene lê en lek. Dit beteken allermins dat hulle voornemens is om hulle smaaklike maal prys te gee. Veel meer as die helfte van elke donkie is nog oor en daar is nog genoeg vir môre ook. Die eienaar van die ongelukkige drie esels staan met 'n treurige uitdrukking op sy gesig van 'n besonder veilige afstand af en toekyk hoedat sy geliefde eiendom langsaam maar seker in die leeus se binneste verdwyn. Die magtelose verontwaardiging en weersin laat hom, by gebrek aan iets beters, met ongereelde tussenposes 'n sarsie growwe vervloekinge in die ondiere se rigting los.

Joep talm 'n geruime tyd voordat hy met die aandryf begin. Die ondervinding het hom lankal geleer dat dit lewensnoodsaaklik is om die diere so kalm moontlik te probeer hou. Om hulle nou halsoorkop by hulle prooi te gaan verwilder, sou ongetwyfeld alreeds 'n slegte wegspring beteken.

Ná sowat 'n uur besluit hy dat hulle nou genoeg gehad het. Die dryftog kan maar begin. Versigtig ry hy nader, gereed om by die eerste teken van onraad eers te wag dat hulle koers begin kry. Agterop die oop bakkie kyk ou Gert telkens behoedsaam in Andries se rigting. Maar laasgenoemde staan rustig aan sy sy – hy het mos darem al gesien dat Joep 'n leeu kan "bewerk".

Soos Joep verwag het, trek die leeus hulle eers onheilspellend agter hulle prooi plat, piets-piets met die stertkwasse oor die sand terwyl drie paar oë geel vonke blits. Die bakkie kom stadig maar sonder om te huiwer nader, tot op twintig meter. Dit is te veel vir die leeus. Eers spring die ou maanhaar orent, gee 'n kwaai grom in die rigting van die bakkie, maar spring tog met twee lang hale weg om dan met 'n skommeldraffie die afstand tussen hulle nog effens te vergroot. Die twee jong kraagmannetjies, in die fleur van hulle lewe, hoewel nog ligter gebou en met die onmiskenbare jeugkolle op hulle onderbene, laat spat nie so geredelik as die ou grote nie. Sulke bontpootjies, weet Joep, kan deksels moeilik word. Maar hulle word veral gevaarlik indien dit lyk asof hulle teenstander huiwer of vlug. Daarom stoot hy stadig aan. Op tien meter vlieg albei ook orent asof hulle skielik besluit het dat hulle reeds te lank getalm het en volg byna presies die patroon van die leier met 'n skuins skommelgang. Die oorvol buike swaai weelderig van kant tot kant soos hulle die skuinste van die duin uitdraf.

Net oor die kruin het die ou maanhaar hom platgetrek agter 'n pol duinriet. Van waar hy deur die blare loer, wek sy ruie kraag en deurvorsende blik die indruk dat hy nou sy buit met sy laaste druppel bloed sal verdedig. Met sy laaste moontlik, maar niemand het gesê met sy eerste nie. Toe die bakkie derhalwe weer stadig en doelgerig op hom afgepeil kom, vlieg hy orent met 'n kwaadaardige knor ... en laat spat in die teenoorgestelde rigting.

Intussen het Andries half vooroor op die kajuit op sy voorarms gaan lê, terwyl ou Gert met 'n strak gesig die aanjaery staan en dophou As hy merk dat die maanhaar regtig na die anderkant toe uitwyk, ontsnap 'n sug van verligting sy bors.

"Ou loutjie maak spore!" sê hy met 'n onsekere glimlag in Andries se rigting, "Of hoe sê ek, ou Driesie?"

"Einste!" is al wat Du Pont antwoord.

Vanweë die muisplaag was die bodem plek-plek soos 'n spons vol gate gegrawe. Om jou met 'n voertuig in so 'n muiskolonie te waag, was om moeilikheid te soek. Derhalwe ry Joep dit sover moontlik mis, maar met die leeus se onvoorspelbare grille moet 'n mens vroeër of later onvermydelik in die slagyster trap. In 'n poging om nie in 'n muiskolonie te beland nie, veral wanneer die leeus skerp na die flanke uitwyk, moet daar eenvoudig telkens van die bakkie afgespring word, om met geskreeu en armgeswaai hulle terug op koers te probeer kry. Sodoende was daar natuurlik nie sprake van om hulle langs die kortste roete terug te dryf nie. Mens is dankbaar genoeg indien hulle net so min of meer in die rigting van die park beweeg.

Ná 'n uur se aanjaag, toe hulle nie veel meer as drie kilometer op die direkte lyn gevorder het nie, het dit duidelik geword dat die leeus se humeure besig was om in verhouding met die warm son te styg. Ná nog 'n halfuur is onderlinge betrekkinge verder versteur. Die een jongmannetjie het hom tussen 'n plaat kreupelhout ingewurm en verseg om uit te kom. Hy was moeg van die aandrywery en moeg vir die aandrywery en hy het nie langer 'n geheim daarvan gemaak nie.

Toe Andries afspring om hom met 'n goedgemikte stuk stomp uit te jaag, het Joep dit nodig gevind om hulle te vermaan. Ou Gert het ook afgeklim, maar dit nie verder as die voormodderskerm gewaag nie.

"Gert en Andries, julle moet versigtig wees! Daardie mannetjie raak nou baie steeks – moenie nader gaan nie!"

Terselfdertyd het Joep die bakkie aangeskakel met die voorneme om tussen die twee konstabels en die leeu deur te ry, sodat hy eerstens die bontpootjie van nader kon probeer uitdryf, maar sodoende 'n skans tussen hom en hulle vorm. Hy wou ook die oop bakkie in beweging hou sodat, indien die leeu dalk sy konstabels jaag, hy kon wegkom voordat hulle agtervolger ook opklim. Die jongmannetjie het gewis nou nie veel meer nodig gehad om tot die aanval oor te gaan nie.

Die bakkie se masjien vat, dit begin vorentoe beweeg, maar Joep se aandag is so toegespits op die leeu dat hy nooit bemerk dat hy reguit in 'n muiskolonie inry nie. Al sy aandag was na regs gekonsentreer waar die leeu nou met toenemende woede lê en grom, terwyl hy met 'n boog na links probeer omry.

Meteens brul die masjien soos die wiele begin grawe in die los sand van die muisgate, die bakkie ruk-ruk nog 'n keer en kom plotseling tot stilstand. Hulle sit!

In 'n breukdeel van 'n sekonde het Joep die situasie opgesom, instinktief aangevoel wat onvermydelik moes gebeur en blitsig tot aksie oorgegaan.

"Spring voor in, Gert, Andries!" roep hy, terwyl hy self aan die frontkant uitspring, sy roer wat voor langs hom gestaan het, gereed. Met die brul van die bakkie se masjien toe hy vasval, het die kraagmannetjie sy agterlyf 'n keer of wat heen en weer gewikkel om onmiddellik daarna die growwe kreupelhout te kloof in 'n volbloed stormloop.

Die afstand was maar vyftien meter en 'n sekonde later was die leeu reeds by die voormodderskerm waar hy effens huiwer, terwyl sy oopgesperde bek 'n rou gutturale "hu-hu-hu" uitstort en die geel vuurvonke uit sy oë spat. Intussen het Andries en Gert met ongelooflike vaardigheid die bakkie beklouter. Streng in die volstruistradisie het ou Gert met sy kop tussen die sandsakke ingeduik, waar hy boom in die lug verdere verwikkelings afgewag het.

Selfs op hierdie kritieke oomblik het Joep nog getalm voordat hy skiet. Dalk was dit sommer 'n skynstormloop ... en dit was so 'n mooi mannetjie.

Die aanval was egter nou op hom gemik en die volgende oomblik moes hy effens teen die bakkie terugval om genoeg spasie te hê. Maar die loodkoeël het die leeu heeltemal van sy voete geruk, sodat Joep net 'n haastige tweede skoot moes skiet om seker te maak dat hy dood bly. En dit een van sy keurmannetjies!

Die blitsige aksie, die spanning wat daarmee opbou en die spyt dat hy moes skiet om te dood ... alles laat Joep 'n lang, swaar sug slaak. Dan kyk hy om na die bakkie om te sien wat van sy konstabels geword het.

In die oomblik van nood het hulle hom skynbaar nooit hoor skree dat hulle voor moes inklim nie, of dalk was daar nie tyd daarvoor nie. Van agter die kajuit loer Andries behoedsaam uit om te sien of alles verby is, maar ou Gert behou nog steeds sy potsierlike stand van so-ewe, kop stewig tussen die sandsakke, arms beskermend om sy bo-kop tussen die twee sakke gevou en sy ander deel in die lug.

Gerusstellend vat Joep hom aan die skouer. "Toe maar, ou Gerrie, hy's dood. Kruip maar uit."

Ou Gert laat vaar sy onwaardige posering traag, sug swaar, en gaan "boem" op die sandsak sit. Agterdogtig loer hy om na die leeukarkas en vee langsaam met sy hande oor sy strak gesig.

"Ou Gert, maar ek sê dan vir jou jy moet voorin spring. Op die oop bakkie help dit mos niks."

"Die skrik was te groot op my! Toet ek sien dat hy hier voor by die modderskerm vassteek en hy se bekkie hang nét só oop, toe laat koes ek maar tussen die sandsakkies. Lat ek nou darem my koppetjie beskerm ... al vat hy my dan op 'n ander plekkietjie."

Die ander twee leeus het intussen die skerp knalle ter harte geneem en 'n goeie honderd meter verder gevlug. Hulle is nog erg ontstoke, sodat die stertkwasse lustig oor die grassaad piets, maar hulle stap darem aan, omkyk-omkyk.

'n Kilometer verder het Joep-hulle die grens van die Gemsbokpark bereik, maar dit was nie voldoende nie. Tot op Leeudril het Joep die leeus bly aanjaag om seker te maak dat hulle nie sommer weer ligtelik hulle heil buite die wildtuin loop soek nie.

Een van die sonderlinge gedragsafwykings waarmee mens van tyd tot tyd te doene kry het hom kort hierna afgespeel. Dit het weereens maar net bevestig dat jy jou op baie onsekere terrein waag as jy sekere besliste riglyne probeer vaslê ten opsigte van wilde diere.

Een donker nag het 'n leeumannetjie by Joep se skaapkraal ingebreek, en in die opwinding van die oomblik dol van bloedlus geword en nie minder nie as tagtig skape doodgebyt. Die herder, Damap Bojane, het die ontsettende geworstel gehoor, die gromme en gedempte brul van die leeu en die sagte noodkrete van die skape, maar alles het in werklikheid met so min geraas plaasgevind dat hy geen benul had van wat werklik gebeur nie. Buitendien was daar weinig wat hy kon doen, behalwe om angsvol by die skrefie van sy kaiadeur te luister en woordloos te bid dat die dag moes aanbreek.

Eers toe die dag breek en die volle lig op die bloedige toneel val, het hy stom van skok die slagting aanskou en toe vir Joep gaan roep.

Soos sy ou herder was Joep verstom oor die verwoesting wat een leeu – beslis net één – aangerig het.

"Het oom Joepie hom toe die oggend opgespoor en geskiet?" vra ek, nie bedag op die antwoord wat ek gaan kry nie.

Joep kyk my effens verbaas aan. "Nee, man! Mens kan mos nie 'n leeu skiet net omdat hy vleis vreet nie! Dit was ons skuld dat die kraal nie behoorlik dig was nie!"

Laat iemand persoonlike skade ly, sê ek vir myself, en oordeel dan oor sy sin vir regverdigheid. Want dan het selfs die besverbloemde masker weggeval en sien jy die mens soos hy in sy wese is. Veral wanneer byna almal, ek inkluis, volkome regverdiging sou sien vir vergeldingsmaatreëls.

Uit die toerusting van die oorlogsjare wat verby is, het Joep die groot geluk getref om 'n Jeep te kry. Vir patrolliewerk in die duine was dit ontsaglik veel beter as enige ander voertuig en doeltreffender as enige kameel of perd.

Die era van vierwielaandrywing is in die Gemsbokpark ingelui.

En die eerste persoon wat dit moes ontgeld was Andries Bloedoog. As die ou Nederlandse spreekwoord dat die oog die spieël van die siel is, enigsins waar is, het Andries se van in die duidelikste taal aangedui met welke oog en siel hy die wild betrag en bejeën het.

Gedagtig aan die feit dat hy nou dubbel waaksaam moes wees in die gebied oos van die Nossob, ry Joep en twee konstabels een oggend, volgens gebruik, met die oë op die grond tussen die hoë wit duine. By wyle word die verste horisonne gekam, veral wanneer die klein Jeep brullend 'n helling uitbeur en vir 'n vlugtige oomblik van bo 'n panoramiese uitsig oor die omliggende landskap moontlik maak, golwend en deinend tot waar dit die blou lug ontmoet.

Die voorsorgmaatreëls was ook nie tevergeefs nie, want

pas het die patrollie 'n duinrug oorgesteek, of ver onder in die straat gewaar hulle 'n jaggeselskap. Nie minder nie as sewe altesaam.

Dadelik draai Joep die Jeep se neus in die rigting van die groep stropers. Meteens trap hy egter die remme in verbasing vas. Skuins van voor kom 'n perderuiter aangejaag, vlak op die hiele van 'n gemsbokkoei in doodsangs. Van haar blaaie af stroom die warm, rooi bloed oor die sierlike vel, terwyl die bek in doodsangs wyd oopgesper is in 'n poging om die bloeiende longe van lug te voorsien. Die ruiter onmiddellik agter haar konsentreer so hard daarop dat sy buit hom nie dalk ontglip nie dat hy vooroor op sy saal lê, roer op die saalboom, terwyl hy die moeë perd met 'n kort taboets tot die uiterste aanspoor. In die proses het hy nooit die Jeep voor hom sien stilhou nie. Sy oë het maar vasgenael op die gekweste bok gebly.

Met toenemende verbasing sien Joep en sy twee konstabels hoedat ook die bok in haar blinde vlug skynbaar nooit die onbeduidende klein Jeep tussen die polle duinriet bemerk nie en nou pylreguit daarop afgehardloop kom. Alreeds kan hulle die hortende asemstote hoor, die dowwe voetval op die wit sand, die gedempte slae van die sambok en die gekruide aansporing van die ruiter.

Die volgende oomblik flits die sierlike gemsbokkoei by die voorwiel van die Jeep verby, flanke en dye rooi van die bloed, en 'n sekonde later ruk 'n erg geskokte ruiter sy perd tot stilstand toe hy sien dat hy ingewag word. Vlak langs die Jeep kom die perd met kappende voorpote tot stilstand, terwyl Andries du Pont hom gemaklik van die sitplek oplig en die roer uit die Baster se hand ruk.

"Ek sal maar hierdie neem, dankie, Jan Soetseun!" sê hy heel vriendelik "Anders kry iemand netnoumaar seer!"

"Stadagies nou," moedig ou Gert verder aan "jy moor jou ou perdjie. Jou ou gemsbokkie sal ons netnoumaar uit sy lyding verlos – lyk my al nes jou patroontjies gedaan is?"

Maar die Baster is te verslae om enige kommentaar te lewer.

Van onder uit die straat is die hele beloop van sake egter met groot belangstelling deur nie minder as sewe paar oë gadegeslaan nie. En nie met welgevalle nie. Want om hulle onder elke denkbare koelteplek het 'n reeks gemsbok- en springbokkarkasse gelê wat nog bewerk moes word. Die takke van die groot kameelboom was oorhang met keurige garingbiltonge – net die beste is goed genoeg vir sulke vername jagters!

Maar nou was hier 'n moles. Ou Joep le Riche het hulle alweer in 'n hoek vasgekeer. Waar nou heen? Die perde is afgesaal en wei rond en bont, die donkies peusel aan driedoringtakkies. Te voet kan hulle nie vlug nie. Ja, wat nou? Selfs nie eens die manhaftige Hendrik Mathys, tradisionele opponent van die veldwagter, het 'n plan nie. Net sy bakarms, meer as enigiets anders, toon hoe min hy genoeë neem met die vooruitsig om weer die onderspit te delf.

Maar Andries Bloedoog het 'n plan.

"Manne!" beveel hy onbeskeie. "Gee almal julle se roere vir my. Daardie ou karretjie kan so nooit as te nimmer my nuwe blesperd in die duine inloop nie. Met die voet saam kan ons nie vlug nie. Maar as ek nou met die roere uitjaag, behou ons dié darem, al sal julle nou ou Joep se ysters aan julle se hanne kry."

Met hierdie plan, waarvan Joep eers later gehoor het, gaan almal terstond akkoord. Om 'n boete te kry, of selfs 'n paar maande tronkstraf, was nie so erg as om jou geweer te verbeur nie. Vinnig word hulle derhalwe bymekaargemaak, in 'n bondel op die saalboom geplaas en daar trek Andries Bloedoog met die nuwe blesperd.

Terselfdertyd het Joep sy "onderhandelings" met Jan Soetseun voltooi en hy was net besig om te vertrek toe hy die blesperd van die groep sien wegbreek en straataf koers kies. Tien kilometer verder was die oosgrens van die reservaat en as Andries Bloedoog dit kon bereik was hy veilig.

Dit was gou duidelik dat Andries nog nie bekend was met die voortreflikhede van vierwielaandrywing nie, vandaar sy maneuver om sover moontlik al in die los sand bo-op die duine langs te hou. So gou ou Joep bly steek, was sy klaarblyklike redenasie, kon hy oor 'n duin glip en verdwyn.

Dit het Joep maar enkele minute geneem om vas te stel wat Andries beoog en nou was dit sy beurt om so 'n bietjie kat en muis met hom te speel. Derhalwe doen hy aanvanklik geen moeite om die blesperd in te haal nie, maar hou hy op 'n gemaklike spoed tred met hom al op die skuinste van die duin, net buite die los sand. Die moeilike sandtrappery sou wel gou sy tol eis.

Hulle was nie drie kilometer ver nie, toe Joep-hulle opmerk dat die ruiter nou al sy handsambok uithaal en die blesperd daarmee tot groter vaart begin aanspoor. Die einde was in sig. Ondertussen knor en wip die klein Jeep gesellig oor die een duin na die ander – hy was vir woestynoorlog ontwerp! Agter op die harde bankies lag Dries en Gerrie van oor tot oor as hulle mekaar speels op die skouer klap en onophoudelik die voortreflikhede van die Jeep met die gebreke van die veelgeroemde blesperd vergelyk.

Nog doen Joep geen moeite om die ruiter in te haal nie, selfs nie toe hy afdraai straat toe nie. Vandag moet Andries Bloedoog 'n goeie les geleer word. En jou waarlik, daar onder in die straat trek Andries ook al teuels op, werp 'n lang giftige kyk in die Jeep se rigting, verander van koers en kom ewe gedweë nadergery. Die blesperd se blus was uit.

"Hoeka gedink jy kan die Jiepie liemaak met die blesperd, hu? Sos 'n bakoortjie die honne met hy se stert liemaak, hu?" roep Andries hom van veraf toe.

Maar Andries Bloedoog is nie eers lus vir korswel nie. Neffens die Jeep trek die vermoeide dier op.

"Hier's onse roere, Meneer." En nadat hy 'n oomblik nagedink en sy veelgeroemde perd met snode minagting betrag het: "En wil Meneer nie 'n goeie ryperd koop nie? 'n Deeglike dier, Meneer. Al kan hy nou nie die kar uitoorlê nie!"

Met die roers agter in die ruimte tussen die twee bankies neergelê, ry Joep terug na waar die ander ouens hom met vraende blikke inwag. Enkele minute lank het hulle gehoop dat hulle nie slegs hulle geweers gaan behou nie, maar ook nog gaan tollos kom. Dit het dan gelyk of die kar nie die blesperd kon inloop nie.

Nou staan hulle verbysterd die skouspel en aanskou. Onder die koelteboompie het Joep stilgehou, want al het die wind op die bewegende Jeep ou Gert nog genoop om sy jas aan te hou, die son steek skerp as jy stilstaan. Dan stap die drietal reguit op hulle af en word die nodige gesê om hulle aan die verstand te bring dat hulle in arres is, waarop Joep-hulle na die karkasse aanstap om te bepaal hoe groot die slagting was. Hulle prisoniers vergesel hulle. Ou Hendrik Mathys is so boos dat hy eintlik blaas. Net 'n paar maande tevore het sy nie-amptelike wittebroodsreis hom veertig pond (R80) en 'n goeie geweer gekos.

Dertig meter van waar die Jeep staan, begin Joep en sy konstabels sorgvuldig opskryf wat alles gebuit is en ook om bewysstukke vir die hofsitting af te sny.

Meteens gewaar Joep onraad. 'n Skielike roering tussen die sewetal het hom net betyds laat opkyk om te sien hoe hulle soos een man wegspring in die rigting van die Jeep met die gewere agterop. Maar ook Joep en sy twee konstabels handel blitssnel. Kranige atleet wat hy in sy jonger dae was, spring Joep met verbysterende vaart weg en haal die voorstes na vyf en twintig meter in, maar aangesien daar nie tyd is om die roers te gryp nie, duik hy met 'n sierlike boog oor die modderskerm in die bak van die Jeep om bo-op die wapens te gaan lê. Die wilddiewe was bepaald van plan om hulle "los te skiet".

As Joep hom kranig gedra het, het sy twee konstabels in die uur van werklike nood hulle eweneens soos ware helde gedra. In 'n poging om te verhinder dat die konstabels eerste by die geweers kom, het twee stropers vir Andries beetgepak. Dit het hom egter net 'n sekonde of twee geneem om hulle af te skud en verder te hardloop. Intussen het twee ander vir ou Gert agter aan die "jassietjie" se pante beetgekry en om lewe en dood bly klou. Sy sagsinnigheid en vrese ten spyt, was ou Gert so sterk soos 'n leeu en byna presies net soos die "bailertjie" jare tevore met hom gemaak het, het hy die twee stuks deur die kreupelhout gesleep dat die sand spat sonder dat hy in die proses veel van sy eie spoed ingeboet het. Inteendeel, hy het nog die tyd gevind om sydelings in Andries se rigting te roep: "Jy moet hardloop, swartmoertjie, vandag skiet die Hottentotte ons dood!" (Andries se moeder was 'n Tswanavrou.)

Terwyl Joep die roers op die Jeep verbete met sy liggaam beskerm, het een van die stropers sy eie geweer van die voorste sitplek gegryp en daarmee aangelê. Gelukkig het hy nie van Joep se vasstaande gebruik geweet om nie vooraf sy roer te laai nie en die enkele "klik", al was dit dramaties genoeg, was al wat gebeur het.

Die volgende oomblik was Joep se twee konstabels by en kon hulle met verenigde kragte die oproeriges oorweldig – al was dit nog sewe teen drie.

Weldra was alles onder beheer, die stropers onder arres, en kon Joep-hulle terugstap na waar die onplesierige wedren begin het.

Onderwyl hulle die spore volgens gebruik naloop, merk Andries droog op: "Mág, maar kyk hoe het so 'n grootvoet man hier gehardloop! Eintlik sulke klein gaatjies in die grond! Jy weet, Gert, ek sê aldae jy staan verniet so troei – as die geweertjie onder jou bás is, dan kan jy hardloop, hu?"

So skerts hulle terwyl Joep met groot genoegdoening daaraan terugdink dat dit soms inderdaad 'n krisis van die ergste graad verg vir iemand om homself te leer ken. Vandag het ou Gert met groot eer uit die stryd getree.

Intussen het in die jare wat onmiddellik op die Tweede Wêreldoorlog gevolg het, 'n uiters belangrike verdere nuwe era aangebreek: die begin van 'n eie toeristebedryf in die Kalahari-gemsbokpark. Weliswaar was die geriewe nog maar beperk tot die drie rondaweltjies by Tweerivieren, terwyl die besoekerstal ook in verhouding laag was. Maar aan die voordele en moontlikhede was daar byna geen perke nie.

Vir die eerste keer het die "voordeel en genot van besoekers" soos met die Wet beoog is, nou werklikheid geword en gestalte gekry.

Geld was in die naoorlogse jare nie meer so skaars nie, motorvoertuie was van 'n veel beter gehalte, brandstof was weer verkrygbaar en dit sou net 'n kwessie van tyd wees voordat die Gemsbokpark sy besoekers van heinde en verre begin trek. Letterlik van heinde en verre, want die groot stede was honderde myle daarvandaan geleë. Tog sou 'n konstante stroompie besoekers, aangevul deur letterlik honderde oor langnaweke, afstand en stofpad ontsien om hierdie unieke oord te besien – hierdie vreemde Kalahariwêreld wat op sy gebied niks op die ganse aarde het wat met hom vergelyk kan word nie.

Hierdie vreemde Kalahariwêreld – dit het die sleutelwoorde geword van besoekers wat vir die soveelste maal wéér en wéér wou kom kyk en probeer verstaan. Waarin lê dan die bekoring van hierdie oord? Soms vra ek ook die vraag: Waarin lê die bekoring vir jou? As ek my dan aan 'n antwoord moet waag, sou ek sê dat dit juis in sy andersheid lê, in sy vreemdheid – hoe intiemer mens dit leer ken. Mens kan leer en indrink soveel jy wil, maar altyd bly daar 'n reserwe, altyd gordyne wat nog nie weggetrek is nie, altyd deure wat nog ongeopen is. En so gou mens jouself 'n kenner wil noem, vind jy dat die reserwe méér is as die deel waarmee jy reeds kennis gemaak het. Nooit weet jy alles nie, nooit raak jy versadig nie. En dan sê ek vir myself: Selfs indien dit die enigste groot erfenis is waaraan wyle minister Piet Grobler gestalte gegee het, selfs indien dit die enigste is waaraan die Le Riche-familie gebou het, verdien hulle onsterflikheid in die annale van 'n dankbare nasie.

Dit sal 'n kwade dag wees as die massatoestroming van besoekers die atmosfeer van die Kalahari-gemsbokpark moet vertroebel, maar dit is onwaarskynlik dat so iets ooit kan gebeur, al geniet talle jaarliks die voorreg om hierdie maagdelike stuk Dorsland te besoek.

Intussen het die twee seuns, Stoffel en Elias, avontuurlustige knape begin word. Pa was streng, baie streng, maar liefdevol. In die besonder het hy die hart van 'n seun verstaan – het hy nie dan self nog een gehad nie? Was dit dan nie hy wat daagliks nog met so 'n kinderlike geloof sy hand in die Vaderhand sou lê nie? En van wie ek, by die uitvoering van sy doodgewone dagtaak, sulke inskrywings in sy dagboek sou lees: "16 September – Gaan na Kransbrak om die windpomp op te sit as dit die Here se wil is." Vandag nog is dit sy onverbreekbare riglyn: "As dit die Here se wil is." Komende van hom is dit so logies, so natuurlik, so deel van elke dag. Waarskynlik daarom dat hy met soveel lewensblyheid sy dagtaak verrig, soveel arbeidsvreugde vind in gewone harde werk, so 'n prikkelende, vonkelende sin vir humor bly behou het dat dit mense soms verbaas en oppervlakkig geoordeel, onrymbaar met sy erns is. Tog is dit in volkome harmonie omdat albei eg en suiwer is.

Terwyl hy by Gemsbokplein onderkant die ou opstal besig was om die krip skoon te maak en die oorywerige twee seuns kort-kort met ketties onder die kelkiewyne en namakwaduiwe ingespring het, het hy hulle telkens vermaan: "Kêrels, julle moet die voëlrekke loop bêre! Julle het beloof om te kom help, nie om voëls te skiet nie."

Maar sy waarskuwings het op dowe ore geval – die pret was darem te groot. In die proses het hulle selfs 'n vyftig of sestig meter van die windpomp af weggedwaal.

Kort voor die middaguur was Joep met sy werk klaar en het die tyd aangebreek, het hy gevoel, om die twee kwajongens 'n lessie te leer.

Sonder om iets te sê, het hy sy gereedskap in die vragmotor gesit, ingeklim, en tot hulle stomme ontsetting eenvoudig weggery. Wat hulle egter nie bemerk het nie, was dat hy net tot oor die kalk gery het, omgedraai het, en toe van oor die oewerduintjie vir hulle lê en loer het.

Paniek het gou die plek ingeneem van die bravade van so effe. "Pa het ons vergeet!"

"Sal hy weer kom?"

"Ek weet nie – ons was ... ongehoorsaam."

Die nood was hoog en die uitkoms, volgens alle tekens, nie naby nie. Instinktief het hulle al geleer waar mens in die uur van nood gaan aanklop.

"Elias, klim jy in die windpomp op en kyk as Pa aankom. Ek sal solank bid."

Oor die stil vlak van die droë rivier het meteens die luide skietgebed na Bo geklink: "Ag Heretjie, maak tog Pa se hart sag! Laat Pa tog terugkom om ons te kom haal! Elias, sien jy nog nie vir Pa aankom nie?"

"Nee, Stoffel."

"Nou, kom bid jy nou weer, dan sal ek opklim en kyk."

Beurt om beurt het dit gegaan tien minute lank – en inderdaad het Pa toe te voorskyn gekom. So kry mens 'n praktiese les in die wysheid van gehoorsaamheid ... en in die verhoring van gebede.

En al was Joep menigmaal ergerlik oor die seuns se kattekwaad en avontuurlus sou hy dit eindelik nie anders wou hê nie. Hulle moes ook manne word, manne wat eendag, wie weet, hierdie groot werk kan voortsit.

Pas hierna het Joep sy laaste botsing met sy ou "vriend", Hendrik Mathys, gehad. Die twee het nou al menigmaal vir mekaar geknor.

Op 'n herfsdag in die rigting van Flaai se Kop het hy op drie rye donkiespore afgekom en dit gevolg. Hy en sy konstabel was te perd. Oor die rug van 'n duintjie het 'n vreemde gesig op hulle gewag. Onder in die straat het drie esels houtgerus aangestap, terwyl een die vrag vleis dra. Die ander twee se ruiters het saggies heen en weer gewieg in 'n diepe, soete slaap. Maar nie dié van die regverdige nie.

Toe hulle nader kom, merk Joep en sy konstabel dat dit al weer ou Hendrik is, vergesel deur sy broer, ou Nxaap.

Meteens het die verdagtes hulle gewaar, van die donkies afgespring en soos vlakhase laat koes na die lang gras oor die duintjie se rug.

Bo-op die duin het Joep en sy konstabel vasgesteek. Sover as wat die oog oor die rollende landskap kon gly, was daar nêrens die geringste teken van 'n mens nie.

"Staan maar so 'n oomblikkie stil," het Joep sy konstabel gemaan. "Hulle lê net hier êrens in die gras – hulle sal nou-nou uitkom."

In doodse stilte staan hulle en wag. Maar nie lank nie toe hoor hulle onmiskenbaar ou Hendrik se onderdrukte gebrom: "Nxaap, skiet daardie verdomde Boer!"

Stilte.

Weereens ou Hendrik se gebrom: "Ek sê, Nxaap, skiet daardie verdomde Boer!" Nou was hy beslis ergerlik.

Hierdie keer was daar reaksie: "As jy hom wil skiet, skiet hom self! Ek sal nie!"

Hierop het die woordewisseling in heftigheid toegeneem, totdat Hendrik en Nxaap orentvlieg en dreig om mekaar te gryp.

"Bedaar kêrels! Netnou maak julle mekaar seer!" beveel Joep terwyl hy hulle arresteer.

Teen die muur van sy pandokkie het ek en ou Hendrik Mathys sit en gesels. Ek hoor altyd graag ook die ander sy van 'n storie.

Spierwitgrys, maar steeds manhaftig, het ou Hendrik sy lyf skraal gemaak vir die koue suidewind.

"Ja, ek het baie die Wet geovertree!" vertel die ou met smaak, "Maar daardie dae is verby! My ou oge kannie meer 'n korrel op 'n gemsbok se blad doodtrek nie. Ek's ok nie meer belustig op al die wêreldlike dinge nie!"

Uitvoerig het hy my van sy laaste jagtog vertel. Dit het tot in die fynste besonderheid met Joep se relaas ooreengestem.

"Ou Hendrik," sê ek "maar daar's 'n ding wat my pla. Die dag toe jy vir Joep wou laat skiet, het jy dan self 'n gelaaide geweer gehad. Hoekom wou jy nou hê ou Nxaap moet hom skiet? Hoekom het jy dan nie self vir Joep geskiet nie?"

Die ou kyk my met onverbloemde skok en onthutsing aan: "Ek meneer Joepie skiet? Wat vra jy nou! Ek sal nooit so 'n ding doen nie! Ek het hom te lief! Ons baklei dan al van kleintyd af!"

"Nog 'n nuwe era," dink ek, maar ek sê niks.

# Dors

In die wêreld van die Kalahari-gemsbokpark was daar geen enkele faktor waarmee die natuur groter gesag uitgeoefen het as dors nie. Vroeër het ek verwys na die oorsprong van die woord "Kalahari" uit twee Tswana-woorde *"kgala"* en *"gadi"* – die land wat droog geword het; 'n Dorsland.

Ek het ook gesê dat ons algaande sal let op die weë van mense met die Dorsland en die weë daarvan met mense.

Sedert onheuglike tye het die Dorsland, soos hy vandag nog doen, sy stempel nagelaat op veel meer as die mense van dié wêreld. Selfs vandag nog laat dit nie alleenlik 'n stempel na nie maar determineer ook grootliks menslike handelinge; dit seën of dit straf; dit bepaal goed of kwaad; dit deurdrenk die mens se diepste wese.

Dieselfde is ook waar ten opsigte van ander dinge wat sy aangesig bewandel, alles wat daarin woon, alles wat daarin groei en setel. En oor dit alles heen hang die een woord: Dors.

In die verlede was daar maar min oor die onherbergsame Kalahari bekend en selfs nou nadat die motor gekom het, het die mense daarbuite nog maar 'n vae begrip van sy toestande en ligging.

Selfs van iets so alledaags soos reënvalsyfers is daar nie veel verder terug as die laaste twintig jaar iets beskikbaar nie.

Gedurende die afgelope twintig jaar was die gemiddelde reënval maar sowat 146 mm per jaar (dit wil sê nagenoeg 5,8 duim). Dit is 'n baie lae syfer maar sou nogtans kon voorsien in die normale behoeftes van die plante en diere van die Dorsland wat op hulle beurt deur die loop van baie eeue goed aangepas is by die droë toestande. Die grootste probleme kom derhalwe voor in die jare wat die reënval minder as die gemiddelde is.

'n Mens kry hier ook die jare van uiterstes. En of dit oorvloed is of gebrek – dit is ewe ongewens. 'n Mens is amper geneig om te sê dat 'n enkele jaar van droogte, veral indien dit voorafgegaan en opgevolg word deur normale jare, minder skadelik kan wees as 'n enkele jaar van geweldige oorvloed.

Hierby het ek vroeër reeds stilgestaan en gesien hoedat een jaar van werklike swaar reënval rampe in die vorm van veldbrande en siektes kan meebring en dat die veld en diere gewoonlik veel langer neem om te herstel as ná een jaar van droogte. Verder is dit moontlik om die wild deur droogtejare te help, terwyl daar weinig, indien enigiets, teen die gevare van oortollige reëns gedoen kan word. Dit klink nou byna asof droë jare verkieslik is bo goeie reënjare: Dit is natuurlik nie so nie. Ons verwys hoofsaaklik na uiterstes en dan kan 'n baie groot reënjaar inderdaad ernstige probleme skep. Want altyd moes ons in gedagte hou dat ons te doen het met 'n halfwoestyn waarby sy plante en diere aangepas is en waar jare van oorvloedige reëns 'n absolute seldsaamheid is.

Derhalwe is die maatreëls wat deur die Raad van Kuratore getref word byna uitsluitlik gemik op droë jare – op dors.

Kom ons kyk wat die weë van die Dorsland is met sy plante, sy diere en met sy mense wanneer hierdie magtige wapen teen hulle aangewend word. Uiteraard kan ek net enkeles behandel.

Feitlik reg sedert die totstandkoming van die Gemsbokpark is die noodsaaklikheid van die voorsiening van water uit boorgate in die rivierbeddings, aangevul deur opgaardammetjies, ingesien en is pogings aangewend om iets meer daaraan te doen. So skryf meneer F.S. Potgieter, toentertyd Sekretaris, in 1933 in 'n verslag aan die Raad soos volg ten opsigte van watervoorsiening:

"Die boorgate en windpompe, ens. beteken oneindig baie vir die park, maar dis alte jammer dat hulle almal op 'n 'bondel' is vir ongeveer 50 myl langs die Ouprivier. Langs die res van 180 myl paaie is daar byna niks! Nietemin kan hierdie moeilikheid in 'n mate uit die weg geruim word:

"1. Ouprivier: Dis alreeds goedgekeur dat die windpomp te Kamkwa verplaas word na Uri Karuus. Dis nou voorgestel dat die windpomp te Montrose (of Welkom) by Mata Mata opgerig word. Op dié wyse sal daar dan water langs die hele pad gekry kan word.

"2. Nossoprivier: Gelukkig sal die bo-end te Unie-end goed versorg word. Verder sal maar damme moet gemaak word, en soos u weet is dit in die geval van Uitkyk en Kwang reeds goedgekeur – 25 stuk: elk ongeveer 50 x 50 tree en 6 voet diep. Later is dit wenslik dat in die omtrek van Kameelsleep of 'n bietjie hoger-op nog 'n dam gemaak word, sodat daar ook in die geval van hierdie pad water (alhoewel nie blywend nie) kan verkry word – elke 50 myl.

"Verder sal Le Riche te St. John's Dam, Kamkwa, ens. handpompe oprig (daar lê 'n paar oues rond!). Jammer dat sommige van die boorgate so te sê nutteloos gestel is deurdat klippe ingegooi is of hulle toegespoel het. As die Besproeiingsdepartement genader word sal miskien 'n 'bailer' en 'grapple' verkry word sodat 'n poging aangewend kan word om daarmee hierdie, sowel as al die ander boorgate mee skoon te maak. Le Riche is besig om die boorgate wat nie gebruik word nie met behoorlike proppe toe te maak. Die water van 'n paar boorgate is sleg en sal nooit gebruik van gemaak kan word nie. Dit gaan ook nie aldag maklik nie. Terwyl ons daar was, het 'n hond 'n jakkals in een van die putte wat nog nie toegemaak is nie gejaag. As gevolg daarvan moes oor 'n 100 voet met 'n ⅜ duim staaldraad afgegaan word. Dis eienaardig dat voëls (selfs uile) dikwels in die klipdamme val en dan nie weer uit kan kom nie. Aan die sorg vir die windpompe en drinkbakke is baie werk verbonde."

Toe hierdie ondersoek in 1938 opgevolg word deur 'n tweede Kommissie (onder leiding van meneer Ludorf, waarna reeds verwys is) kom ook hulle, nadat ander aspekte uitvoeriger behandel is, tot die volgende slotsom:

"'n Ander rede waarom u kommissie meen dat dit noodsaaklik is om dadelik met die maak van hierdie putte 'n aanvang te neem, is dat enkele jare gelede duisende stuks grootwild dood is aan dors toe daar 'n langdurige droogte geheers het. Gesê word dat wild selfs sover as Upington getrek het en dat die Kalaharigebied byna van wild ontbloot was.

"Hier mag verduidelik word hoe, vir die grootste deel van die jaar, en solank die tsamma en ander sappige plante aanwesig is, die wild maar min water gebruik en dit alleen in die droë warm somermaande November, Desember en Januarie, is wanneer diere gedryf word na die waterputte en pompe."

Die verkryging van goeie drinkwater, veral in die Nossobrivier, was om meer as een rede van die grootste belang.

Die vernaamste hiervan was om die verhuising van wild in tye van droogte te voorkom. Hier moet 'n mens duidelik onderskeid maak tussen kleinere trekke agter reënbuie en groen weiding aan en tussen die massatrekke van 1937, 1946, 1950 en 1954. Eersgenoemde is gering van aard en kom baie dikwels voor – in elk geval minstens elke somer wanneer die eerste reëns begin uitsak. Dit is derhalwe onvoorspelbaar, beperk in omvang en afstand en in trekrigting, en baie lokaal van aard. Dit kan selfs nie eens vergelyk word met die trekke van die vlaktewild van die Krugerwildtuin elke seisoen nie.

Die groot landsverhuising waarna hierbo verwys is, raak hoofsaaklik springbokke, elande en rooihartbeeste. In die geval van die genoemde vier trekke is daar telkens hoofsaaklik van noord na suid getrek en was dit ten opsigte van die massa, 'n eenrigtingtrek.

Kleiner hoeveelhede het weliswaar weer teruggekom met 'n verandering in die wind, maar vir die oorgrote meerderheid was dit die laaste skof – 'n doodlooppad. Hoewel mens dit nie uitsluitlik aan droogtetoestande wil toeskryf nie, is dit nogtans 'n feit dat sulke trekke nooit voorgekom het terwyl daar voldoende weiding beskikbaar was nie. Daarteenoor weer, het elke ernstige droogte ook nie 'n landsverhuising meegebring nie. Te midde van die misterie daaraan verbonde, is dit nie te vergesog om te beweer nie dat dors in albei hierdie soort trekke 'n groot faktor was – heel waarskynlik die grootste faktor.

'n Verdere uitsondering waarop gewys moet word en wat niks met enigeen van die bogenoemdes te doen het nie, is die nomadiese neigings van sommige soorte: Sekere wildsoorte is eenvoudig net "rondlopers" sonder dat daar enige opsigtelike rede voor bestaan. Een van die beste voorbeelde hiervan is 'n trop jong elande op wie se spore Joep-hulle in 1960 gery het terwyl hulle met 'n program van wildvangery besig was. Die elande het gedurende 'n enkele nag nie minder as 102 kilometer rondgedwaal nie.

Nog 'n belangrike rede waarom dit wenslik was (en is) om water in die rivierbeddings beskikbaar te hê, is die feit dat dit hoofsaaklik die roetes is waarlangs toeriste reis. Uit in die duine waar die wild sekere tye van die jaar bly, sien besoekers hulle vanselfsprekend nie. Derhalwe het die beskikbaarstelling van water in die beddings ook veel te doen met die voordeel en genot van die besoekers.

Ek het vroeër reeds daarop gewys dat dit geen eenvoudige taak is om water in die Nossob te vind nie. Die watertafel is diep, dit is baie wisselvallig en wanneer daar nog redelike sterk water gekry word is die moontlikheid groot dat dit ondrinkbaar sleg is.

Die verslagsyfers van een jaar se boorwerk gee, beter as enigiets anders, 'n presiese beeld van hoe daar geswoeg is om water te bekom. Die laaste vyf gate is natuurlik in die middelblok geboor, in 'n poging om meer weiding benutbaar te maak en ook om die wild van die Suidwesgrens weg te lok.

| Kameelsleep | 350' | Baie sout. |
|---|---|---|
| Eerste een langs pad | 350' | Sterk en sout. |
| Tweede een langs pad | 307' | Droog. |
| Ellies Kolk No. 1 | 300' | Droog. |
| Ellies Kolk No. 2 | 280' | Droog. |
| Ellies Kolk No. 3 | 280' | Droog. |
| By Ruskamp No. 1 | 260' | Swak water 100 gell. p.u. |
| By Ruskamp No. 2 | 218' | Sterker, 150 gell. p.u. |
| Vaalpan | 350' | Sterk en goed. |
| Sewe Panne | 366' | Sterk, lekker, net sout. |
| L. Dust pan | 372' | Sterk, maar brak. |
| Bitterpan | 350' | Goeie water. |
| Houmoed | 280' | Sterk, maar 115' sout water. |

Die ironie is dat die enigste lekker sterk water by Bitterpan gevind is.

Die lys hierbo is natuurlik geensins bedoel om volledig te wees nie. Dit gee slegs 'n beeld van die probleme soos in één jaar teëgekom. Genoeg is dit om te noem dat die hoeveelheid boorgate waar windpompe opgesit kan word, nou reeds die vyftigmerk nader.

Vir die ruskamp te Nossob is die omstreke byna "soos 'n sif geboor" voordat eindelik water wat enigsins geskik was, gevind kon word. In die proses is daar soms tot so diep soos 1200 voet (372 m) afgegaan.

Van die Nossob (en ander) se water sê Joep in sy Jaarverslag van 1959: "Ek self proe elke slag aan die water as ek daar opgaan en ek sien 'n klomp bokke by die water. Maar ek weet nie – vir 'n mens is dit nou net onmoontlik om van die Nossob se waters te drink. Maar die wild drink darem daarvan; nie so veel as wat hulle van vars water sal drink nie, maar dit lyk of dit help."

En weer in 1960: "Die groot struikelblok in die Nossob is die waterskaarste. Die water wat ons nog daar het is meestal onbruikbaar sleg. Die wild drink daarvan omdat hulle behoefte aan water het, maar dit kan sekerlik nie hulle dors les nie. Alle windpompe het goed gewerk daardie jaar."

In verskeie gevalle was Joep ooggetuie daarvan dat diere wat alreeds te ver gemartel is deur dors om goeie oordeel aan die dag te lê, te vinnig en te veel van die soutwater gedrink het en binne 'n paar minute gesterf het.

Dit is die Dorsland. So ongenadig is hy op die oog af op sy kinders, die diere van die veld. Maar kyk na dieselfde wild 'n paar maande later wanneer swaar donderbuie of 'n sagte somerreën die Dorsland omgeskep het in 'n land van melk en heuning, sien die springboklammers pronk of die jong gemsbok sy horings slyp en jy vra jouself af of daar êrens op aarde groter vryheid, groter grootsheid, groter liefde kan wees. Kasty die Dorsland miskien maar diegene wat hy liefhet?

In die aand as die kampvuurtjie gloei en die byna hoorbare stilte oor die Dorsland neergedaal het, is selfs die gebeure en moeite van die dag in sagter kleure geskilder vir die menslike bewoners. Dan is daar selfs tyd om te skerts en te lag, selfs al is dit soms vir benouenisse van die dag.

By Jansedraai het die klein groepie hulle voorberei vir die nag. Van vroeg daardie oggend reeds is daar gewerk onder die bloedige strale van die son om die windpomp op te rig. En die volgende môre, indien alles vlot verloop, sal die groot wiel moontlik al kan begin draai om die koel water uit die donker dieptes na bo te bring.

Met egte seunsondeundheid het Elias pas voor sononder 'n droë stok op die oewerduin ingesteek en Stoffel uitgedaag om later die aand, wanneer hy die teken gee, die stok te gaan uittrek. Vir seuns in hul tienerjare was dit net die soort avontuur wat die verbeelding aangryp. Derhalwe het Stoffel sonder meer die uitdaging aanvaar. "Wag maar tot vanaand; dan sal jy sien!"

Met die laaste sonstrale in die weste kom oom Willie Jacobs daar aan. Joep het hom 'n tydjie tevore gestuur om iets vir die pot te skiet en nou was hy terug met 'n lekker vet steenbok, al moes hy taamlik ver loop om een te kry.

Terwyl die Boesmans onder leiding van ou Agarop die vuur "brandmaak", het ou Johannes van der Byl, die Basterkonstabel, gesorg vir die voorbereiding van die aandete. Oom Willie het op sy beurt 'n wye draai om die boorgat geloop.

"Sien jy nie leeuspore nie?" roep Joep hom van 'n afstand af toe waar hy langs die kampvuurtjie ontspan.

"Leeuspore?" vra oom Willie. "Hier was seker vir die laaste jaar g'n leeu nie! Ek sien nie eens 'n enkele wildspoor nie!"

In die weste verdwyn die son en laat die oewerkalk lang skadu's werp in die rigting van waar dit die volgende môre weer moet opkom. In die vallei van die Nossob daal 'n vreemde geluidloosheid neer. Eers wanneer die maan begin opkom sal die grondgeitjies van hulle laat hoor. Maar vir die res is hier vanaand geen diregeluide nie, bepaald omdat die naaste water eers so ver laer af te kry is.

Die stilte van die vroeë aanduur is strelend vir die oor – vir almal se ore behalwe één. Hy sou graag nou 'n woeste leeubrul êrens wou hoor. Sou Stoffel dan nog, so geredelik sy uitdaging aanvaar?

Teen agtuur is die wildbraad geurig aan 't stowe oor die kameelboomkole. Die maan is nog nie op nie en behalwe vir die dowwe gloed van die kole, is daar geen lig nie.

"Toe, Stoffel! Onthou jy ons weddenskap van namiddag? Jy't gesien waar ek my stok ingeplant het. Gaan haal hom as jy 'n man is!"

Dadelik spring Stoffel op. Dink iemand miskien hy is

bang? "Van wat se weddenskap praat julle?" verneem Joep. Gou-gou vertel Elias van die uitdaging van die middag en lê klem daarop dat Stoffel dit aanvaar het.

"Dis 'n onsinnige weddenskap!" sê Joep ferm. "Wat probeer julle bewys? Stoffel sal nog baie geleenthede kry om te bewys dat hy 'n man is, en jy ook, maar nie op so 'n onnodige gevaarlike manier nie. Jy gaan nie, Stoffel – en basta met julle verspotte weddenskappe!"

"Ek is nie bang om te gaan nie, Pa!"

"Het iemand gesê jy is? Maar ek het nou klaar gepraat."

Albei het geweet dat dit nou onwys sou wees om die saak verder te voer en in stilte het hulle maar vir mekaar oor die gloed van die kole heen tong uitgesteek.

Tien minute later was die aandete gereed.

"Agarop, sit vir ons bietjie meer hout op die vuur," beveel Joep. "Ek wil darem sien wat ek eet."

Terwyl Agarop opstaan om 'n paar stompe, ses meter van die kampvuur, nader te dra, het Joep die steenbok se kop, wat iemand besig was om vir homself in die as te laat braai, van nader betrag.

Op dieselfde oomblik is die stilte woes versteur en die groep om die vuur laat versteen. Vanuit die donkere nag buite, tot binne die powere ligkring van die kampvuur, kom 'n springende geel gedaante aangestorm en steek eers vas waar Agarop 'n oomblik tevore gestaan het. 'n Oomblik tevore, ja, want Agarop het met 'n sierlike boog en een lang, deurdringende "Menéér!" langs Joep geland.

Gelukkig het niemand om die vuur in die skrik van die oomblik opgespring of weggehardloop nie. Dit sou gewis die einde beteken het, want één ding was seker: Hierdie leeuwyfie was nie menssku nie. Daarby het sy geweet wat sy wou, soos haar ongehoorde stormloop bewys het. Sommerso, uit die niks van nêrens, sonder provokasie, 'n volbloed stormloop. Net ses meter van die vuurtjie af staan sy nou en dreig, terwyl dit telkens lyk asof sy nou bo-op hulle gaan spring. Haar kwaai knorre, telkens opgevolg deur 'n verwoede "hu-hu-hu", kon iemand dalk laat opspring en na 'n wapen gryp of een van die werkers kon begin hardloop, en dan...!

Ongemerk voel-voel Joep se hand na die steenbokkop voor hom in die as, vat die warm ding versigtig en ferm vas, en "doef" klap sy boulhou teen die leeu se wang vas dat die as so spat. Aangevuur hierdeur gryp Willie 'n stomp van die kant van die kole, mik vinnig en laat die gloeiende projektiel in die rigting van haar kop woer-woer. 'n Kwaai "huh" het Joep se steenbokkop begroet, maar toe sy die brandende stomp agterna gevlieg sien kom, deins die wyfie 'n paar meter terug.

In die lig van die effense vlammetjie aan die stomp se punt, sien die verbaasde geselskap nog drie ander leeus effens verder terug.

In die oomblik van verwarring wat onder die leeus ontstaan het, het Joep blitsig opgetree. Die bakkie was maar enkele meter verwyder en toe die twee seuns tot verhaal kom, bondel hy hulle voor in, terwyl hy self agter die stuur inspring.

"Laat ons hulle wegjaag voordat iemand seerkry!"

Die bakkie brul en skiet vorentoe, terwyl sy ligbane die vier goudbruin liggame met hulle vonkelende geel oë in helder kleure baai. Dit is te veel vir die leeus en halsoorkop vlug hulle af in die rigting van die vallei.

Terug by die vuur het Joep besluit dat dit nie wys sou wees om hier op die vlak te slaap met soveel mense wat beskerm moes word nie. Hulle sou maar 'n entjie verder gaan oornag.

Net voor hulle op die bakkie klim sê Joep lakoniek in die seuns se rigting: "Wou julle nie al twee saam eers die stok loop uittrek het nie?"

Maar niemand het skynbaar sy vraag gehoor nie, want daar was geen reaksie nie.

En die volgende oggend sou hulle voortgaan om die waterinstallasie op te rig by die plek met die nuwe naam – Steenbokkop.

Daar is waarskynlik geen onderwerp waaroor daar méér gelofies bestaan as oor die gesteldheid van die weer nie. Dit is stellig so omdat ons in hierdie land nog so grootliks afhanklik is van die genade of onderworpe is aan die toorn van die elemente. Dwarsoor die land kom mens dit teë. Hoeveel waarheid is daar in al die "asse"? As die vleiloerie in die Laeveld skree, as die slange op die Hoëveld loop, as die vlieë so taai bly sit in die Bosveld, as die son rooi ondergaan in die Vrystaat, as die naaldekokers op hul huweliksvlug gaan in die Kalahari ... so soek ons die voortekens van reën in die natuur en dikwels is ons reg.

Maar daar is ook onheilstekens waarvan sommige, kenmerkend aan die aard van die Kalahari, net die teenoorgestelde aandui van wat 'n mens sou verwag.

"As die kameeldorings die jaar so goudgeel in die blom staan," het Stoffel my verseker "sodat mens skaars blare kan sien, is dit 'n onheilsjaar."

Ek was geneig om hom te glo, maar sou die letterlike betekenis daarvan eers later besef. By die deurwerk van stukke om agtergrondinligting te bekom, lees ek in 'n verslag van 1955 die volgende inskrywing van Joep: "Die kameelbome langs die riviere het vanjaar so mooi geblom soos ek dit nog nooit tevore gesien het nie. 'n Mens kon amper geen blare en dorings sien nie, want dit was oortrek met geel blomme."

Dit was in die vroeë lentemaande toe niemand nog geweet het wat die toekoms sou inhou nie. 'n Mens kon toe nog nie raai dat dit een van die droogste tydperke sou inlui wat die Kalahari geken het nie. En ook nie net één jaar nie, maar vier agtereenvolgend. Hoe erg het dit gegaan? Ek gee net enkele fragmente uit Joep se verslae weer.

So skryf hy in 1958 reeds: "Dit sal seker lank onthou word, want dit was 'n jaar wat gekenmerk is deur die grootste droogte regdeur die hele Unie en Suidwes-Afrika vir baie jare. Die Kalahari-gemsbokwildtuin het ook baie swaar gely weens die kwaai droogte. Op Tweerivieren was die reënval 3,95 duim (10 cm). As dit nou die neerslag oor die hele wildtuin was, sou ons glad nie so 'n swaar jaar gehad het nie, maar ongelukkig was dit beperk tot 'n klein deeltjie van Tweerivieren self. Dit het ook gekom in klein buitjies wat gou deur die son drooggebrand is. Die hele wildtuin moes dus sonder reën klaarkom, behalwe vir so 'n 2,5 myl streep by Kamkwa. Dele in die Ouob en Nossob het so te sê niks reën gehad nie."

Hierdie beeld lyk nie mooi nie – tog was dit maar die begin. Want in dieselfde jaar het egte woestyntoestande hom aan 'n weerlose veld en sy bewoners geopenbaar. Die winter was so koud dat die witgat- en kameelbome erg beskadig is. Die somer was so warm dat dit Joep se tragiese ondervinding was om te aanskou hoe voëls in die skadu doodbrand. Temperature van 118° Fahrenheit was nie iets onbekends nie maar het trouens soms dae aaneen voorgekom.

Oor die weiding meld Joep soos volg: "Die veld was baie sleg oor die hele wildtuin. Langs die riviere was dit teen die end van die jaar so kaal dat dit lyk asof daar nooit gras was nie. Uit in die duine was nog altyd gras maar dit was so droog en kragteloos dat die wild nie daarop kon leef sonder water nie. Die gemsbokkomkommerwortels en elandsboontjiewortels was so uitgegrawe deur die wild op soek na vog dat dit gelyk het of daar geen enkele wortel oorgeskiet het nie. Al soort weiding wat die wild nog op kon leef was die witgat- en vaalkameelbome."

Die lot van die veld is natuurlik maar 'n skadubeeld van die lot wat sy bewoners getref het. Nadat Joep beskryf het hoedat volstruise twee jaar lank nie gebroei het nie, gaan hy voort: "Die duinekweek wat ander jare in die droogtes groen spruite gee, was vanjaar ook dood tot op die pol. Wild het al vroeg begin tekens toon van trek, selfs in die wintermaande het die elande al begin rondtrek en in die winter het baie oorgetrek tot in die Molopo en tot op plase in die Kurumandistrik. Wat daar met hulle gebeur, is alreeds in die koerante beskryf, maar ek kan dit weer net meld dat ek self daar patrollie gery het en self drie elandkoeie gevind het wat op een plek doodgeskiet is en net so agtergelaat is omdat die kondisie nie so goed was nie. Dit het baie gebeur. Die groot bokke wat daar ingetrek het, was almal baie goed in kondisie, behalwe die koeie wat kalwers gehad het. Hulle is voor die voet doodgeskiet. Later het net die kalwers oorgebly en dié het omtrent almal gevrek van honger en dors.

"Springbokke was ook van die eerstes wat saam met die elande getrek het. Baie van hulle is ook doodgeskiet. Die bokke wat hier in die nedersetting was, was so maer dat dit gelyk het of hulle almal gaan vrek. Die springbokke wat in die Ouob en Nossob gebly het, het ook maer geword, maar was altyd in 'n baie beter kondisie as die bokke wat weggetrek het. Gemsbokke het nie weggetrek nie, net in die wildtuin rond en baie rond in die nedersetting. Vroeg in die winter het gemsbokkalwers aangekom en die koeie het baie maer geword en baie het gevrek. Wildebeeste wat in die Nossob en Protektoraat rondgetrek het tot in die Molopo, was ook baie maer en baie is daar dood. Ek het net asem opgehou, want teen die middel van November het dit gelyk of hulle nou enige tyd kon begin kalf. Maar die kalftyd het gedraai tot die eerste buie reën geval het."

Ek het vroeër genoem dat 'n enkele droogtejaar, indien dit opgevolg en voorafgegaan word deur normale jare, nie wesentlike skade berokken nie. Die toestande verander egter radikaal wanneer 'n ewe droë jaar op die vorige volg.

Derhalwe skryf Joep in 1959: "Die droogte van 1958 wat geheers het, het net swaarder en harder gedruk want geen reën het geval wat verligting gebring het nie. Dit was die droogste jaar wat ek deurgemaak het gedurende die vyf en twintig jaar wat ek diens gedoen het in die Kalahari-gemsbokpark. Die veld was baie droog en kaal langs die riviere. Daar was geen gras of ander gewasse van enige soort wat 'n dier kon vreet nie. Selfs die kameelboom en vaalkameelbome het droog gelyk en glad nie baie geblom soos die vorige jaar nie. Gelukkig was daar redelike goeie droë veld tussen die Ouob en die Nossob en uit in die Protektoraat, al langs die Nossob."

Betreffende die voëllewe skryf hy: "Selfs die Namakwapatryse moes vanjaar weggetrek het. Alle soorte ander klein voëltjies was ook vanjaar min te sien. Dit het veroorsaak dat alle soorte roofvoëls ook moes wegtrek."

Dit sou onbillik wees om net die tyd van nood en dors te beskryf en nie ook die uitkoms nie. Want kyk wat skryf Joep toe die tye verander het in 1961: "Die jaar het voor die winter met mooi reën oor groot dele van die wildtuin geëindig. Dit was natuurlik te laat om die grasveld baie te laat groei. Maar dit het tog die gras deur die winter groen gehou. Winteropslag het dan ook vinnig verskyn en al die kaal dele met 'n groen kleed oordek. So mooi was die winteropslag in dele van die Nossob en in die Protektoraat soos ek dit nog nooit voorheen hier gesien het nie. Vroeg ná die winter het groot dele van die wildtuin vernaamlik tussen die Ouob en Nossob uit in die Protektoraat en Nedersetting weer goeie reën gehad. Nadat die winterveld begin droog word het, het die polle gras baie mooi aangesit en is nou nog op plekke baie mooi groen. Dus het ons die hele winter deur groen weiding gehad en selfs nou nog. In wat gewoonlik ons droogste seisoen behoort te wees, het ons nog in dele baie mooi groen weiding. Ja, dit was 'n geseënde jaar vir die Kalahariwildtuin. Ek het baie dae vir myself gevra toe ek so deur die groen winterveld ry: Kan dit moontlik wees dat water 'n kale, dorre land so gou kan omskep in 'n lowergroen lushof? Ek wil amper sê in 'n paradys, want so het dit vir my gevoel na harde jare van droogte."

Verder ook: "Deur die droë jare het ons van alle soorte wild baie verloor. Die wild het met die groen weiding dan ook gou reggekom en alle soorte is nou in 'n puik kondisie. Gemsbokke (kalwers) het baie aangekom en het vinnig groot geword. Baie springboklammers het aangekom en dit is seker ook ons beste oes wat ons die afgelope sewe jaar gehad het. Rooihartbeeste het gedurende Desember vinnig begin kalf sodat daar nou al baie kleintjies te sien is in die Nossob. Die wildebeeste sal, volgens tekens, ook nou binnekort begin kalf. Die elande wat almal vir die droogte padgegee het na die bosveld in die Protektoraat het teruggekom na die middelblok in die omgewing van Bayip en Haaspan."

Dit is die beeld van die Dorsland en sy weë met sy natuurlike bewoners. In die jare van die Groot Dors en daarna.

Hoe openbaar die Kalahari homself aan die mens wanneer dors hom op sy beurt in die gesig staar?

Dors is deel van die wese van die Kalahari. Daarop moet 'n mens jou voorberei en selfs dan is dit soms nie genoeg nie. Meer dikwels hang dit uiteindelik af van die persoon self en van die vraag: In hoe 'n mate is hy bestand teen dié groot bedreiging?

Die antwoord hierop lê ook nie uitsluitlik in die persoon se fisieke eienskappe nie, maar in 'n baie groot mate ook in sy gees. Kan hy homself aanpas by 'n noodtoestand, kan hy sy selfbeheersing en kalmte van gees behou?

Van tyd tot tyd het Joep-hulle te doen gekry met mense wat om die een of ander rede verdwaal en dan in die moeilikheid beland. Dit is een van die maklikste dinge op aarde om in die Kalahari te verdwaal. Sodra die slagoffer begin besef dat hy die rigting kwyt is, word hy paniekerig. Dit lei op sy beurt tot 'n doellose sirkellopery of 'n planlose ronddwalery. En dan kom die groot vyand na vore, wanneer die kragte alreeds vinnig uitgeput word: Dors.

Ou veldkenners wat kan kophou oorleef dit gewoonlik. Vir die man wat groen is, kan dit die dood beteken.

So het Joep die geval gehad van die ou skaapwagter wat besuide die Gemsbokpark verdwaal het, maar in sy soektog na sy rigting terug, uiteindelik die grens oorgesteek het. By hom het hy twee hondjies gehad. Hulle het waarskynlik sy lewe gered want hoewel hyself uiteindelik al in wye sirkels begin loop het, het die hondjies gesorg dat die soekgeselskap hom opgespoor het. Hy was lank sonder water en uitgeput, maar lewend.

Minder gelukkig was die verhaal van Hans Schwabe wat hom in 1958 tydens die droogtejare waaroor ons hierbo gesels het, afgespeel het.

Hans Schwabe was 'n geoloog van Duitse afkoms wat van tyd tot tyd met die Ouob deurgery het na Suidwes toe.

Dit was sy gebruik om soms by Joep en Cillie se tuiste aan te doen om sy koppie warm koffie te drink.

Op die oggend van 20 Oktober 1958 het hy weereens daar aangedoen en 'n wyle vertoef terwyl hy koffie gedrink het en die nuus van die dag bespreek is.

Net voordat hy vertrek het, het die gesprek 'n ander wending geneem. Schwabe het versigtig by Joep navraag begin doen na die moontlikhede van diamante in die Kalahari. Sou so iets bestaan? Kon 'n mens toestemming kry om daarna te gaan soek?

Hierop kon Joep hom 'n baie duidelike antwoord gee.

"Vergeet van dié storie man! Dis 'n fabel! Jare gelede moes die teorie êrens ontstaan het dat die Kalahari ryk aan diamante sou wees, maar soos jy self sien is dit sandveld en sal dit 'n wonderwerk wees as daar hoegenaamd diamante is. Ek weet dat baie mense al probeer soek het, maar hulle is elke keer teleurgestel. Ekself is by geleentheid al daarvan beskuldig dat ek 'n diamantmyn sou hê. Nou ja..." het Joep gelag, "dan behoort hulle tog darem seker te kan sê waar dit is. Maar ek ontstel my nie oor sulke bog nie."

Origens het Joep hom vertel dat hy nie lank tevore nie 'n man te perd in die Nossob verras het. Toe hy gevra is wat hy daar doen, was sy antwoord dat hy na diamante soek. Hy het letterlik gesmeek en onophoudelik bly soebat om net één dag gegun te word, waarná hy ryk sou wees ... en natuurlik aan sy weldoener ook sou dink. Met omkopery en beloftes kon niemand Joep van die spoor bring nie en derhalwe het hy die kêrel uitvoerig verduidelik dat hy nie by magte was om sulke toestemming te verleen nie en dat die man reeds besig was om die wet te oortree. Hy moes die wildtuin summier verlaat. Tot Joep se verbasing het die kêrel hierop uitgebars in droewige snikke, terwyl hy sy gesig in sy hande vashou. Min het hy besef dat dié weiering heel moontlik sy lewe gered het.

Kort na die geselsie het Hans Schwabe vertrek, soos hy beweer het, op pad na Mata Mata waar hy die wildtuin sou verlaat.

In werklikheid het hy reeds by die sameloop van koers verander, en met die Nossob opgery, in stede van met die Ouob soos wat hy moes doen.

In die nabyheid van die sameloop het hy sy motor tussen die bloubosse versteek en 'n paar uur gewag om seker te maak dat niemand hom volg nie. Willie Jacobs is intussen met die Nossob op na Unie-end, maar hy het nie die versteekte voertuig bemerk nie.

'n Paar uur later moes Schwabe sy rit voortgesit het. Verder aan in die riviervallei, tot waar dit die Suidwesgrens 270 kilometer verder kruis, het daar geen enkele mens gewoon nie.

Tot by Kwangpan, waarna daar vroeër dikwels verwys is, het Hans Schwabe gereis en sy motor daar laat staan.

'n Dag later ontvang Joep 'n berig van die Botswana-polisie dat 'n verlate motor by Kwangpan gevind is. Hulle het egter nie tyd gehad om die omgewing te verken nie en het maar so gou hulle by 'n telefoon kon kom, dit aan Joep laat rapporteer.

Nou het die soektog begin. Vergesel deur Stoffel, twee Basterkonstabels en 'n Boesmanspoorsnyer, is Joep met die breë vallei van die Nossob op. By die plek waar die motor tussen die ruie bloubos versteek is, het Joep se wakker oog die wegdraaispore ontdek, ondersoek gaan instel en onmiddellik 'n prentjie vir die ander geskilder:

"Weet julle wie se spore hierdie is? Dis Hans Schwabe wat om een of ander rede sy motor hier weggesteek het. En nou moet julle oplet: Die voertuig wat die polisie by Kwang gesien het, gaan ook syne wees. Hy het een of ander ding in die skild gevoer."

Honderd-en-tagtig kilometer verder, net waar die afdraaipaadjie die pan uitgaan, het Hans Schwabe sy motor agtergelaat en verder gestap.

Daar aangeland, het die geselskap dadelik onraad bemerk. In die motor het Schwabe 'n nota gelaat wat gelees het: "No water for car, no water for myself, no food, follow this road. Monday 8.00 a.m. H. Schwabe."

Daar was egter aspekte wat nie geklop het nie. Die verkoeler van die motor was vol water en om die plek self was daar twee rye spore wat weggelei en een ry spore wat weer teruggekom het. Dit het die raaisel verdiep. Waarom die aanvanklike onwaarheid oor die roete wat hy sou (en moes) volg; waarom wegkruip enkele kilometer van Tweerivieren; waarom die onwaarheid oor die water vir die motor; waarom die twee rye spore weg van die motor en een terug? Waarom het hy noordwaarts koers ingeslaan, klaarblyklik op soek na water terwyl hy vyftien kilometer terug by Rooikop se windpomp verby gery het? Waarom die risiko noordwaarts neem terwyl hy, selfs al was sy watervoorraad min, die windpomp binne vyf tot ses uur te voet kon bereik?

Weereens was dit die hoogsgeskoolde veldman en mensekenner wat met 'n teorie vorendag gekom het.

"Hans Schwabe probeer my van die eerste oggend af mislei! Wat se praatjies het hy oor diamante gehad? Daarna het hy met die Nossob opgery in plaas van met die Ouob en toe sy motor weggesteek om te kyk of ek hom nie volg nie. Hier by Kwang het hy willens en wetens die motor agtergelaat en na een of ander plek noordwaarts begin stap. Ná 'n ruk moes hy geskrik het omdat hy soveel gewaag het, maar hy wou darem nie daarvan afsien nie. Wat doen hy toe? Hy draai om en kom sit die briefie hier neer vir ons as 'n leidraad, want hy moes besef het dat as iets verkeerd loop sy enigste hoop op oorlewing sou wees as ons hom kry. Nadat hy die briefie hier gesit het, is hy weer terug – kyk die twee stelle spore is 'n paar uur uitmekaar!

Stoffel, wat darem self al 'n geskoolde veldman was, moes sy pa se ongelooflike waarneming en sy insig in Hans Schwabe se gedagterigting met verbasing staan en aanluister.

Joep het vervolg: "Maar ons moenie tyd mors nie. Hy is dalk al klaar in die moeilikheid. En ons is meer as 'n dag agter. Wat ook al sy planne was, ons moet hom loop help. As hy verdwaal..."

Hulle het byna onmiddellik vertrek. Voor het Stoffel en die Boesman geloop. Eersgenoemde wou nie erken dat hy as spoorsnyer vir enigiemand terugstaan nie. Miskien vir Pa, ja, maar vir niemand anders nie.

Binne enkele kilometer het Hans Schwabe die vallei uitgeklim, op die kalk langs geloop en met een of ander harde voorwerp begin delf in die formasie langs sy pad. Joep en Stoffel se oë het mekaar sonder kommentaar ontmoet: Hans Schwabe was inderdaad besig om die ou bedrieglike skim na te jaag. Die verraderlike, lokkende skim, wat so dikwels lei tot die dood.

Verder en verder gaan die soektog, steeds in lyn met die droë vallei van die Nossob. En langs die weg lê al hoe meer tekens van prospektering op klein skaal of eerder, miniatuur skaal.

By een van hierdie klein uitgrawings het die soekgeselskap vasgesteek en daarna staan en kyk terwyl 'n gloeiende lenteson uit 'n witwarm hemel op hulle neerbrand. Om hulle was die veld nog dor en kaal, sonder selfs die eerste tekens van lentepraq en ontwaking. Tekens van 'n winterslaap en dorre blare wat tot die aarde terugkeer, was al wat die oog kon sien. Terwyl hulle na die klein uitgrawing staan en kyk, het Joep vreemde profetiese woorde uitgespreek, sonder vertoon van spitsvondigheid of woordspeling: "Hans Schwabe is besig om sy graf te grawe." Skielik het hy weer haastig geword, al was hulle al teen hierdie tyd deeglik verniel deur die ongenadige hitte: "Ons moet gou maak! Ons gaan te laat wees!"

Voort, verder en verder.

In die laat ure voordat die son ondergaan, het hulle van ver die grillige simbool gesien: Hoog in 'n droë kameelboom die somber buitelyne van 'n aasvoël. Gedurende die laaste paar kilometer al het hulle die onrusbarende voortekens begin bemerk: 'n voetspoor wat effens slinger, takkies wat opsetlik geknak is om die weg duideliker vir 'n soekgeselskap te maak, maar waaragtig ook nog steeds klein uitgrawings.

Al was hulle erg geskok, was die soekgeselskap reeds voorberei op wat hulle aan die onheilsvoël se voet sou vind. Voorberei ja, om dalk 'n lyk te vind, maar nie voorberei op die oorblyfsels van 'n mens nadat die tierwolwe al hulle deel gedoen het nie.

Die polisie van Witdraai is ontbied en die volgende dag het sersant Lombard en die geneesheer daar aangekom.

Dit was egter duidelik dat die oorskot nie vervoer kon word nie. Wat meer is, dit was aan die Botswana-kant en talle wetlike verpligtings sou eers nagekom moes word, iets waarvoor daar geen tyd was nie.

Die graf is in die sand gegrawe, Hans Schwabe se oorblyfsels daarin geplaas, en toe het almal die hande saamgevou en die hoofde gebuig terwyl Joep op gepaste wyse die kort diens in die verlatenheid van die veld gehou het.

Geen enkele familielid nie, geen enkele vriend nie. Dit was darem te ver en te ontoeganklik, die tyd was te min en dit was in 'n vreemde land.

Nadat die hopie sand voltooi is en die houtkruis van twee kameeldoringstompe gemaak, ingeplant is, is Hans Schwabe se prospekteerhamer en sy blikkie waarin daar nog 'n halfdosyn Mariebeskuitjies, enkele sigarette en 'n botteltjie tablette oorgebly het, op sy graf geplaas.

Op die leë waterkannetjie het Joep die woorde uitgegraveer: "Hier rus Hans Schwabe. Oorlede 22.10.58."

Onder dieselfde kleinerige kameelboom waar die dood hom betrap het, lê die nietige klein sandhopie. Terwyl ek met die waterkannetjie – die waterkannetjie wat dolleeg geword het – in my hande staan en ek ver met die vallei op die omtrekke van 'n rooi duin teen die horison afgeteken sien, en in die voorgrond die eindelose verlatenheid van die Pollenswa se breë uitmonding – die dorre Pollenswa wat sekerlik vir 'n duisend jaar nie gevloei het nie – het my gedagtes begin dwaal. Wat sou deur Hans Schwabe se gedagtes gegaan het toe hy so oor die grillige vaal eindeloosheid van die dorre uitmonding gekyk het, oor die verlatenheid van die Nossobvallei, tot daar ver aan die gesigseinder waar hy vir laas die skoonheid van 'n rooi duin uit die onherbergsaamheid sien verrys het? Sou hy gedink het dat dors hier oppermagtig is? Groot rykdomme? Dit het nie meer saak gemaak nie.

Die Dorsland het nog 'n slagoffer geëis.

Joep, 'n seun van die Dorsland het hierdie wêreld in al sy hardheid leer ken. Hy het ook die dors leer ken, maar teruggekeer om die verhaal te vertel.

Die eerste geval dateer uit die jare vroeg, toe kameelpatrollies nog die enigste wyse was om die waterlose dele te verken. Joep was juis op so 'n patrollie met ou Gert en die kamele.

Die presiese besonderhede van die gebeure is so diep in ou Gert se geheue ingeskerp dat ons nie beter kan doen nie as om na sy woordelike weergawe daarvan te luister soos ek dit op band vasgelê het. Eintlik was ek en ou Gert besig om oor 'n heel ander onderwerp te gesels toe dit toevallig tot sy relaas gelei het.

Pas tevore het ek ou Gert 'n "ietsietjie" vir die middagdors gegee. Ou Gert het dit met dank aanvaar, maar terselfdertyd vir my vertel van die vele verleenthede waarin dit mens kon dompel. Hy kon sy stelling met voorbeelde uit sy eie lewe staaf: die aand toe hy en Andries die botteltjie "jien" uitgedrink het en ou Anna, sy vroutjie, hom die dag slae met die sambokkie gegee het. Hy was natuurlik nie 'n drinker nie en daarom dat sulke toevallige vergrype die ou so geweldig aangetas het.

In elk geval, ou Gert het toentertyd sy straf gekry en nou het hy dit gerade geag om ook 'n bietjie raad aan my uit te deel. Hy het my verseker dat die "ou blinkwatertjies nie 'n dingetjie is wat 'n man skelmpies kan drink nie – hy verkla jouself. Ek het die ondervindinkie. Ek het my vroutjie nog nie geslaan nie, maar sy het my 'n liederlike pakketjie gegee. As Meneer eendag wil drink, sê liewer vir vroutjie, maar moenie skelmpies drink nie. 'n Vroumensie tel nie hoeveel houtjies hy slaan nie."

"Ou Gert," het ek geantwoord nadat ek hom vir die goeie raad bedank het, "ons praat nou so van die ou blinkwatertjies, maar julle het seker ook maar baie dors gekry vir gewone water?"

Skielik was alle tekens van skerts weg en ou Gert was dodelik ernstig. Selfs ná al die jare kon ek by sy herinneringe nog duidelik die naklanke van hulle lyding en ontbering in sy stem hoor. Die groot hoekige gestalte was meteens effens krom.

"O, Menéér, ek meen dit was nou baie! Soos daardie patrollietjie met die ou kamele. Dan het ek en meneer Joepie mos van Gemsbokplein af weggetrek en die eerste oorsaalplek was op Kamqua. Daarvandaan is ons reg oor die Kalahari op Kameelsleep af. Dan gaan ons op tot by Grootkolk en dan nou verder na Bayip, Erdvarkpan, Sewepanne en toe terug. Nou, soos Meneer weet, dis ook maar 'n lang entjie!" (Lieflike geringstelling: Die afstand is heelwat meer as 400 kilometer waarvan die grootste gedeelte moordende waterlose wêreld is.)

"Nou, daardie slag toe ons watertjies nou opgeraak het. Ons het later so dors geword dat ons die ou gemsbokkie moes skiet en nou die pensmiswater moes laat afloop op die vel sodat hy kan afsak om nou darem 'n nattigheidjie te bekom. Dan vat ons nou die boud se sagvleis en braai hom so sopperig oor 'n warm vuur om darem die maag vol te maak!"

Ek het die opmerking gemaak dat 'n mens onder daardie omstandighede seker nie meer baie kieskeurig is nie.

"O néé, wat 'n nattigheid is, dan drink jy vir hom! Dis 'n meningse ding! Ons het later by Sewepanne gekom – daar was nog bietjie kleiwater in die pan. Maar nou moet ons hom deur die sakdoek gooi. Meneer weet mos hoe die ou vlieëtjies in die water is. Dan gaan lê mens op jou rug om hom nou te drink soos die ou dik kleiwatertjies deur die sakdoek drup. Die anderdagmôre is die dorsie darem bietjie geles, maar die mond en die lippe is séér! Meneer weet, van die kalkerigheid van die water. En dan stink hy ook, want dis aasvoëltjies en die jakkalswatertjies en enige ding. Maar ons móét hom nou maar drink ... daar is nie 'n ander genadetjie nie. So het ek en die meneer dan nou maar aangehou en ook moed gehou, sodat ons darem onse lewens bewaar het."

Ongetwyfeld, sê ek vir myself, het die aanhou en moedhou hulle lewens gered. En kalmte en doelgerigtheid, maar veral die Geloof.

Hierdie keer het hulle darem nog kamele gehad, al verwys ou Gert nou ook in taamlike onvleiende terme na hulle.

Jare later egter was dit Joep se lot om 'n oneindig lange geweldmars te voet af te lê. In baie opsigte het dit ooreengestem met die staptog tydens die afpaling van die Britse reservaat, behalwe dat dit veel, veel langer was.

Soos die vorige keer was Joep, vergesel van Andries du Pont, op patrollie in die gebied oos van die Nossob, maar hierdie keer verder noord.

Terwyl hulle in die middaghitte van die broeiende somerdag voortry, het Joep bemerk dat daar iets met die ewenaar skort. Hiervoor was hy mans genoeg, want hy was gewoond daaraan om sy herstelwerk self te doen.

Hoewel dit hulle verskeie ure vertraag het, was die defek nie van 'n besonder ernstige aard nie en kon hulle weldra voortry. Intussen het dit egter begin laat word en het Joep besluit dat hulle maar sou oornag en die volgende oggend verder ry.

Hulle was egter pas weer onderweg of 'n skielike klapgeluid, gevolg deur 'n onheilspellende gemaal van ratte het hulle die rampspoedige nuus gebring: Die ratkas het ingegee. Daar het dit voor hulle oë gelê: fyngemaalde en afgebreekte rattande.

Honderd-en-twintig kilometer van die huis af, op 'n somerdag in die Dorsland en die wete dat stap boonop jou voorland is. Dit was glad nie gerusstellend nie. Daar was egter geen uitweg nie en weldra is die gellingkannetjie water geneem en hierdie keer die roer ook en het die lang, lang mars begin.

Die noordelike dele van die Botswanareservaat is baie

meer bebos as die gebied tussen die riviere sodat 'n mens darem 'n koelteplek het om elke paar uur te rus. Alte lank kan nie vertoef word nie, want hoe langer jy op pad is, hoe veelvuldiger raak die probleme.

Soos die vorige keer het Joep ook nie gewag vir die koelte van die aandure nie. Die afstand was so groot dat as hy dit tot die koel ure wou beperk, hy dae later eers sou tuiskom. Buitendien was hy en Andries gehard en geskoold in die weë van die Dorsland en kon hulle so 'n onderneming aanpak.

O, daardie eindelose warm ure van stap, stap, stap, met moeë tred en droë mond. By die hitte is daar die halflos sandkors, waardeur elke voetval liggies breek, die skaapganna en perdebos wat die ritme uit die treë neem. Aanvanklik is dit nie baie lastig nie, 'n mens is nog vars. Maar as vermoeienis eers begin intree en die skoenpunte begin aan die struike vashaak, dan put elke klein inspanning jou verder uit. Sover moontlik hou 'n mens liefs onder in die driedoringstrate, maar in hierdie meer noordelike dele is die driedoring op plekke so hoog en welig dat dit 'n las word om deur te worstel. Dan moet 'n mens jou telkens oor die los sandkruin waag wat jou lam maak van vermoeienis terwyl die liggaamsvog nog vinniger verdamp.

Een gelling water elk en 'n geweer wat hoe langer hoe swaarder word, veral as albei skouers eers seer is van die gewig en die hande lam van die lank vashou. Hierdie keer kon hulle onmoontlik die roer laat agterbly uit vrees dat dit gesteel kan word deur wildstropers.

Dwarsdeur die hele dag gaan dit weswaarts. Dit help nie om te ver suid te probeer hou en sodoende kortpad te kies nie, want dan moet 'n mens helling na helling uitbeur. Die algemene rigting van die duine is hier ooswes, maar met dwarsduine het 'n mens natuurlik geen keuse nie.

In die middaghitte klink die swartkorhaan se skielike wilde onmelodieuse "kwar-kwar-kwar" terwyl hy oorhaastig en lomp probeer wegkom, presies beskrywend van die naam wat Andries hom toevoeg: "Brandsak!" Wanneer 'n boskorhaan op sy beurt weer in sy huweliksvlug om die hennetjie te imponeer die vlerkies hoog bo die grond ineenvou, en hy in sy liefdeswaan skynbaar hulpeloos na benede stort, mompel hy weer: "Salig sterf."

Met sononder het die twee vermoeide wandelaars die riviervallei bereik. Nou was daar nog net tagtig kilometer se stap oor.

Vyf minute rus elke uur. 'n Halwe bekertjie water tydens die blaaskans. Selfdissipline word nou een van die belangrikste faktore in die stryd om te bly lewe.

So het die oggend van 3 Desember oor hulle aangebreek. Nog steeds vooruitbeurend, nog steeds met afgemete rusperiodes, nog steeds met 'n klein waterrantsoen sorgvuldig uitgewerk vir elke uur van die staptog. Al wat anders is, is die bene en ledemate wat nou so pynlik seer is dat elke tree verder 'n pyniging word. Nou het dit blote wilskrag gekos om verder te stap. Die versoeking om lank te rus, het al hoe groter geword. Maar Joep het goed geweet dat so iets fataal kon wees. Dus maar weer verder, altyd voorwaarts.

Wie kan ooit die brandende verlammende dors beskryf, die taaiheid in die mond, selfs die oë wat al aangetas word? Of die opgehewe voete waarop blase vorm om netnou weer stukkend te gaan? By tye het dit gevoel asof dit die ergste vyand wou word. Dan maar weer 'n paar hoofpynpoeiers met die minimum water afsluk want dit help gedeeltelik vir die pyn.

Veel meer kan geskryf word oor die lyding en ontbering van hierdie twee wandelaars, maar Joep is self iemand wat "liewer een woord te min as een te veel" sê. En Andries du Pont rus vandag al waar dors en vermoeienis nie meer pla nie.

Dis genoeg om te sê dat hulle teen drieuur die middag, gehawend, verbrand en baie dors op Tweerivieren aangekom het – triomferend oor die bedreigings van die dors en met meer insae in die Dorsland.

Die Dorsland en die weë van mense daarmee.

En die weë daarvan met mense.

# Bloeddors

Wilddiefstal, daardie obskure bloeddors wat in die naoorlogse jare ontwikkel het, regverdig 'n aparte hoofstuk. Dit is een van die grootste probleme van die Gemsbokpark.

Wilddiefstal, of stropery, is een van die oortredings wat deur 'n aansienlike persentasie van ons mense nie in 'n besonder ernstige lig beskou word nie. Veral wanneer 'n wildstroper met smaak sy eie geborduurde verhaal vertel, vind mens dikwels dat sy relaas met 'n vergoelike glimlag bejeën word – ai, so 'n ou rakker darem, hy is tog maar lief vir sy ou bokkie.

Vroeër jare was dit dikwels maar die man wat met veel tyd en moeite vir sy persoonlike behoeftes 'n bok gaan skiet het. Baiemaal het dit gebeur omdat so 'n persoon eenvoudig net nie op 'n ander manier vleis kon bekom nie. Hy is toe, soos nou, gevang en gestraf, maar daar was nog plek vir selfs humor en menslikheid. Hoe dierliker die stroper egter te werk gegaan het, hoe minder ruimte is daar gelaat om sagkens met hom te werk. Gelukkig is die skroef van tyd tot tyd al stywer aangedraai.

Is wildstropery dan nou werklik 'n wesentlike bedreiging vir die voortbestaan van die Gemsbokpark? Kan so 'n ou bokkie hier en daar dan die wildstapel bedreig? Is 'n mens nie miskien maar bietjie kras in jou optrede teen hierdie "sportmanne" nie?

In die omgewing van Springbok in Boesmanland het daar, grootliks deur die ywer en volharding van ene meneer W.E. Scully (toentertyd landdros van Springbok) omstreeks 1893 'n wildreservaat tot stand gekom wat byna presies dieselfde spesies as die huidige Gemsbokpark gehuisves het. Daar was gemsbokke, springbokke, en talle ander soorte in oorvloed. Die reservaat was van aansienlike omvang, nie minder nie as 'n kwartmiljoen akker (101 100 ha). Die eerste en enigste veldwagter was ene Andries Esterhuizen van Silverfontein, terwyl die reservaat self natuurlik net provinsiale status geniet het.

Reg van die begin af is 'n ongelyke stryd teen wilddiewe gevoer in 'n oop wêreld waar die veldwagter se aankoms tydig gesien kon word (of deur medestropers gesien kon word, letterlik en kompleet met rookseine).

Toe Esterhuizen nie alleen die mas kon opkom nie, is die verantwoordelikheid aan die polisie gedelegeer. Ten spyte hiervan – enkele skeptici beweer as gevolg hiervan – is die wild in toenemende mate by die duisende doodgeskiet en weggery.

Toe die Wêreldoorlog in 1918 ten einde loop en wapens en ammunisie volop begin word, met motorvervoer as 'n nuwe bykomende faktor, het dit slegs een jaar geduur voordat die reservaat letterlik leeggesteel is. Dit was die finale spyker in sy doodskis.

In 1919 het die Provinsiale Administrasie in dié omstandighede afstand gedoen van die wildreservaat en dit aan die Departement van Lande oorgedra. In 1929 is dit as kroongebied aan boere uitgegee.

Daarmee is 'n mooi droom vir ewig vernietig en is ons vraag beantwoord. Slegs die wakker veldwagters van die Gemsbokpark verhoed dat dit daar ook so gaan. Indien hulle enigsins sou verslap, sou die onbeheersde bloedlus in al sy felheid van nuuts af toeslaan, want selfs ten spyte van al hulle pogings word 'n aansienlike hoeveelheid skade nogtans aangerig.

Ek het reeds daarop gewys dat die oorlogsjare van 1939 tot 1945 vrede vir die wild meegebring het. Spoedig daarna het die prentjie verander.

Weereens kan ek nie beter doen as om die volgende uiteensetting in Joep se eie woorde weer te gee nie:

## Die distriksbestuurder Tsabong

Waarde Heer,

Hiermee wens ek 'n paar punte in verband met ons wilde diere onder u aandag te bring.

Ek het reeds agt-en-twintig jaar ondervinding in die Kalahari-gemsbokpark. Dit geld ook vir die gedeelte wat in Brits-Betsjoeanaland geproklameer is en selfs dele van die Kalahari in Betsjoeanaland.

Wild was baie skaars toe ek in 1934 hier aangestel is. Vir die eerste 40 myl met die Ouobrivier op was daar geen dier te sien nie, want die gebied van die Unieboere was sopas uitgebrei. Vir die eerste 85 myl met die Nossob was daar niks te sien nie, want Kleurlinge het op die rivier se oewer aan die Betsjoeanaland se kant gewoon tot by Kameelsleep. Hulle het op groot skaal met die Nossob op gejag – selfs sover as Unie-end en ook van die rivier af uit in Brits-Betsjoeanaland in.

Die Britse regering het hulle in 1938 verskuif na Bokseputs en die gebied 25 myl oos van die Nossobrivierbedding so ver as tot by die Unie-end tot 'n wildreserwe verklaar.

Brandstof was gedurende die afgelope Wêreldoorlog baie skaars. Ammunisie was haas onverkrygbaar en as gevolg daarvan het grootskaalse jag tot 'n einde gekom en die wild het met groot getalle toegeneem. Alle soorte wild was volop in die Nossob gedurende 1946. Gedurende daardie tydperk het ek groot getalle getel, byvoorbeeld: 20 000 springbokke, 6000 gemsbokke, 4000 rooihartbeeste, 350 elande en groot getalle blouwildebeeste.

Vrede vir mense het oorlog op diere beteken. Brandstof en ammunisie was verkrygbaar en stropery het in Brits-Betsjoeanaland toegeneem. By een geleentheid het ek 153 springbokkarkasse by 'n stroperskamp gesien. Slegs die gedeeltes waarvan hulle *biltong kon maak, was verwyder. Dit het so erg gegaan dat ek die Nasionale Parkeraad genader het om magtiging om ook buite die 25 myl-gebied van die Britse Reserwe te patrolleer. U regering het my die nodige toestemming verleen. Paaie van die wilddiewe het vanuit die Molopo noordwaarts gelei vir omtrent 85 myl. Ek het gevind dat langs hierdie paaie wild geskiet is met die uitsluitlike doel om biltong te maak. Selfs elande is slegs vir hierdie doel geskiet. Wilddiefstal vanuit die Unie het afgeneem nadat ek etlike stropers gevang het en hulle hoë boetes in Tsabong opgelê is. Selfs die Kleurlinge van Bokseputs het wild gesteel en die biltong aan mense in die Unie verkoop. Hulle het slegs die biltonge uitgesny en die karkasse net so gelaat. Ek het 'n paar gevalle teëgekom waar hulle vir 'n paar dae die veld in is net om biltong te maak. Hulle gebruik was om 'n paar sakke vol biltong in die veld te droog en die karkasse net so vir hiënas, aasvoëls en ander roofdiere te laat. Ek kan u verseker dat hulle die wild nie slegs vir voedsel geskiet het nie, maar meestal om die biltong aan mense in die Unie teen 'n prys van 3/6 (35c) of 4/- (40c) 'n pond te verkoop. Ek het baie van hulle betrap en u howe het hulle gestraf.*

*Hulle jag nog steeds onwettig. Dit is uiters moeilik om iemand in die Kalahari met sy duisende sandduine te vang. Ek vang nog baie van hulle en dit is vir my duidelik dat hulle gemsbokvleis by hulle het, maar hulle gee voor dat dit blouwildebeesvleis is. Stropery vanuit die Unie het baie afgeneem maar 'n mens tref nog stropery aan noord van Unie-end. Hierdie stropers is mense uit Suidwes-Afrika. Ons betrap hulle nog elke jaar maar ek het 'n paar sake te Tsabong verloor omdat daar nie 'n baken op die grenslyn tussen Suidwes-Afrika en Brits-Betsjoeanaland is nie. Ek was doodseker dat ek hulle in die protekoraat gevang het maar die magistrate wou dit nie so aanneem nie.*

*Ek gee u nou 'n normale telling van die wild soos ons dit elke maand langs die Nossob op doen, van Tweerivieren af tot by Unie-end. Vergelyk dit asseblief met die syfers van 1946. Springbokke 1263, gemsbokke 183, rooibartbeeste 175, blouwildebeeste 18, volstruise 153, elande 3. Hierdie telling is in Oktober 1961 gedoen en verteenwoordig die gemiddelde vir elke maand, behalwe dat ons nie elke keer elande raakloop nie. Hulle is baie skaars en word baie selde gesien.*

*U kan u nou voorstel hoe ons met ons rug teen die muur veg vir die beskerming en bewaring van ons wilde diere.*

*Dit is nie slegs teen stropers dat die diere 'n stryd vir hulle bestaan moet voer nie, maar ook teen die lang tydperke van droogte. Ons moet daarom ons uiterste bes doen om ons wilde diere vir die nageslag te beskerm. Die gevaar dat alle wilde diere uitgewis kan word, is groter as wat ons besef, daarom my dringende beroep om u hulp.*

*Wat sóu help – en dit is baie dringend – is: (a) Span die grens tussen Suidwes-Afrika en Brits-Betsjoeanaland toe vanaf Unie-end, noordwaarts. Daar is nog 'n oop gedeelte van ongeveer 50 tot 60 myl. (b) Vir vyf jaar lank moet geen toestemming gegee word om enige wildsoorte in die Kalahari te jag nie. Ek is seker daarvan dat as dit moontlik is, ons wild wat gevaar loop om binnekort deur 'n ramp oorval te word, in groot getalle sal aanwas, selfs al sou daar 'n paar jaar van droogte wees.*

*Vir u inligting noem ek net dat die Raad van Kuratore vir Nasionale Parke die grens tussen Suidwes-Afrika en die Wildtuin toegespan het oor 'n afstand van 120 myl van Unie-end suidwaarts en ons het uitstekende resultate verkry. Vroeër het ons die probleem gehad van wild wat die Reserwe verlaat en die grens oorsteek Suidwes-Afrika toe en ook van baie wilddiewe uit Suidwes-Afrika. Dit is nou tot 'n minimum beperk.*

*Daar is geen tyd oor om die wild nog te laat skiet nie. Die tyd om wild te skiet ter wille van die geld daaraan verbonde is iets van die verlede. Dit is nou die tyd om saam te werk en te bewaar wat nog oor is.*

*U dienswillige*
*J.D. le Riche*
*9 November 1961.*

Hoe dan anders, as Joep se lys van oortreders wat hy in die kort periode van die eerste tot die sewende Junie 1948 aangekeer het, nie minder nie as 22 stropers insluit, met altesaam 52 donkies, 18 honde, 11 geweers, terwyl hulle prooi op daardie stadium reeds 42 gemsbokke, 2 elande, 1 leeumannetjie en ander kleinwild ingesluit het.

Teen so 'n tempo sou daar gou min wild oor wees.

Dit was nogtans nie die onrusbarendste aspek nie. Die Basters, of Kleurlinge soos hulle in 'n toenemende mate genoem is, is aan bande gelê omdat hulle nie die vervoer gehad het nie en vuurwapens beperk is. Met die koms van vierwielaangedrewe voertuie het hulle nie meer 'n kans gehad om met hulle perde en donkies voor te bly indien hulle spore eers ontdek is nie. Natuurlik, in die eindelose uitgestrektheid van die Kalahari kon dit ligtelik gebeur dat 'n spoor met enkele meter misgery word. (Vir die doel van hierdie hoofstuk bepaal ek my net by die oostelike en suidelike dele aangesien die grootste slagtings daar plaasgevind het.)

Gedurende hierdie vloedgolf van stropery het Joep vir die eerste maal tekens teëgekom van wit mense wat op groot skaal begin jag het. Hulle was goed toegerus met kragtige geweers, volop ammunisie en vierwielaangedrewe voertuie. Hierdie mense was byna uitsluitlik uit die Unie afkomstig, terwyl die Kleurlinge hoofsaaklik uit Botswana gekom het. Ook het die wit mense oor betreklike groot afstande gekom sodat opsporing wanneer hulle eers die grense oorgesteek het, bykans onmoontlik was. Dit was nou nie net meer 'n geval van "'n bokkie vir die pot" nie, dit was nou besigheid – leeus, elande en gemsbokke.

Die Boesmans, wat baie van die wildbevolking en van stropery by oudkonstabel Jan Julie geleer het, het nou skielik met mening op die voorgrond begin tree. Gelukkig was hulle hoofsaaklik aangewese op hulle honde om wild te bekom en Joep kon hulle baie gou belet om honde aan te hou.

Die weersinwekkendste gesig tot op hierdie tydstip het Joep gedurende 1952 gesien. Terwyl hy op patrollie in die Britse Reservaat was, het hy op 'n plek afgekom waar meer as 'n honderd springbokkarkasse met slegs die beste garingbiltonge uitgesny, binne 'n radius van vyftig meter gelê het. Noem 'n mens dit sport of bloeddors?

Selfs in hierdie harde stryd wat nou algaande ontvou

het, was daar aanvanklik nog plek vir die komiese en humoristiese. Terwyl hy met patrollie in die gebied suid van die Gemsbokpark was, het Joep in die omgewing van Geisemapan op 'n plek afgekom waar 'n gompou (of duinpou) slegs enkele minute tevore geskiet is. Langs die slagplek het 'n duidelike motorspoor gelê en Joep het dit onverwyld gevolg. Nie lank daarna nie het hy die bakkie ver vorentoe gewaar, hard besig om te probeer wegkom.

Van hierdie punt af moet ek die verdere beloop vertel soos ek dit by oom Hendrik Human gehoor het – hy was die bestuurder van die voorste bakkie. Om nou darem die lig van twee kante op die onderwerp te laat val, het ek hom ook besoek.

Oom Hendrik vertel noukeurig van die groot nood toe hulle merk dat die Land Rover hulle agtervolg. Joep se reputasie dat hy hom nie laat afskud nie, was reeds baie wyd bekend. Duin op en duin af het dit gegaan, steeds verder en verder, terwyl die Land Rover geleidelik besig was om die bakkie in te haal en terwyl die benoudheid toeneem.

Agterop sy bakkie, vertel oom Hendrik, het 'n jong kêrel gesit wat nog nie die nodige senuwees vir dié soort van "pret" aangekweek het nie. Om moed te hou het hy homself ruimskoots uit 'n vaatjie wyn wat eweneens agterop was, gehelp. Dit moes ongetwyfeld baie oop en weerloos agter op die bakkie gevoel het en een ding kon niemand betwis nie: Deur die hele jaagtog heen was die jongman gedurigdeur die naaste aan die gevaar.

Die versterkinkie moes seker veel meer as die verwagte kalmering vir die arme oorspanne senuwees gebring het. Terwyl die Land Rover onverbiddelik nader en nader skuif, het die jong kêrel 'n banjo uit sy bondel te voorskyn getower en weldra het hy (byna net soos toe Nero Rome afgebrand het) die onvermydelike met soetklinkende snarespel gesit en afwag. Dis egter te betwyfel of Nero bekend was met die vertroosting wat daar te vinde is in "Red River Valley".

Nog twee duine verder, en die Land Rover is langs hulle en enkele oomblikke later sny dit hulle af sodat hulle vinnig tot stilstand kom. Vir die ander insittendes het dit die begin van 'n boetestorie ingelui. Vir die jongman, wat nie by die duinpan belang gehad het nie, het dit op 'n heel ander wyse laat boet. Met die skielike vassteking, het 'n boorpunt wat ook agterop gelê het, omgeval, vierkantig op sy groottoon te lande gekom en dit byna vergruis. Nou was die hele episode glad nie meer opwindend of snaaks nie en was daar geen troos meer in "Red River Valley" nie.

Die beskerming van die wild in die reservaat aan die Protektoraatkant het steeds belangriker geword. Daar is die onsinnige bewering gemaak dat dit 'n geval was van die buurstaat se wild vir hom oppas teen 'n geringe vergoeding. Dit was natuurlik nie die geval nie. Omdat die twee gebiede sy aan sy lê, met net 'n droë rivierbedding as skeiding, was (en is dit nog) in albei se belang om dit as een groot eenheid te beskou en te beskerm. Inderdaad is dit ook een ekologiese eenheid. Die wild beweeg na willekeur van die een na die ander. Wilddiefstal aan een kant beteken noodwendig ook 'n verlies aan die ander kant. Omdat die buurstaat nog nie middele gehad het om hulle deel te ontwikkel en byvoorbeeld 'n toeristebedryf te skep nie, was die voortbestaan van die twee so nou ineengestrengel dat dit eintlik onafskeidbaar was.

Vir stropers vanuit die Unie was dit natuurlik veel makliker om in die Protektoraat se gedeelte wild te steel. Deur net die Molopo onwettig oor te steek en dan noordweswaarts te hou, kon hulle deur min of meer onbewoonde gebied reis en ongesiens die reservaat bereik. Hulle het dus voordat enige wild gesteel is al klaar 'n ernstige oortreding begaan deur die Unie sonder 'n paspoort te verlaat en gewere in 'n buurstaat in te smokkel. Gewoonlik was sulke oortredings nie iets waaroor hulle hul veel bekommer het nie. Die oortreding was van minder belang, slegs die betrapping het saak gemaak.

Gedurende 1952 het Joep 'n paar goeie deurbrake gemaak toe hy die eerste van hierdie wilddiewe aangekeer het. Behalwe die ander oortredings, het die geselskap toe ook reeds twee leeus geskiet. Alte maklik was die arrestasie nie, want hierdie mense besef wat die straf vir inhegtenisname is. In hierdie geval was die boete R320.

'n Jaar later het Joep, wat toe reeds goed bekend was met die stropers se metodes, sewe wit mense afkomstig uit Kuruman en Kenhardt betrap toe hulle onder andere elande en springbokke in die reservaat geskiet het. Hulle is met altesaam R2100 beboet terwyl hulle vyf geweers en 330 patrone ook gekonfiskeer is.

Dit het ook al hoe moeiliker geword om wildstropers in hegtenis te neem. Hulle het nou byna altyd probeer wegjaag en moes dan eenvoudig agterna gesit word. Los sand, gebrek aan paaie, struike en bome was alles dinge wat so 'n jaagtog bemoeilik het. Verder het sommige van hulle ook nie gehuiwer om, wanneer dit gelyk het of hulle gevang gaan word, van geweld gebruik te maak nie. Hulle het hulle agtervolgers probeer omkoop of aanspraak op familieskap gemaak. Maar Joep was onversetlik.

'n Ander metode wat soms aangewend word om die agtervolgers af te skud, is om loodballe waarin sesduimspykers vasgesmelt is of selfs swaar klippe af te gooi. Mense wat van sulke metodes gebruik maak, huiwer nie om 'n lewe te neem indien dit hulle van vervolging kan vrywaar nie.

Die agtervolging op sigself is al gevaarlik genoeg, veral weens die onvoorspelbaarheid van die terrein. Die leser moet in gedagte hou dat dit gaan oor veld waar geen pad, waarskuwingstekens of goeie uitsig is nie en dit teen asemrowende snelhede.

So het Joep, vergesel van Willie Jacobs, een oggend voordag 'n spoor begin sny. Hoewel die ander voertuig nog nie in sig was nie, was spoed van ewe groot belang omdat die stroper nog ingehaal moes word.

Willie het dié besondere oggend bestuur.

Reg ooswaarts het dit gegaan, om boomstompe en deur plate gras en driedoring. Agter die horison het die son meteens sy kop uitgesteek en reg in Joep en Willie se oë geskyn sodat hulle nie behoorlik kon sien nie. Die son was nog te laag om die sonskerm te gebruik.

Byna gelyktydig trek albei mans hulle asem skerp in, terwyl Willie die Jeep se remme met geweld vasskop. Maar dit was 'n oomblik te laat, want die voertuig se neus het reeds gesak en in erdvarkgat begin afstort. Vir 'n gedeelte van 'n sekonde kry die twee die vreemde gevoel dat hulle sweef, maar byna onmiddellik daarna ruk die skok van die botsing hul liggame met geweld na vore. Die gat was ruim agt voet diep en in oppervlakte groter as 'n normale slaapkamer.

Daar staan die Jeepbakkie byna reg op sy kop terwyl net sy agterkant bokant die erdvarkgat uitsteek.

Maar dit was nie die ergste nie. Terwyl Willie die oomblik toe hulle na onder stort die stuur kon vasgryp en sodoende die skok in 'n mate demp, is Joep hard na vore geslinger. Sy bene het onwillekeurig styf geskop in 'n refleksbeweging, maar sy bolyf het sonder dat hy dit kon keer in die proses "sweepgeslaan" en sy gesig het die paneelbord met geweld getref.

Willie se beserings was taamlik gering, maar die skok en momentele pyn het hom nogtans enkele oomblikke op sy tande laat byt en die oë laat sluit. Toe hy weer sy oë oopmaak en in Joep se rigting draai, merk hy met skrik op dat laasgenoemde vooroorgebuig met sy gesig in sy hande sit en dat die bloed hom afstroom.

Versigtig neem Willie die een hand weg om die skade aan Joep se gesig te bepaal, maar dit was dadelik duidelik aan die kwaadaardige blou swelsel wat reeds oor sy neusbrug gevorm het dat sy neus gebreek is. Hy verloor vinnig bloed en hulle sit in die middel van die Kalahari, ongemaklik saamgehok in 'n Jeep wat byna op sy kop staan.

Stram-stram maak Willie die deur oop en voel na die gereedskap. Joep wat nog nie eens gekreun het nie, praat nou die eerste keer: "Gaan jy ons probeer uitgrawe, Willie?"

"Ja, oom Joep. Sit net stil – ek sal ons netnou uit hê!"

Willie moet mooi luister om die woorde te hoor, want sy hoof praat van agter sy bakgemaakte hande.

"Is jy beseer, Willie?"

"Paar ordentlike kneuse, oom Joep, maar niks gebreek nie."

"Ons het nie 'n graaf nie."

Dit was ook een van die eerste ontstellende dinge waaraan Willie gedink het.

"Sal hom wel uitkry, oom Joep."

Nou begin die pynlike lang uitgrawingsproses ... met 'n vellingyster. Ander gereedskap was daar nie, nie om mee te grawe nie. Normaalweg word die los sand eenvoudig met die hand weggegrawe. En sedert die koms van vierwielaandrywing was dit selde of ooit nodig.

Met die plat ysterstaaf het Willie die hoë wal onder die agterwiele eerste gepak en dit versigtig skuins begin grawe sodat die wiele duim vir duim sak. Maar skuins moet dit bly want hulle moet netnou weer agteruitry. Gelukkig was die skade voorlangs net twee verfrommelde modderskerms en 'n rooster, en 'n spul olie wat êrens uitgeloop het.

Joep het intussen moeisaam uitgeklim, sy sakdoek beskermend om sy neus gehou en in die koelte buite die voertuig gaan sit. Maar die neus bloei nog steeds – hoewel minder vandat hy dit dig toehou. Dit bemoeilik egter sy asemhaling. Die lelike blou swelsel het nou ook al tot onder sy oë uitgebrei.

Gelukkig is die sand los en effens klammerig, en vorder Willie se taak stadig maar seker. Hy doen sy bes om die pyn in sy enkel en die brand in sy borskas te vergeet. Die dekselse erdvarke – grawe gate wat alewig intuimel om dan net verder te grawe. 'n Mens kry selfs groot gate wat ryklik versier is met ou horings en bene wat die ystervarke van oral af aandra.

Twee uur later skuif Willie weer agter die stuur in. As die enjin vat en hy kry die vierwielaandrywing ingeskakel, kan hy moontlik nou uitkom. Tien minute later staan die gehawende Jeep buite en luier.

Nou huiswaarts, en vinnig ook, want Joep moet by 'n dokter kom. Wanneer hulle op Tweerivieren aankom, lê daar nog 330 kilometer voor na Upington.

"Gelukkig dat ons so vroeg begin het vanoggend," sê Willie as hy aan die lang reis wat voorlê, dink.

"Gelukkig?" vra Joep lakonies. "Dis dan die dekselse sonstrale wat ons verblind het! As ons verslaap het, was ons almal nog heel!"

Tuis aangekom, het Cillie yskoud geword toe die bebloede figuur uit die Jeep klim. Maar net vir 'n oomblik, toe was sy weer soos altyd.

"Kom, Joep. Kom ons gaan jou gesig was. Wat het gebeur Willie?" Daarmee het sy Joep ondersteunend aan die arm gevat en na binne gelei.

Kort daarna was hulle weer op pad – die lang, lang pad na Upington. Die bloeding het voorlopig effens bedaar, maar die swelsel het Joep se gesig eintlik skeef getrek.

Tien kilometer van Upington het die neus weer aan die bloei gegaan en kon hulle dit met die beste wil ter wêreld nie weer gestop kry nie. Gelukkig was die hospitaal nou nie ver nie en kon 'n geneesheer aandag aan Joep se besering gee – tien uur ná die ongeluk.

Toe selfs die geneesheer nie dadelik die bloeding kon laat ophou nie, het hy besluit om van neusproppe gebruik te maak. Daarmee klaar, het hy hom tot Joep gewend: "Nee wat, oom Joepie, die ou neus lyk nou wel nie so aantreklik nie, maar so vier-vyf dae hier onder ons hande, dan is hy weer reg."

"Dokter, wat praat jy van vier-vyf dae? Ek ry vanaand huis toe. Ek kan nie nou op my rug loop lê nie."

"Onmoontlik." Die geneesheer was beslis: "Die neus moet elke dag skoongemaak en weer geprop word. As hy weer aan die bloei gaan en oom Joep sit op Tweerivieren ... nou ja, dan gaan dit dalk nie die moeite werd wees om te probeer inkom nie."

Ook Cillie het haar nou by die dokter geskaar.

"Maar Joep, jy weet mos ek het nie genoeg kennis hiervan nie. En buitendien, ek is nie onwillig nie, maar ek kan nie met bloed werk nie."

"Maar, vrou, ek kan! Jy sal sien! Ek doen dit self. Kom laat ons ry! Dokter, jy moet asseblief vir my 'n voorraadjie van die stopsels laat kry."

"Oom Joep, ek sal met plesier die goed gee, maar mens kan dit nie self doen nie. Moet ék nou vir oom Joep vertel dat jy 'n onmenslik harde slag op die neus gekry het? So iets kan maklik jou lewe kos as dit weer aan die bloei gaan."

"Ag, Dokter, ek is nie 'n ystervark wat mens op die neus kan doodslaan nie," het Joep dit weggelag en vir Cillie gevra om die nodige by die geneesheer te kry.

Cillie het nog 'n laaste poging aangewend: "Joep, jy is nou koppig. Watse verskil kan 'n paar dae nou maak?"

Maar Joep het reeds sy goed begin bymekaar maak: "Vrou, ek gaan jou wys hoe 'n agtermekaar dokter ék is." Daarmee het hy by haar ingehaak: "Kom ons ry, dit word donker."

Dit sou vir die volgende dae Cillie se lot wees om te sien hoe Joep daagliks voor die spieël stelling inneem en self met pynlike geduld die proppe verwyder en weer terugplaas. En al het sy hom "koppig" genoem, het sy telkens weer daaraan gedink dat dit 'n man kos om so iets te onderneem – so asof dit iets alledaags is.

Wildstropery, in sy vreemdste manifestasies, het hom nou van tyd tot tyd begin voordoen. Blote bloedlus, of bloeddors. Die onmenslikste metodes is soms gebruik om 'n dier dood te kry. Verder was die slagter dikwels min geïnteresseerd in sy buit. Miskien net in die keurigste gedeeltes. In die eerste plek het dit gegaan om die bevrediging wat die doodmaak of verminking aan hulle verskaf het.

So was dit Joep se ondervinding om in die Ouobrivierpad telkens op dooie springbokke en ander kleiner soorte wild af te kom wat deur 'n paar koelbloedige motoriste ingejaag en doodgery is. Die spore op die breë riviervallei het die sombere verhaal vertel van hoe die ongelukkige bok gejaag is en die verminkte karkas het die storie afgesluit. In meeste gevalle is die karkasse nadat die "pret" verby was, onaangeraak agtergelaat. Om of die vel af te slag en vleis uit te sny, sou die kans dat die diewe betrap word, verhoog.

In die gebied oos van die Nossob het oom Willie dikwels op karkasse afgekom waarvan net klein gedeeltes uitgesny is, maar selfs vir hulle was dit 'n aaklige skok om op 'n "slagveld" af te kom waar nie minder nie as drie-en-twintig elande die een na die ander doodgeskiet is. Slegs die garingbiltonge is uitgeslag en dan ook nog net dié van die vetste diere. Daar kon beslis nie meer as 'n paar honderd pond vleis verwyder gewees het nie. Die waarde daarvan was hoogstens R100. En daarvoor moes drie-en-twintig elande opgeoffer word. Hieroor lewer mens liewer nie verdere kommentaar nie. Lesers wat self duisende kilometers per motor aflê bloot vir die genot om hierdie trotse dier te sien, sal self kan oordeel in watter lig enkelinge wat hulle aan sulke dinge skuldig maak, bejeën moet word.

Onder ware jagters, mense wat in goedgekeurde jaggebiede en volkome binne die perke van die wet optree, bestaan daar 'n ou erekode dat 'n gekweste dier nie sommerso aan sy lot oorgelaat word nie. Al vereis dit lang staptogte en baie moeite, word hy opgespoor en uit sy lyding verlos. Ons moet nie uit die oog verloor dat die ware jagter ook 'n wildliefhebber is nie. Juis hierin setel die verskil tussen die ware jagter en die wildstroper. 'n Wilddief het geen erekode nie. 'n Gekweste bok word wel soms agternagesit, maar net om die buit nie te laat wegkom nie. Daarom word weinig moeite gedoen om so 'n dier uit sy lyding te verlos. Joep se kernagtige dagboekinskrywing, toe die stropery op sy ergste was, beeld die sombere toestand die beste uit: "Die wilddiewe was weer bedrywig – die hele wyk is vol kwesbokke."

Enkele deurreisigers het hulle selfs die "sport" veroorloof om hulle skerpskutterskuns met pistole (wat by die ingangshek sorgvuldig versteek is) op springbokke te beoefen. In hulle geledere was selfs die stadsklerk van een van die grotere dorpe. Hierdie wild word nie maklik met 'n pistool gedood nie, maar 'n mens hoef darem nie te twyfel oor die vraag of jou skoot raak of mis was nie. Dit is in elk geval nie baie belangrik om die bok te dood nie, want die karkas kon mens tog net in verleentheid bring.

Wat is die gesindheid en houding van hierdie wildstropers wanneer hulle gevang word? Is hulle berouvol? Of is die moontlike boete dalk al waaroor hulle sleg voel?

Hierop is daar meer as een antwoord. Neem die geval van die groepie uit Suidwes wat die wildtuingrens oorgesteek en vir hulle twee gemsbokke binne die Gemsbokpark kom skiet het. Joep het hulle op heterdaad betrap.

As verdediging by die verhoor het hulle aangevoer dat hulle die bokke in Suidwes geskiet het en nie binne die wildtuingrens nie. Hierop is 'n inspeksie ter plaatse deur die magistraat gelas. Die inspeksie het hulle skuld bo alle twyfel bewys en die uiteinde was 'n swaar boete. Die uiteinde? Nee, nog nie, want soos meermale in sulke gevalle gebeur, het hulle nou gevoel dat hulle verontreg is en dat hulle wraak moet neem. Wraak in die letterlike sin van die woord.

Die beste metode, het hulle besluit, was om 'n regte sterkman te huur om Joep behoorlik "op sy plek te sit". Daar was egter die moontlikheid van nog 'n boete vir aanranding en daarom het hulle tydig voorsorg begin tref. 'n Sentrale fonds is onder simpatiseerders gestig waaruit die boete en ook die kragman se fooi betaal kon word.

Nou moes Joep net na 'n geskikte plek gelok word. Intussen het hy van al hulle planne te wete gekom. Toe 'n afvaardiging hom dus kom nooi om die presiese grense uit te wys "sodat hulle nie weer dieselfde fout maak nie", het Joep geweet wat voorlê. Wegbly? Hulp soek? Wapens saamneem of die polisie in kennis stel? Nie Joep nie! Selfs sy Basterkonstabel het dit mooi opgesom toe hy my verseker: "Meneer Joepie het nog nooit weggehol vir g'n ongedierte nie. Vir wat sal hy nou staan weghol vir 'n slanerige mens?"

By die plek van afspraak aangekom, was daar nie minder as vyftien stuks bymekaar nie, en onder hulle die kragman. Teenoor hulle was daar bloot die middelmatiggeboude postuur van Joep en sy konstabel.

Asof hy nie in die minste bewus van hulle voornemens was nie, het Joep afgeklim, vriendelik gegroet, en begin aanstap in die rigting van die eerste baken. Dadelik het die sterkman langs Joep ingeval en hom kort-kort met die skouer gestamp. Hy wou klaarblyklik 'n reaksie uitlok – en nou ja, as hy dit soek, sou hy dit kry. Joep het niks gesê nie, maar net vir die regte oomblik en tyd gewag. Toe ons held nog 'n stamp waag, het Joep hom met 'n systap ontwyk en die kragman, wat effens van balans was, so 'n deeglike demonstrasie van skouerstamp gegee dat hy met sy rug in die venynige omhelsing van 'n blouhaak beland het.

"A nee a, kêrel, kry end met jou gestampery aan my!"

Die kragman het hom langsaam uit sy onwaardige posisie losgewikkel en die haakdorings met pynlike geduld uit sy vel losgewoel terwyl Joep hom daarmee help. Maar sy bakleilus was uit – sover dit teen Joep gebruik was altans. In 'n sekere mate was hy nog effens dreunlyf, daarom dat hy ongemerk in Joep se oor fluister: "Ek het lus en foeter daardie spul nou op! Kyk hoe staan hulle ons en aangaap!"

Dan kyk hy verwonderd op na Joep. Kan daar soveel krag in iemand wat nie naastenby sy grootte het nie, skuil?

Enkele stropers was werklik berouvol, ander het die feit dat 'n boete hulle voorland was, betreur, terwyl andere veronreg en gegrief gevoel het. Van laasgenoemde het party so ver gegaan as om die kerk te verlaat wanneer Joep dit binnekom. As besonder getroue kerkman het dit hom noodwendig ontstel maar nooit van stryk gebring nie. 'n Plegtige belofte weerhou my daarvan om te meld hoeveel en wat Joep bereid was om vir sy kerk te doen en onwillekeurig vra ek myself af hoe gegriefde stropers se dade daarmee vergelyk.

'n Gebeurtenis wat sowel Andries Bloedoog as Jan Soetseun se harte sou verbly het, maar wat hulle nie beskore was om te sien nie, het hom in die noordelike deel van die reservaat, in die omgewing van Swartpan, afgespeel. Joep, 'n nuwe konstabel, Willem de Waal, wat hy kort tevore in diens geneem het, en Stoffel was in die duine op patrollie toe hulle meteens 'n perdespoor gekruis en dit versigtig begin volg het.

Toe hulle die oewerduintjie oorsteek en afsak na die Swartpan, het 'n vreemde gesig op hulle gewag. Byna presies soos Jan Soetseun gemaak het, was 'n man te perd besig om 'n gemsbokkoei te jaag. Die verskil was egter dat die ruiter nie 'n geweer gehad het nie. Hy het ook geen wapen meer in sy hande gehad nie, want die lang werpassegaai het met die eerste gooislag agter die bok se blad bly steek sonder om die dier dodelik te tref. Die assegaai het nietemin 'n long binnegedring en dit, tesame met die pyn en bloedverlies, het die gemsbok spoedig so uitgeput dat die ruiter haar telkens met die perd kon afkeer voordat sy uit die pan se plat kaal bedding kon wegkom. (Selfs 'n gesonde gemsbok kan deur 'n knap ruiter op 'n goeie perd ingehaal word.)

Sonder sy assegaai het hy nie gehuiwer om die tweede beste metode te gebruik nie. Op die brakplekke in die bedding van die pan het hy armsvol kalkklippe wat deur die wild losgekrap is, opgetel en die koei wat hygend en bloeiend probeer wegkom het spoedig weer ingehaal. Nou het hy begin om haar dood te gooi.

Dit was te veel vir Joep.

"Vang daardie man!" het hy Stoffel beveel, en in sy ergernis sy broek skeef opgetrek op die flank.

Die voertuig het met moeite gevat en rukkerig in die rigting van perd en ruiter begin ry. Terselfdertyd het die ruiter hulle gewaar, die perd omgepluk, sambok begin inlê en oopgelê oewer toe.

"Vinniger!" beveel Joep toe hy merk dat hulle met 'n slakkepas voortry. "Jy moet baie vinniger ry!"

"Hy kan nie, Pa. Daar's iets verkeerd." Die Jeep het rukkerig voortgery tot by die oewerduin waaroor die ruiter pas verdwyn het. Die duin was egter een te veel en Stoffel se beste pogings ten spyt, het die Jeep halfpad vasgesteek, terwyl die ruiter tussen die naaste bosse verdwyn het. Hy het die wedren gewen.

Haastig het Joep-hulle afgespring, die masjienkap oopgemaak en na tien minute ontdek dat die koolstofstafie van die vonkverdeler gebreek het. Die wilddief het weggekom.

Nadat hulle meer as 'n uur gesukkel het, het hulle daarin geslaag om dit tydelik te herstel. Hulle moes maar huiswaarts keer in die hoop dat hulle die lang afstand sou kon aflê. As enigste "aandenking" het hulle die assegaai saamgeneem nadat die gemsbok uit haar lyding verlos is.

As Andries Bloedoog dit kon aanskou het, sou hy beslis perde wou omruil.

In 'n sekere mate was dit 'n vernedering dat hulle nie die ruiter kon vang nie, maar nie van 'n persoonlike aard nie. Persoonlike vernederings was natuurlik in hierdie soort werk nie uitgesluit nie. Soos die keer toe Joep vir Hans Bok met vars wildvleis by sy huis betrap het en die klomp bruin vroue hom aangeval het in hul woede oor die verlies. In die proses is hy in die gesig gekrap en gespuug, gevloek en met klippe gegooi. Uiteindelik het hy die skuldiges nietemin gearresteer en weggeneem om verhoor te word.

Byna by wyse van kompensasie het een van die Boesmans, Kort Jan, vir wie Joep lankal van stropery verdink het, sy rieme deeglik styfgeloop. Dit is nie vreemd dat Boesmans 'n jagluiperd flou jaag en hom dan doodslaan nie (van een so 'n episode van flou jaag was ek ooggetuie). Op die besondere dag wou Kort Jan Boesman vir 'n vrou aan wie hy 'n besondere weldaad wou bewys, in ruil vir 'n besondere guns, 'n jagluiperdvel steel. In sy liefdesroes moes hy 'n klein oordeelfout gemaak het met die spoor. Toe hy dus, nadat hy twee kilometer ver spoorgesny het, die gevlekte vel vaagweg agter 'n duinriet bespeur, het sy ywer sy gewone goeie oordeel so benewel dat hy daarop afgestorm het, kierie in die lug.

Dit was egter nie 'n jagluiperd nie, maar 'n luiperd. Die gevolg was dat Kort Jan weldra in 'n stryd om lewe en dood met die luiperd was. So 'n luiperd val mens met alles tot sy beskikking aan. Naels, kloue en tande ... al hoe meer snye en skeure het op sy vel en in sy vleis verskyn.

Tot sy krediet moet gesê word dat Kort Jan Boesman kloekmoedig geveg en dit oorleef het. Al het dit dan nou ook beteken dat Joep hom weke lank moes verpleeg nadat die dokter sy deel gedoen het. (Joep het hom nie eens uit die park geskop nie – "hy het mos sy straf gehad".)

'n Interessante bygeloof het omstreeks hierdie tyd onder die Bastergemeenskap begin posvat. "As jy 'n gemsbok kopafsny," lui dit, "en hy brul soos 'n kameel, moet jy laat koes: Joep is op jou." Ek het sorgvuldig hieromtrent navraag gedoen en een en almal is dit eens: 'n Gemsbok se brul is 'n gevaarlike voorspooksel.

Op hierdie gebied is ou Jan Burger 'n gesaghebbende. Hy was baie jare lank self 'n konstabel en jare lank het hy wild gesteel. By hom het ek klinkklare bewys gekry van die ou gelofie: "Ons was een skoot 'n klompie manne hier in die jagveld. Ons jag, jag, jag, maar ons kry niks. Toe sê een van die ouens: 'Manne,' seg hy, 'kom ons maak maar so 'n ou draaitjie innie park! Joep sal tog nooit hier uitkom nie!' En ons draai sommer so slap linksweg in die park af. Ook nie lank of ons kry 'n gemsbok … so 'n ou maér koeibok. Enne, een van die ouens was klaar en hy bles hom. Dis 'n sleg skoot, maar hy skiet darem die blad hoogbreek. Ons is met die donkies saam, maar nou sit ons die honne op die bok! Enne die honne kom só met 'n draai met die bok saam, en ons keer hom vas en ons sny hom kopaf. Maar ek sê darem vir jou, toe brul so 'n bok! Vreeslik! Kompleet nes 'n kameel. Enne een van die manne vra hoekom skrik ek so? Nee, moenie mofaai nie! Maar dis sommer nes ons onrustig is, enne ons laai die bok en ons maak laat ons wegkom!" By die blote herinnering tap 'n groot sweetdruppel – nee twee – langsaam van ou Jan se voorkop af. "Enne toe ons by die kampplek kom, toe laai die ouens darem af! Ook nie eers klaar nie toe sê een van die manne: 'Hoe smaak my ek hoor 'n kar?'

"Ons vra nog waffer kant, enne hy sê suid! Dan moet hy mos baie naby wees – dis dan windaf. Toe ons opkyk, hier kom meneer Joep met die ou vaal Jiepie oor die duin aan. En ek sê vir jou, toe spring die ouens daar weg om te hardloop en te laat koes in die lang gras. Maar nou hol die honne mos nou saam. En soos die ouens hulle loop platgooi, hier staan die honne nou staan stertswaai. Enne daar skree ou Gert al bo van die ou vaal Jiepie af: 'Meneer, daar is mannetjies, kyk daar staan die hondjies by hulle!' Enne, net daar trap meneer Joep ons vas. Daar het die geloof nou begin. Party ouens was eers baie bekkig – wou nie glo nie. Maar nou se dae weet hulle dis 'n ware geloof."

Die beloop van hierdie hoofstuk is nie volkome in chronologiese volgorde met die ander nie. Om egter 'n perspektief te kry en onnodige herhaling van byna identiese gebeurtenisse uit te skakel, vergeet ek nou die chronologiese volgorde en vertel net van twee van die laaste groot strooptogte deur wit mense.

Die eerste voorval verplaas ons na 1965. Sedertdien het Stoffel en Elias hulle universiteitsloopbane voltooi en ook as veldwagters in die Gemsbokpark diens aanvaar, op Mata Mata en Nossob onderskeidelik. Joep is intussen bevorder tot natuurbewaarder.

In die jare wat verby is, het wilddiefstal in sommige opsigte van gedaante verander, maar in wese het dit dieselfde gebly. Die metodes het meer "gespesialiseerd" geword (as mens dan so 'n fatsoenlike woord hierop moet mors) maar basies het bloeddors nog maar die dryfveer gebly.

Vanselfsprekend het ook die veldpersoneel hulle metodes aangepas en verbeter. Dit sou onwys wees om hier vollediger in te gaan op hulle "inligtingsdiens" want die dae van stropery is nog nie verby nie. Op 'n vroeë Meidag het Joep-hulle inligting ontvang dat 'n voertuig die Molopo noordwaarts gekruis het by Dagarida. Daarom besluit hy om die spoor te volg. Ná tagtig kilometer kom hulle op die eerste skietplek af – 'n gemsbok is hierdie keer doodgeskiet. Soos gewoonlik is net die keurigste dele uitgesny. Nie ver daarvandaan nie, kom hulle op die oorblyfsels van 'n tweede gemsbok af. Verder en verder volg Joep die spoor en op 170 meter sien hulle die eerste keer die vreemde bakkie. Die bestuurder was juis besig om water in die verkoeler te gooi.

Onmiddellik begin die jaagtog. Maar hierdie keer sou dit nie baie lank aanhou nie. Tien kilometer verder het die voorste bakkie se hele verkoeler van oorverhitting oopgebars.

Die stropers was twee wit mense en 'n Kleurling, almal met gewere gewapen. Benewens die gemsbokke het hulle ook drie leeus geskiet.

Een van die passasiers van die voorste bakkie het, in 'n poging om vervolging te ontduik, afgespring en geskuil totdat Joep verby was. Daarna het hy die lang pad na die Molopo te voet aangepak. Hy het weliswaar vervolging vrygespring, maar sy uitstappie het hom nogtans duur te staan gekom.

Dae later eers het hy die Molopo bereik – voetseer, sonverbrand en so uitgeput van die dors dat hy geruime tyd behandeling in die hospitaal moes ontvang. Dalk sou dit vir hom beter gewees het indien Joep-hulle hom gesien weghardloop het en hom gevolg het.

Die ander twee is gearresteer, aanvanklik verontwaardig en lus vir baklei. Beslag is op hulle gewere en voertuie en die leeuvelle gelê, terwyl die polisie van Tsabong laat weet is om hulle te kom haal. In die Nossob waarheen hulle teruggebring is om op die koms van die polisie te wag, het Cillie vir hulle iets te ete en te drinke gegee.

Uiteindelik is hulle weggeneem om gestraf te word. Dit was een van die pligte wat Joep telkens diep seergemaak het, maar hy het geen keuse gehad nie. In sy dagboekinskrywing lees ek hierdie woorde: "Dit was maar 'n baie onaangename taak vir my om af te handel. Al troos wat ek het, is dat hulle albei wilduitroeiers is wat net doodskiet en vermors."

Die tweede geval waarna ek hierbo verwys het, het in 1966 plaasgevind. Soos reeds genoem, het die veldpersoneel van die Gemsbokpark sedertdien aansienlik uitgebrei, is hulle tegniek verbeter, en ewe belangrik, goeie moderne vierwielaangedrewe voertuie is tot hulle beskikking gestel. Sowel Elias as Stoffel het vierwielaangedrewe Chevrolet-bakkies gehad, terwyl Joep 'n dergelike Willys-bakkie gery het.

Teen die end van September ontvang Joep berig dat 'n groep stropers binne enkele dae die reservaat sou binnedring en dat hulle hierdie keer 'n konvooi voertuie en baie geweers het en dat hulle hulle nie gaan laat vang nie – wat laasgenoemde dan ook al mag impliseer.

Onverwyld word Stoffel en Elias ontbied en die program van optrede bespreek. Daarna vertrek hulle na die gebied. Terwyl Joep en Stoffel saam na Eley-se-kop ry om daar te gaan oornag, het Elias hom met sy voertuig langs 'n "jagterspad" versteek om te kan verken. Dit is noodsaaklik om stropers te betrap voordat te veel skade aangerig is.

Nadat hulle die nag in die veld deurgebring het, waar hulle vanselfsprekend nie eens kon vuur maak nie, ontmoet hulle Elias vroegoggend soos vooraf gereël.

Nuus was daar gewis. Volgens Elias is drie bakkies gedurende die nag by sy skuilplek verby.

Die jag het begin.

Spoedig kry hulle weer die spore en volg hulle so vinnig moontlik. Dit blyk gou dat een van die bakkies teruggedraai het, maar dat twee nog in die rigting van die Nossob op pad is. Dus volg Joep en sy twee seuns hierdie twee.

Die hele lang lentedag word die agtervolging voortgesit. Die drie veldmanne en hulle konstabels lees die tekens en spore so duidelik as wat 'n geskrewe verhaal dit maar kan weergee. Hier het hulle voordag koffie gemaak, hier het hulle hulle roers vol patrone gemaak en hier het hulle 'n gemsbok begin jaag. Plek-plek hou hulle stil wanneer hulle 'n nuwe jagplek kry. Woordeloos staan die drietal telkens en kyk hoedat die gemsbokkarkasse net so gelaat is nadat die beste biltonge inderhaas uitgesny is. Volstruise is eenvoudig net doodgeskiet ter wille van die paar stertvere – die res word onaangeraak agtergelaat. Nou word die spore vars; hier het hulle middag gehou.

Teen die laat middaguur is die "jagters" se buit reeds twee leeus, vyf gemsbokke en ses volstruise – almal vanuit die bakkies geskiet. En toe meteens gewaar Joep-hulle in die verte die eerste bakkie. Die bestuurder was skynbaar nie bang dat hy gevang sou word nie, want hy het agter die stuur van 'n vierwielaangedrewe Ford V.8 gesit. Moontlik het hy ook nog ander redes gehad om te glo dat hy hom nie sou laat vang nie.

Sommer dadelik begin die jaagtog op 'n hoë noot. Die Ford skiet met 'n vaart weg met Joep en Elias in die Willys agter hom, gevolg deur Stoffel in die Chevrolet. Vandag sal die twee seuns hulle staal moet wys.

Ek het nog nooit enigiets teëgekom wat naastenby met 'n jaagtog van hierdie aard vergelyk kan word nie en ek vind dit moeilik om in die vreedsaamheid van 'n studeerkamer die effek daarvan weer te gee. Miskien is die woeste jaagtogte uit die Wilde Weste-rolprente wat my altyd so heerlik amuseer, tog nie so vergesog as wat ek altoos geglo het nie. 'n Mens kan vertel van meesterlike bestuurskunsies in ondenkbare omstandighede en jy loop gevaar dat jou lesers jou van oordrywing kan beskuldig. So kan 'n mens ook praat van die lewensgevaarlikheid van so 'n uitstappie en dalk daarvan verdink word dat jy spanning probeer skep. Daarom bly ek maar by die koel feitlike verloop, sonder onnodige kommentaar.

Terwyl hulle die een duin na die ander uitstorm om daarna die afdraande aan die anderkant af te jaag, het die afstand geleidelik begin krimp.

Soms het die Willys 'n onverwagte toegif gekry soos die keer toe dit op een plek nie minder nie as een-en-twintig voet (as sewe meter klink dit te gering) gespring het. Maar soms is die Jeep ook vertraag soos die keer toe dit reg boop 'n nxoibos beland en 'n rukkie in die lug bly hang het. Hierdie dinge was maar deel van die meedoënlose wedren.

Verder, en steeds verder gaan dit, die een moordende kilometer na die ander, duinrûe oor dat die sand ru omgeploeg en opgegooi word in rooi mure, straataf deur die stand fyntwa en driedoring heen, flitsend om boomstompe, wydsbeen oor erdvarkgate. Intussen krimp die afstand wat hulle skei kleiner en kleiner.

Meteens spring die Ford se agterklap oop en die noodwiel tol na benede. Een vlugtige oomblik dag Elias dat dit 'n obstruksie is wat opsetlik voor hulle gegooi word, maar toe hope brandewynbottels en blikke bier agternatuimel, wis hulle onmiddellik dat dit nie opsetlik geskied het nie. As 'n mens jou proviand so ver bring, gooi jy dit nie so ligtelik weg nie.

Nog twee duine oor, en toe gebeur dit net toe hulle reeds op die Ford se stert is: Die Willys se voorwiel tref 'n skerp kameelboomstomp wat bokant die sand uitsteek en onmiddellik is die wiel pap. 'n Sug van frustrasie ontsnap Elias se bors.

Gelukkig is Stoffel kort op sy hakke en neem hy nou die agtervolging oor.

Vinnig word die wiele omgeruil en voortgery om hulp te gaan verleen. Maar dit was eintlik nie eens meer nodig nie, want vier kilometer verder het Stoffel die Ford reeds flou gejaag – daar staan hy en stoom met 'n gebarste verkoeler.

Een van die stropers was reeds aangekeer, maar die ander twee het vinnig weggehardloop en gaan wegkruip. Nie vir lank nie, want hulle spore het hulle gou verraai. Aanvanklik wou hulle soos gewoonlik nie van hulle gewere afsien nie, maar na 'n bietjie oorredingswerk is ook daarop beslag gelê. Die tweede bakkie het, sonder dat Joep-hulle dit geweet het, net agter 'n volgende duin vasgesit. Maar dit was reeds donker en hulle moes maar tevrede wees met die dag se sukses. As hulle net van die ander een so naby geweet het.

Dadelik is besluit dat Stoffel na Tsabong sou ry om die polisie te ontbied. Hy het so gou moontlik vertrek en 'n besondere prestasie behaal deur die geweldige afstand, sonder enige landsmerke wat aan hom bekend was en sonder kompas, in die pikdonker af te ry, om met die presiesheid van 'n posduif teen sonop by sy bestemming aan te kom.

Dit is die gehalte van die diens wat die veldpersoneel van die Gemsbokpark aan wildliefhebbers lewer, dit die aard van die beskerming waarna vroeër verwys is, al is dit maar een aspek daarvan.

Sal wildstropery ooit 'n einde kry? Sal die bloeddors ooit bevredig word?

Waarskynlik nie, helaas.

Solank ons nasionale parke egter oor veldpersoneel beskik wat soveel op die spel plaas om die wild te beveilig, het ons besoekers en wildliefhebbers niks te vrees nie.

# 'n Erfenis vir die nageslag

In die Gelofte van Sarel Cilliers en die klein aantal Trekkers op pad na Bloedrivier, lees ek hierdie treffende woorde: "... en dat wij aan onze kinderen zullen seggen..."

Met hierdie sleutelwoorde is 'n tradisie op die pad van Suid-Afrika geskryf wat ná meer as 'n 130 jaar nog standhou. In werklikheid is dit meer as 'n tradisie: Dis ook 'n Gelofte wat nog onderhou word, dis 'n erfenis vir die nageslag wat van die een geslag na die ander oorgedra word, dis die behouding van die eie.

Joep wat in die vroeëre onsekere jare van die Gemsbokpark met talryke probleme te doene gekry het, kon nie weet dat 'n nasie die park eendag as sy eiendom en verantwoordelikheid sou aanvaar en dat dit eendag met piëteit bejeën sou word nie. En tog het dit gebeur. Geen ander nasie op aarde het 'n drie-en-vyftigste Sabbat nie en geen ander nasie op aarde het 'n Gemsbokpark nie. Dit is ons eie, ons jaloerse, eksklusiewe eie, wat as erfenis aan die nageslag oorgedra moet word.

Destyds egter, het dit nog nie hierdie plek in die hart van die nasie beklee nie. Ons weet maar alte goed dat liefde, 'n liefde wat selfs groot genoeg is om offers te laat bring, nie altyd van pa tot seun oorgedra kan word nie. Joep het dit ook geweet. Daarom moes hy seker menige dag die kwelvraag vir homself gevra het: Gaan ek hierin slaag? Gaan ek die oortuigings wat ek uitgespreek het eendag lank, lank gelede toe 'n getroue ou Basterkonstabel die handdoek wou ingooi, ook aan my eie kinders oorgedra kry?

In watter mate Joep in hierdie gesinsroeping geslaag het, laat ek aan andere oor om te oordeel. Ek weet reeds.

"... en dat wij aan onze kinderen zullen seggen..."

Gedurende 1953 is daar 'n ingrypende reorganisasie in die personeelstruktuur deur die Raad van Kuratore vir Nasionale Parke aangebring. Hierdie liggaam moes die wiele aan die rol hou, die ratte geolie, en meer belangrik nog, hulle moes gedurig 'n toekomsvisie hê met die oog op die bewaring van een van die heel grootste erfenisse van die nasie. Die byna onmoontlike, die byna onversoenlike taak van "behoudende ontwikkeling" was hulle verantwoordelikheid. Daarvoor moes daar 'n langtermynbeleid én 'n van-dag-tot-dag-beleid geformuleer word, om êrens in die toekoms, maar ook vandag en môre, uitvoering te gee aan die twee oogmerke van 'n nasionale park.

Op gevaar af dat mens daarvan beskuldig kan word dat jy jou werkgewer in te vleiende kleure skilder, weerhou ek myself daarvan om in meer as een enkele sin kommentaar hieroor te lewer. Verder sal ek my hou by die koel nugtere feite wat aan elkeen bekend is. My enigste persoonlike opmerking is dat daar sedert 1953 verder gevorder is op die pad van "bewaring" én "genot en voordeel" as in enige ander vergelykbare tydperk in die geskiedenis van die nasionale parke van Suid-Afrika of van parke in die wêreld.

Kortliks gee ek dus in enkele sinne belangrike sinoptiese deurbrake van die Parkeraad wat bereken was op die bereiking van 'n ideaal:

- Die skepping van die Pos van Direkteur van Nasionale Parke en die aanstelling daarin van ... 'n seun van die Kalahari.
- Die omheining van die grens tussen die Gemsbokpark en Suidwes waarvoor Joep hom so lank beywer het.

- Die omheining van die grens tussen die Mier-Kleurlingnedersetting en die park.
- Die stigting van ruskampies by Mata Mata en in die Nossob en die vergroting van die ruskamp te Tweerivieren.
- Die skepping van 'n addisionele veldwagterpos te Nossob.
- Die maak van die duinepad tussen Kamqua en Dikbaardskolk.
- Die uitbreiding van die program van watervoorsiening.
- Die verbetering van lewensomstandighede van personeel ten opsigte van behuising, vervoer ens.
- Die terugdryf van wild uit die Kleurlinggebied suid van die omheining – in sy omvang en aard waarskynlik enig in die wêreld.

Veel het in die laat vyftiger- en in die vroeë sestigerjare in die Gemsbokpark verander. Baie van hierdie dinge was gesonde groei en ontwikkeling en kon met blydskap aanvaar word.

Ander dinge weer is deur die onverbiddelike opmars van die tyd teweeggebring en al moes dit tog vroeër of later gebeur, doen dit nie afbreuk aan die feit dat dit met 'n mate van weemoed betrag is nie.

Ou Gert het finaal afgetree. Die ouderdom en die ou kwaaltjies het begin druk. Daarmee is 'n skakel met die heel vroeë, onsekere beginjare finaal verbreek. Ou Gert het hom weliswaar nie ver van die Gemsbokpark gaan vestig nie, maar sy diensjare was iets van die verlede.

Die "ou kameeltjies" daarenteen het vermenigvuldig en die aarde begin vul. Met die koms van die vierwielaangedrewe voertuie en die meer moderne metodes van wilddiefstal het hulle egter geleidelik oorbodig begin raak. Toe daar teen 1954 heelwat meer as tagtig was, is besluit om die meeste van die kamele te verkoop. 'n Klein klompie is behou ter herinnering aan die ou kameelpatrollies en vir besoekers om op te ry. Ook maar goed dat ou Gert toe reeds weg was, want dit sou vir die ou 'n absolute skok gewees het om te aanskou hoedat mense, by hulle volle sinne, betaal – letterlik geld betaal – om op die skommelende onwelriekende ou kameeltjies te ry. Met die verkoop van dié diere is nog 'n skakel met die verlede in 'n groot mate verbreek, maar sonder dat enige van die veldpersoneel dit juis beween het.

Die Boesmans het eweneens fluks aangeboer. Die geruis van klein voetstappe, wat met ongelooflike kort tussenposes deur bykomendes aangevul is, het teen die mooi rooi duine van Tweerivieren iets alledaags geword. Intussen het hulle, met enkele uitsonderings, nie baie gedoen om hulle meer gewild te maak by hul bewaarders nie. Oor die kwessie van "lewens bewaar" het hulle opvattings verskil van dié van hulle beskermhere, en beslis ook met wat minister Piet Grobler toentertyd in gedagte gehad het. Benewens die gereelde rantsoen lewensmiddele wat hulle lewenslank *ex gratia* ontvang het, het hulle al hoe meer meer eise bly stel. Hulle wou weer honde aanhou, hulle wou toegelaat word om vrylik te jag, hulle wou kom en gaan soos dit hulle behaag, hulle wou na willekeur besoekers ontvang, hulle wou beter huisvesting hê (erg ontradisioneel) ... maar hulle wou hulle nou darem nie sover verneder as om te werk nie. Samevattend: Hulle wou 'n klein aardse paradys hê. Vanwaar Joep al sy lydsaamheid en geduld gehaal het om telkens maar weer die weglopers te gaan aanry terwyl hy hulle gevoed en geklee en die siekes laat behandel het, kos iemand met meer insae as ek om te verstaan.

Met die loop van jare het hulle wat ras betref geleidelik hulself begin diskwalifiseer vir beskerming in 'n nasionale park. Die oorspronklike gedagte, moet 'n mens altyd in gedagte hou, was om 'n egte groepie "volbloed" Boesmans spesiale beskerming te gee om te voorkom dat hulle dalk geheel en al van die aangesig van die Kalahari verdwyn. Hierin was niemand 'n groter vyand as hulleself nie. Hulle het verbaster met Namas en swart mense en alleen 'n deskundige sou later met juistheid kon bepaal tot presies watter etnologiese groep 'n individu behoort. Die meeste lyk nog taamlik soos Boesmans en handhaaf nog gedeeltelik die lewenswyse (in soverre dit beteken om nie te werk nie) maar andersins is van egte Boesmans maar weinig sprake. Dit is so dat slegs enkeles nog die Boesmantaal kan praat. Ook hulle kleredrag is nie meer tradisioneel nie, behalwe wanneer van die jong vroue iemand met 'n kamera gewaar en hulle besef dat 'n vinnige terugkeer na die tradisionele hulle 'n handige fooitjie kan besorg. Dit is die naakte waarheid. Vir die res is hulle in soverre dit vir hulle moontlik is, verwesters (of verswart).

Hulle wenslikheid as 'n toeristeaantreklikheid is erg onder verdenking, soos ook die wenslikheid om hulle 'n onbepaalde tyd langer in die park te bly behou. Hulle het hulself gediskwalifiseer.

Ter wille van billikheid moet 'n mens darem noem dat verskeie van die Boesmans in vroeër dae waardevolle dienste aan Joep en die Raad gelewer het, en sommige selfs vandag nog. Só sal die naam van ou Malgas voortleef (tot ou Gert se ergernis) en so ook Makai, Agarop, Regopstaan en in latere tye Tokkelos Boesman wat my en Dirk bo alle twyfel oortuig het dat 'n Boesman wél 'n jagluiperd kan flou jaag.

Deur een of ander sonderlinge frats van die natuur het Joep in 1954 die ondervinding gehad om 'n rooibok in die Ouob tussen 'n trop springbokke te ontdek. Ek sê opsetlik *ontdek*, omdat dit niks minder as 'n geskiedkundige ontdekking was nie. Volgens Reay Smithers se verspreidingslys van soogdiere is die naaste punt in Botswana waar rooibokke voorkom minstens vyfhonderd kilometer van waar hierdie een gevind is. Daar bestaan geen moontlikheid dat Joep 'n identifikasiefout kon begaan het nie, want die rooibok is etlike weke lank daagliks opgemerk. (So is daar byvoorbeeld teen alle verwagtings in gedurende 1969 'n sestal bakoorjakkalse in die Krugerwildtuin gevind, hoewel niemand vroeër vermoed het dat so 'n moontlikheid bestaan het nie.)

Een van die nuwere ondernemings van die Parkeraad en een waarmee Joep ten nouste te doene gekry het, was die herinvoer van wildsoorte na parke waar die getalle nie na wense was nie. Die beginsel was, en is, natuurlik om net dié soorte terug te bring wat oorspronklik in 'n besondere park voorgekom het. Derhalwe is wild vanuit die Gemsbokpark hoofsaaklik oorgeplaas na ander Kaapse parke en Golden Gate in die Oranje-Vrystaat. Gemsbokke, rooihartbeeste, springbokke en 'n klompie elande was die vernaamste soorte. In latere jare is die kruisboog ontwikkel en het die vang van diere met verdowingsmiddels die maklikste uitweg geword. Aan die begin moes die wild egter maar op die "boeremanier" gevang word – iets wat met die vlugvoetige Dorslandwild 'n haas onbegonne taak is. 'n Sekere persentasie skade kon aanvanklik nie verhelp word nie. Nogtans is die kleiner parke mettertyd voorsien van soorte wat alreeds daaruit verdwyn het en ook van soorte waarmee dit nie so voor die wind gegaan het nie.

Die oprigting van eerstens die heining tussen die Gemsbokpark en Suidwes-Afrika en later dié tussen die park en Mier het meer probleme opgelos as enige ander projekte.

Die omheining op die wesgrens is deur die Nasionale Parkeraad en die grondeienaars aan die ander kant gesamentlik onderneem. Terwyl die Raad die koste van die materiaal gedra het en die spesifikasies neergelê het, het die eienaars vir die oprigting betaal. Nou was daar nie meer probleme ten opsigte van grensbepaling nie.

Verder is alle grootskaalse beweging van wild oor die grense aan bande gelê. Nie dat breekplekke in die draadheining nie nog sou voorkom nie. Aanvanklik was die breekplekke iets alledaags, maar geleidelik het die wild begin leer om binne die omheining te bly en selfs geleer aan watter kant dit die beste vir hulle gesondheid is.

Die taak op sigself, dit wil sê die plant van pale en span van draad was ook nie so eenvoudig nie. Die sand is los, trekpale moet besonder stewig geanker word, afstande was groot, die son warm – en die heining moes wildwerend wees.

Al op die twintigste lengtegraad, in 'n pylreguit lyn oor ontelbare duinrûe heen het die heining geleidelik 'n werklikheid begin word. Van die hoë rooi duine af in die omgewing van die rivier, noordwaarts tot waar hulle afplat en uiteindelik in 'n wye deining uitstrek, tot bo by Unie-end, loop die stewige heining vandag. Dit was inderdaad 'n groot sprong vorentoe.

Hier was natuurlik nie sprake van terugdryf van wild nie. Die plaaseienaars kon met reg aanspraak maak op die wild wat op hulle plase geloop het. Maar aangesien Joep ook aan die suidwestekant jurisdiksie gehad het om op te tree, was dit moontlik om seker te maak dat geeneen met alte groot ywer "anderkant die draad loop wei nie". Weliswaar hét dit gebeur – maar sulke gevalle kon gehanteer word.

In 1958 het die veldwagterspos te Mata Mata vakant geraak. 'n Geskikte opvolger moes gevind word, en gou ook, want die pos was van groot strategiese belang.

Op 'n dag het Stoffel, wat nog besig was met sy studies aan die universiteit, by Tweerivieren aangekom. Hy het gehoor van die vakature en nou was die lokstem van die Kalahari te groot. Het hy dan nie daardie wêreld sedert sy kinderdae begin indrink sodat dit byna deel van homself geword het nie? Stoffel het reeds gaan "gesels" en die Direkteur het geweet met welke soort materiaal hy te doen gehad het.

Joep was effens skepties oor die feit dat Stoffel op so 'n jeugdige ouderdom met die probleme en verantwoordelikhede van die pos belas word. Cillie sou graag wou sien dat hy verder studeer, maar eintlik was hulle trots dat die seun 'n man geword het. Hoewel hulle dit nie hardop gesê het nie, was hulle diep verheug dat hy die groot liefde vir hierdie Dorsland geërf het. Die tradisie sou bly voortleef – die harde, die ondankbare en die heerlike taak sou van pa tot seun oorgedra word.

"… en dat wij aan onse kinderen zullen seggen…"

As 'n pa 'n moeilike, 'n gevaarlike, 'n verantwoordelike taak aan iemand moes opdra, wie was beter toegerus as sy eie seun? Oor een ding was daar geen twyfel nie: Stoffel was reeds 'n man. Verby was die dae toe hy as klein knapie na 'n verafgeleë kosskool toe moes gaan en voor die motor bly sit en huil het dat hulle nie moes ry nie. Daardie dae was verby, maar dit het hom geskool in die weë van die Dorsland en toegerus vir die taak wat nou op hom gewag het.

Stoffel het sy aanstelling as veldwagter gekry, die pos waaroor hy loop en droom het toe 'n kettie nog sy grofgeskut was.

Voorlopig sou hy met 'n afgeleefde ou Land Rover as voertuig moes klaarkom. Met groot ywer en omsigtigheid het hy en Joep die hele eerste dag daaraan gewerk om dit darem in 'n rybare toestand te kry. Teen sononder was hulle klaar behalwe dat die een koplamp nog nie wou brand nie. Toe Stoffel nietemin te kenne gee dat hy sommer dadelik wou ry, het Joep sy bedenkings gehad.

"Wag liewer tot môre. Oor 'n halfuur is dit donker en jy ken die Ouob se gemsbokke. In die aand probeer hulle altyd om voor 'n motor se ligte oor die pad te kom. En die Land Rover het juis net een lig."

Maar hiervan wou Stoffel nie hoor nie. "Maar Pa, ek ken mos die Ouob se wild. Ek sal versigtig ry – asseblief, Pa?"

Joep het teruggedink aan die dik stroom pioniersbloed wat sonder sy keuse in Stoffel se are vloei, aan 'n eie avontuurlike jeug ... en hom laat gaan.

Oor veertig van die 120 kilometer het dit goed gegaan. En toe: Waar sou die dekselse gemsbok so vinnig vandaan gekom het? Daar staan hy en sy eerste konstabel nou, hulpeloos, met stukkende ligte en die water stroom uit 'n losgerukte verkoeler. Dis nag en hulle is nog nie eens halfpad nie.

Vroegoggend het Joep hom per radio probeer bereik, maar toe hy geen antwoord kry nie, het hy geweet.

"Ek ry Mata Mata toe, Cillie. Stoffel het teëspoed gehad laasnag."

By die ongelukstoneel het Joep stilgehou en afgeklim. In stede van die gewone hartlikheid was daar 'n koel windjie in sy oggendgroet. Terwyl hy sy kakiebroek so skeef-skeef optrek met die een hand, het hy 'n boog om die Land Rover geloop om die skade te bepaal – en dié was aansienlik. Behalwe vir die groet het hy nog nie 'n enkele woord gesê nie. Ook geen vrae gevra nie. Hy sien mos wat gebeur het. Stoffel het op 'n eerbiedige afstand agter hom aangestap, altyd so twee passe agter sy pa.

Uiteindelik is Joep se ondersoek afgehandel. Nou eers het hy hom tot Stoffel gewend, trompop soos sy manier is: "Ja, jong, jy maak darem 'n goeie begin!"

Daarmee was sy skrobbering verby. Tog verseker Stoffel my dat van al die woorde wat hy ooit uit Joep se mond gehoor het, hierdie paar hom die seerste gemaak het.

Sulke teëspoedige dae gaan ook verby en baie gou was Stoffel gevestig en het hy hom met 'n ywer en toewyding in sy werk gewerp soos alleenlik iemand kan doen wat 'n liefdestaak verrig.

Waar nodig, het hulle nou saam begin optree teen meedoënlose stropersbendes, saam leeus teruggejaag en saam die take op hulle skouers begin neem. En aan breë skouers het dit nie ontbreek nie. Kort hierna het hulle saam die mislukking by Swartpan beleef toe die perd onder hulle uitgehardloop het.

Weldra het wraakgieriges ook begin vertel dat Stoffel onwettig jag, dat hy 'n diamantmyn het en daar is in die algemeen met 'n verdagmakery begin. Maar hieraan was Joep al gewoond. Solank mens se eie gewete skoon is, kan hulle maar klets. In 'n mate maak dit wel seer totdat 'n kalmte van gees jou oortuig dat jy veel eerder 'n skop van 'n donkie as van 'n perd kry. Wat maak dit per slot van rekening saak? Die wild word tog vir liefhebbers bewaar, nie vir jaloerse wilddiewe nie.

In die vroeë sestigerjare is 'n ou wens vervul toe die stuk duinepad tussen Kamqua en Dikbaardskolk gemaak is. Nou het besoekers aan die Gemsbokpark die eerste keer die geleentheid gehad om ook te sien hoedat dit "uit in die duine" lyk. Vanselfsprekend was dit 'n enorme taak vanweë die los sandbodem en die ongewone duinop, duinaf, maar dit was baie nodig dat besoekers ook moes kennismaak met die middel-Kalahari. Watter ander effek die aanhoudende op en af op motoriste het – dit is niks minder nie as 'n gesofistikeerde vorm van die berugte "duinery" – laat ek aan hulle eie oordeel oor. Aan die spore geoordeel moet ek tog glo dat die besoekers nie baie geneig is om karsiek te word nie.

Die tydsberekening vir die opening kon nie beter gewees het nie, want dit het saamgeval met die jaar waarin die droogte van vier jaar gebreek is. Die duinepad het nou een van die verruklikste gesigte gebied waarvoor 'n reisiger maar kan vra. Grasgroen driedoring met spierwit blomme, tolronde besembos met hulle goudgeel blommemassas, die veelkleurige bont blommeprag van volstruiskos – en dit alles, altyd, geprojekteer teen die agtergrond van reeks op reeks rooiduine. 'n Kleurespel inderdaad wat die besoeker in stomme verwondering laat stilstaan. Ons het dan gehoor van 'n vaal Kalahari? As 'n toegif het die diereryk ook nog gesorg vir soorte wat mens heel selde hier aantref: vlakvarke wat wortels grawe, 'n hoep-hoep wat insekte soek, maar darem die trotse bekroonde hofie neerbuigend knik vir 'n verbygaande motoris.

Die vroeë sestigerjare was ook om ander redes besonder gedenkwaardig. Die toespan van die grens tussen die Gemsbokpark en die Miernedersetting het 'n werklikheid geword. Dit het die belofte ingehou van een van die mees positiewe stappe ter bewaring van die wild, en in besonder gemsbokke en leeus.

Die eerste keer sedert 1934 was sowel die Ouob- as die Nossobrivier weereens werklik in vloed. Anders as destyds was muskiete nie so 'n groot plaag nadat die riviere opgehou vloei het nie. Selfs die panne suid van die Gemsbokpark het, soos jare gelede tydens 'n kameelpatrollietjie, groot hoeveelhede water gehad.

Joep het ook goedkeuring gekry vir 'n aansienlike boorprogram, veral in die middelblok. Soos tevore, was die resultate dikwels teleurstellend: twee droë gate by Bayip, waarvan een nie minder as 400 voet (124 m) diep was nie. Ander weer het darem water gehad. 'n Ruskamp, halfpad op met die Nossob, was ook op die program, maar eers moes water gevind word. Uiteindelik het dit geblyk een van die moeilikste waterprobleme te wees waarmee Joep ooit te doene gekry het. Droë gate, soutgate, brakgate en een boorgat van 1200 voet (372 m) diep.

En toe breek 1963 aan en die tweede deel van Joep se stille wens word vervul. Elias het sy universiteitsopleiding voltooi en die nuutgeskepte veldwagterpos te Nossob gekry. Vooraf was hy op 'n vlugtige besoek aan die vasteland van Europa. ("Dit was aaklig – nat, koud, onvriendelik, oneetbare kos, genotlose vermaak, en in die algemeen anders as die Kalahari!") Nou het die veldpersoneel nog 'n paar breë skouers bygekry om die laste te help dra, 'n seun van die Kalahari en uit die Kalahari, wat daarvan oortuig is dat daar in die wye wêreld net één Kalahari is. Die wete dat sy liefde vir hierdie wêreld oorgeërf is deur albei sy seuns moes vir Joep een van die allergrootste onderskragings van sy loopbaan gewees het, al praat hy min hieroor. Nou het hy letterlik aan sy linker- en aan sy regterhand twee manne gehad by wie dit nie nodig was om ywer en entoesiasme aan te wakker nie – inteendeel, dit was menigmaal Joep se taak om bietjie daarvan te demp.

Die jaar 1963 het begin met nog 'n vloed van die twee riviere. Etlike weke lank was alle vervoer in die riverbedding aan bande gelê. En dit was presies die sielkundige oomblik waarvoor die eerste leeus gewag het om die nuwe heining deeglik te toets. Miskien is "gewag" nie die regte woord nie. Dit was waarskynlik toevallig, maar hulle tydsberekening kon skaars beter gewees het. Die veldpersoneel was min of meer vasgekeer deur die vloedwater.

Vroeg in Februarie kry Joep 'n brief van een van die Kleurlinge van die Miernedersetting – 'n brief met 'n ultimatum. Die leeus, so lui die brief, het deur die draad gebreek en drie beeste gevang. As daar nie dadelik opgetree word nie, sou die eienaars elders hulp gaan soek.

Die klag was redelik genoeg. Joep het nie verwag dat van die Kleurlingboere sulke skade moes ly en daarmee tevrede moes wees nie. Met 'n ompad kon hy wel die slagplek bereik, en hy het besluit om onverwyld te ry. Kort voordat hy vertrek kom daar ook nog 'n boodskap van die polisie – die saak is reeds by die kaptein aanhangig gemaak. Kan Joep nie asseblief optree nie?

By die slagplek aangekom, het Joep die verontwaardigde eienaar die versekering gegee dat hy hulle sover moontlik sou beskerm, maar hulle moes nie die heining as iets uit die bose beskou nie, maar as 'n hulpmiddel.

Ná hierdie samespreking is hulle na die plek waar die leeus met hulle buit gelê het. Dit was twee jong mannetjies. Die ander besonderhede van die berig was eweneens korrek: Daar lê die drie beeste wat hulle in hul oordadigheid platgetrek het.

Op grond van sy vroeëre welslae probeer Joep om die twee kwajongens terug te jaag, maar vanmôre is alles teen hom. Die twee bontpootjies verseg om te loop, neem dadelik 'n dreigende houding in en laat die eienaar telkens 'n stroom verwensings kwytraak.

"Daas hy! Daas hy! Kyk hoe opstroppelis is hulle! Vandag is dit beesvleis, maar môre wil hulle dalk mensevleis hê. Kyk hoe swaai daardie een juis sy stert. Miskien hét hy al mensevleis geproe. As hulle uitgelos worre, lek hulle dalk môre so aan een van ons ouens se kale beentjies!"

Of die beesboer se toekomsblik nou geregverdig is of nie, besluit Joep hy sal drasties moet optree. Buitendien het die twee rakkers darem mos nou alreeds te ver gegaan. Ai, maar dis net jammer, jammer. Sulke pronkdiere – en egte Kalahari-leeus.

Met die velle agter op die bakkie het Joep 'n uur later teruggery na Tweerivieren. Hoekom foeter juis die bestes altyd uit? Nou voel dit vir hom asof hy groter persoonlike skade gely het as die beesboer. Tog was daar geen ander keuse nie, mens moet die mense beskerm.

'n Dag ná hierdie petalje vertrek Joep met die nat rivierbedding op, gly-gly tot by Mata Mata en daarvandaan met die nuwe heining langs tot bo by Unie-end. Plek-plek is daar nog breekplekke, maar dis verbasend hoe gou die wild die versperring aanvaar het.

Intussen is daar ook begin met die oprigting van 'n heining noord van Unie-end, tussen Suidwes en Botswana. Al het die Gemsbokpark nie so 'n direkte belang hierby nie, help dit nogtans baie om mense wat deur hierdie gaping ontglip, voor te keer.

Op sy pad terug met die Nossob af, steeds gly-gly, en waar dit nog natter is, staan-staan, verbaas Joep hom hoe wonderbaarlik gou die veld herstel. En nie net herstel nie, maar selfs al in blom staan. Bo weelde van riviersuring in die bedding, ruie plate duwweltjies goudgeel in die blom, ry hy die oewerduine uit. Hy was egter nie bedag op wat op Melkvlei (of Kijkij) op hom gewag het nie – 'n trop van 250 elande. Wat 'n gesig. Wat 'n pragtige gesig. Die reusediere met die groot onskuldige oë en kinderlike gesigte, die weelderige keelvel wat soos 'n duursame serp na benede hang, die verskuilde grasie. Almal is daar byeen, kalwers, suigelinge, jong diere, koeie, regte ou bloubulle, en dan, waarskynlik die leier van die trop, 'n yslike ou stinkbul, sy horingpunte al afgedop van die grawe en die verdediging van sy eie.

Tuis het 'n dringende noodoproep van Stoffel op Joep gewag: Karel Malgas is deur 'n koperkapel gebyt en dit gaan sleg. Joep het dadelik die lang pad opnuut aangepak, maar hy was geensins vervaard nie. Sulke dinge gebeur maar in die veld en met die nodige behandeling kom dit weer reg. Hiervan was Karel Malgas twee dae later die sprekende bewys – 20 cc serum op die regte plek het hom weer op die been gehad.

Gedagtig aan die skade van die veeboer 'n paar dae vroeër, ry Joep vroeg in Maart op 'n uitgebreide patrollie in die nedersetting. Hy wou van sy kant alles moontlik doen om te verhinder dat die Kleurlinge verder skade ly en terselfdertyd wou hy die Gemsbokpark se leeus beveilig. Vanoggend ry Stoffel saam en daarom ry hulle met sy Chev-bakkie.

By Tonsip verneem Joep-hulle dat leeus in dié omgewing gewaar is. Gelukkig is daar nog nie weer klagtes oor verliese nie. Een van die jong Kleurlinge weet dan ook waar die spore lê en daar word onverwyld daarheen koers gekry. Hulle informant was reg ook, want byna presies volgens sy aanduidings vind hulle die spore – groot spore en klein spoortjies.

Voordat hulle verder ry, beduie Joep presies vir die Boesmans wat vanoggend met die aanjaery moet help, wat van hulle verwag word. Die enigste Baster in hulle geledere is die konstabel, Willem de Waal.

Voort op die spoor. En selfs spoorsny is vanoggend 'n heel eenvoudige taak, want die vyf rye spore en spoortjies kan meters vooruit gesien word in die sagte klam bodem.

Skaars het die geselskap 'n tweede duin gekruis, of daar lê hulle. Twee groot wyfies en drie jong mannetjies. Soos in vorige gevalle, is die wyfies geensins gediend met 'n aanjaery nie, maar met moeite en geduld slaag Joep en Stoffel weldra tog daarin om hulle die neus in die regte rigting te laat draai. 'n Paar kwaai gromme, 'n skynstormloop tot vlakvoor die bakkie, terwyl die Boesmans agterop hulle op geheimsinnige wyse tot 'n nietigheid laat krimp, en daar gaan die wyfies darem weer. Omkyk-omkyk die straat af. Solank hulle maar so min of meer die regte koers bly hou, al moet 'n mens dan ook 'n oneindige reeks draaitjies ry.

Periodiek word hulle 'n ruskans gegun, want die ondervinding het nou reeds geleer dat 'n moeë leeu vir alle praktiese doeleindes onbeheerbaar word.

Dit was tydens een van hierdie rusperiodes dat Joephulle by 'n Kleurlinghuisie vlak langs hulle weg verneem dat daar in die trop ook nog een jong leeu was – gisteraand nog. Sou hulle dié dan nou misgery het?

In werklikheid was hulle, soos die kraai vlieg, nou nog maar drie kilometer van waar hulle die aanjaery begin het, terwyl die Wildtuingrens nog maar sowat een kilometer ver was. Hulle sou dus, terwyl die trop 'n deeglike rus gegun word, gou gaan soek na die "verlore skaap".

Weereens was die inligting presies reg, want net 'n duin of twee van waar hulle die oorspronklike dryftog begin het, lê die jong mannetjie hulle en inwag. Eintlik is dit bietjie vleiend om na hom te verwys as 'n jong mannetjie, want hoewel hy heelwat groter as die drietal by die trop was, was hy beslis nog nie twee jaar oud nie. Vir sy jonkheid het hy egter in ruime mate vergoed deur sy moed en durf. Dit was nou 'n egte Kalaharileeu.

Miskien het Joep hom effens onderskat toe hy die Boesmans opdrag gee om hom met streepsakke vas te druk en op die bakkie te laai. Dit was verskoonbaar. Hy was mos sommer nog 'n snuiter. Enkele minute later egter moes die leeutjie se agtervolgers hulle oordeel in hersiening neem toe hy van onder die vaalkameel waar hulle hom omsingel het, met 'n woeste volbloedstormloop uitbars. Sy brulle en flitsende geel oë het nou geen twyfel gelaat nie: Dit was 'n jong leeu hierdie en geen welpie nie. Die Boesmans spat uiteen soos 'n swerm Namakwapatryse wanneer 'n blouvalk onder hulle induik, en laat saai oor die sand. En jou waarlik, selfs Joep en Stoffel gee vinnig 'n paar passe agteruit na die veiligheid van die bakkie.

Maar nie vir lank nie.

"Gee vir ons elkeen 'n graaf en 'n streepsak aan!" beveel Joep, en daarmee gewapen, begin hy en Stoffel stadig en doelgerig op die jong leeu afstap, net soos die Vikings van ouds word die graaf soos 'n strydbyl skuins na vore gehou en die streepsak soos 'n mantel oor die linkerskouer. Nou staan die Boesmans die drama met ingehoue asem en afwag. Vandag gaan hulle iets sien wat tot in lengte van dae by die vleispotte in herinnering geroep kan word. Bo van die bakkie af mompel Willem de Waal onrustig: "Meneer Joep soek mos nou vir sonne!"

Maar Joep is vies omdat die snuiter hulle so koudgesit het. Laat hy dit weer probeer.

"Hau!" sê die jong mannetjie kwaadaardig en hier kom hy sommer ook al. Hy het mos een maal sukses behaal met sy parmantigheid. Oë blits en tande skitter soos hy stormloop. Joep en Stoffel was reg vir hom en doodstil staan hulle hom en inwag. Toe hy vlak voor hulle vir 'n oomblik huiwer, mik Joep na die flank met die graaf, vang die kap van die voorpoot wat hy wou uitlok halfpad in die lug en smyt die snuiter dat hy witpens bo-op die rooisand val. Die volgende oomblik is Stoffel bo-op hom, die streepsak beskermend voor hom om die geniepsige naels af te weer en sy kop plat op die sand vas te druk.

Verstom staan die Boesmans die skouspel en aangaap, die hande halfpad na die gesig vasgevries by die aanskoue van die onverwagte dramatiese wending. Willem kry eerste sy stem terug en asof hy nooit self geskrik het nie, klink sy verontwaardigde skerp bevel van bo af:

"Help vir Stoffel, julle! Wat staan julle so troei! Komaan, gryp die sakke!"

Stewig met sakke agter die pote vasgevat en met sy kop toegedraai in 'n ander sak is die jong held weggevoer. Maar sy trots was in geen mate afgetakel nie. Trouens, as hy nie so 'n heldhaftige stormloop uitgevoer het nie, sou hulle hom definitief nooit in die hande gekry het nie.

'n Uur later is hy by die ander troppie afgelaai, en net om te wys dat hy baie ver van oorgawe af was, het hy dadelik weer sy gevangenemers stormgeloop. Sy aanvalle is egter nie meer met dieselfde erns bejeën nie. Tog het dit byna 'n katastrofe veroorsaak, want die woede het nou een van die groot wyfies so aangevuur dat sy onverwags wegspring op 'n volbloed stormloop. Gelukkig was almal al op die bakkie en gelukkig het die enjin al gevat sodat Joep vinnig kon wegtrek. Maar selfs dit was nie genoeg nie.

Twee sekondes later het sy met ongelooflike, lang vloeiende sprange die bakkie van agter ingeloop en was sy juis besig om te probeer opklim toe een van die Boesmans in die uur van nood genoeg wysheid geopenbaar het om die streepsak in haar gesig te gooi. Haar sprong die lug in toe sy die sak vasgryp en haar woedebui daarna toe sy die steepsak op die sand vasdruk en binne twee sekondes in repe skeur, het die Boesmans hulle pasverkreë selfvertroue net so gou weer ontneem.

Dit het Joep uiteindelik 'n paar skote oor haar kop gekos om die wyfie tot bedaring te bring. Tog kon hy, met die skemer wat reeds oor die landskap daal, met genoegdoening aanskou hoe die trop die wildtuingrens bereik en dit oorsteek. Ses van sy mooi leeus was gered en onder hulle 'n brutale klein niksnuts van 'n penkop, so na sy hart.

Die volgende dag het Joep-hulle weereens gaan kyk of die leeus nie omgedraai het nie, maar hulle spore het dieper en dieper die wildtuin ingelei en hy kon met 'n geruste hart terugkeer.

Onderweg het hy opgemerk hoeveel gemsbokke en springbokke daar deur die heining buite gehou is. Dit was egter nog te warm om hulle terug te dryf en dus sou hy hulle maar so 'n tydjie aan die genade moes oorlaat en hoop dat hulle nie die stropers te gou ten prooi val nie. En dan natuurlik, moes hy ook wag vir 'n noordewind. Die Kalahari se wild laat hulle eenvoudig nie windaf aanjaag nie.

Intussen het die Afdelingsraad se inspekteur opgedaag om die duinepad in die omgewing van Moravet af te pen en moes Joep hom eers help soek na die "maklikste roete". Dit is maar 'n relatiewe term, want in die "deurmekaar rooiwitrugduine" vind selfs 'n voetganger kwalik 'n maklike pad.

Met sy terugkoms het daar weer 'n boodskap uit Mata Mata op hom gewag. Nie minder nie as twaalf leeus het deurgebreek na Suidwes en reeds 'n agt stuks beeste op die plaas van meneer Dirk Kotzé gevang. Laasgenoemde het een wyfie doodgeskiet, maar gelukkig was hy nie wraaksugtig van geaardheid nie en het hy geredelik ingestem dat die leeus teruggedryf word. Hy het selfs hulp aangebied.

Ten spyte daarvan dat ook hierdie trop uiters traag was om aangejaag te word, en baie brutaal daarby, is al elf tog veilig tot diep in die Ouob teruggejaag.

Die vroeë herfsdae van April het aangebreek en die broeiende warm somerweer het geleidelik begin plek maak vir die aangename wisselseisoen. Ná 'n goeie reënjaar, moet die herfs en lente in die Kalahari ongetwyfeld beskou word as van die aangenaamste seisoene. Die intense somerhitte is net nog 'n herinnering en die ysige koue van die winter nog maar 'n voorspooksel. Die dae is sonnig en warm, die nagte is helder en kraakvars en meteens is die beskeie plantegroei van duin en straat beklee met 'n ongelooflike rykdom en luister. Vir diegene wat die moeite wil doen om 'n hoë duin uit te klim, wag daar 'n kleurespel wat die hartklop onwillekeurig laat versnel.

Van Kafirspan, waar die opening in die omheining aangebring is, weswaarts in die rigting van Sitzas, en noordwaarts tot teen die Ouob, gaan 'n mens deur 'n gebied van hoë rooi duine. Dit op sigself is al genoeg om gaande oor te raak. Wanneer dit egter getooi is in die ryke herfskleure van goudverkleurde besembos teen die rooisand, bloubos en vaalkameel, lowergroen noeniebos met witgevlekte stamme, rykbruin peule aan elke klein gevurkte takkie van die driedorings onder in die straat, duinriet teen 'n hemelsblou luglyn, wolkeflarde wat langsaam oorheensweef, suiwer wit en rein – sê net saggies: "Dankie, dankie dat die Goeie Gewer so vrygewig was om hierdie stuk Kalahariwêreld binne die grense van ons Vaderland te plaas."

En nou was dit die aangewese tyd om te begin met die grootskaalse terugdryf van wild uit die gebied wat deur die omheining afgesny is. Angsvallig het Joep nou reeds vir weke lank op die koms van koeler weer gewag. Solank die wild in die gebied suid van die draad was, kon hulle elke dag gejag word. Goedkeuring is van die betrokke owerhede verkry vir die maak van 'n breë opening in die omheining en alles was gereed vir die dag van aksie.

Vir dié doel het sowel Stoffel as Elias na Tweerivieren gekom en net die teken moes nog gegee word om een van die grootste wildherwinningsprojekte wat die wêreld nog aanskou het, aan te pak. Dit tref 'n mens hoedat so 'n enorme projek, ongetwyfeld enig in sy soort in die wêreld, sonder trompetgeskal begin is. Byna asof dit sommer iets alledaags is, het 'n klein groepie op 8 April 1963 'n begin daarmee gemaak. 'n Mens wonder onwillekeurig hoeveel aangeplakte reklame so 'n onderneming elders in die wêreld sou geniet het. Is ons nie moontlik bietjie oorbeskeie ten opsigte van groot – byna unieke – prestasies nie?

Vroegoggend is die twee bakkies uit die Nossob, al met die draadheining langs in die rigting van die opening. Hoewel Joep dit reeds vermoed het, was hy nogtans verbaas om te sien hoeveel wild daar werklik buite die heining aangetref is.

Nou moet daar met oorleg te werk gegaan word om die gemsbokke versigtig in troppe bymekaar te maak en aan te dryf in die rigting van Lekkerdraai (heel paslik) en dan na die opening. Die veld is egter geweldig swaar ná die reën, sodat die twee bakkies baie swaar trek. As gevolg hiervan is die brandstofverbruik hoog en word die bakkies besonder gou oorverhit. Daarbenewens moet hulle uit die aard van die saak baie stadig ry wanneer hulle 'n troppie versigtig op koers het, en vinnig versnel wanneer die bokke na een van die flanke uitbars. Hiermee is die Boesmans vanoggend tot groot hulp, want die gevaar is byna minimaal. Ook met die rondhardlopery is hulle tot veel nut.

Die gemsbokke is weerbarstig en agterdogtig en die taak vereis eindelose geduld en moeite. As een bul eers in 'n rigting koers kry, "pfrrrr" deur die neusgate blaas en sy kop laat sak, moet 'n man jou riete roer om te voorkom dat die hele trop nie agterna bars nie.

Keer op die flanke en dryf aan van agter. Hier mag geen verlore bok aan sy lot oorgelaat word nie, want alte maklik volg die ander hom by die geringste swakplek in die omsingeling uit. In die proses word waarskynlik tien kilometer rondgery vir elke kilometer wat hulle nader aan die opening kom. Ook nie lank nie of die eerste bakkie begin al stoompluimpies wys. Vooruit beur die gemsbokke, sydelings en agteruit en dis 'n genade dat hulle nie vlerke het nie, anders het hulle bepaald boontoe ook probeer ontsnap. En tog, geleidelik vorder Joep-hulle in die rigting van Kafirspan.

By die pan word die kokende voertuie eers 'n kansie gegee om af te koel, die gemsbokke om 'n wyle te rus en die mense om weer tot verhaal te kom.

Teen die aandure bereik die aanjaers die opening waar hulle oornag. Vannag kan hier nie geslaap word nie, want nou moet daar ook sorgvuldig gewaak word dat die gemsbokke nie deur die kordon breek en die dag se werk ongedaan maak nie.

Voordag die volgende oggend word die aanjaery hervat en na twee geslaagde pogings is nie minder nie as 300 gemsbokke veilig in die wildtuin.

Terwyl kamp opgeslaan word vir die tweede nag, begin die blitse alweer in die noorde speel en nie lank nie of die eerste druppels val. Voorlopig is die aanjaery verby. As dit reën is daar geen sprake van verdere optrede die volgende twee dae nie. Net betyds is die opening toegemaak en kon die operasie tydelik opgeskort word.

Gedurende die nag het altesaam 14 mm reën uitgesak – en dit in April. Joep het reg geoordeel. Vanjaar sal daar geen probleme met winterveld wees nie – selfs die nxabbas behoort teen Meimaand te begin "lag". (Dit groei natuurlik nie bo-op die grond nie – dis 'n fungus – en kan alleen bespeur word wanneer die grond bo die "aartappeltjies" begin bars.)

Ander verpligtings het Joep en sy span lank vertraag en dit was nie voor die begin van Mei dat hulle die terugdryf van wild op 'n groot skaal kon voortsit nie. Die klem val hierdie keer op die grootwild en derhalwe neem hulle hierdie keer drie voertuie en elke beskikbare man saam.

Van vroeg die oggend af begin die operasie, byna presies soos die vorige keer, met net die verskil dat een ekstra voertuig die sukses meer as verdubbel. Al met die grensdraad af gaan dit in die rigting van Kafirspan en teen vieruur jaag hulle die eerste groot trop in – hierdie keer 350 stuks, en dit met net een enkele dag se moeitevolle arbeid. Die totaal staan nou al 'n rapsie oor die 750. Voorwaar iets om op trots te wees.

Dit is te laat om nog 'n tweede dryftog vir die dag te begin. Almal is ook reeds doodmoeg en hoewel die son nog hoog sit, besluit Joep dat hulle maar vir die dag kan uitspan. Spoedig rook die kampvure by Gammspannen se hoekbaken en word 'n begin gemaak met die voorbereidings vir die nag. By die bruin mense se vuur klink dit aanstons soos 'n swerm bye in 'n kalbas soos elke gebeurtenis van die dag tot vervelens toe herhaal en oorvertel word. Hulle klap mekaar speels op die rug, lag lank en luid vir klein skandetjies tydens die dryftog en wek algemeen die indruk van 'n groep skoolkinders op pad na 'n piekniek – uitgelate en vry.

Gedurende die nag val daar weer so 'n katspoegie van 'n buitjie, maar desnieteenstaande besluit Joep om nie die aanjaery af te las nie. Nou moes dit doodeenvoudig deurgevoer word.

Teen die middag het hulle reeds weer 'n mooi groot trop byeen en hulle was juis besig om die gemsbokke in die rigting van die opening aan te dryf toe hulle iets heel ongewoons bemerk. Van onder 'n vaalkameelboompie, nie verder as veertig meter van die draad nie, spring 'n jong leeumannetjie meteens op en laat spat met gemaklike hale in hulle rigting. Aanvanklik dag Joep-hulle dat hy vir die trop en die bakkies geskrik het en ook op die vlug slaan. Selfs as hy skuins in die rigting van die draad laat spaander, merk niemand nog onraad nie. Hy wil beslis wegkom. Spoedig is dit egter duidelik dat hierdie leeu nie besig is om te vlug nie, hy storm. Met donsmaanhare wat wapper in die wind kom hy oop-en-toe aangehardloop in 'n volbloed stormloop. Sekondes later kan selfs sy buikgromme gehoor word. Die geel oë wat skitter en lewe laat ook geen twyfel nie, en nog minder sy halfoop bek en vuurrooi tong. Hy is besig met 'n brutale, lang stormloop. Vlak voor Joep se bakkie, tot die ontsetting van sy passasiers, loop hy die jong gemsbokbul aan die flank dat hy rondomtol in sy val. Die volgende oomblik is Joep met die bakkie langs hom en terwyl die Boesmanpassasiers skree en gil, slaan Joep hom in die verbygaan met die hoed deur die gesig. Tevergeefs. Hy het sy gemsbok. Nog 'n keer storm die bakkie op hom af, weer raas en skree dit, maar nou het hy die gemsbok reeds plat en is hy besig om die doodsgreep te verstewig. Te laat – al was hulle ook dadelik by. Maar stel jou voor, soveel vermetelheid. Daar lê hy nou rustig langs sy vangs asof hulle dit spesiaal vir hom aangejaag het.

Met alle aandag toegespits op die onverwagte stormloop, het die wilde paniek van die kudde onopgemerk verbygegaan. Met die besef dat alles verby was vir die jong bul, draai alle oë nou outomaties na waar die res van die trop in 'n ordelose angsvlug teen die duin uitbeur. So 'n dekselse saboteur! Daar gaan die hele oggend se werk nou in een wilde onbeheersde stormloop in 'n poging om die afstand tussen hulle en die leeu so gou as moontlik so groot as moontlik te kry.

Die leeu begin met groot smaak en toewyding aan sy buit lek en skeur, nie in die minste geïnteresseerd in die chaos wat hy veroorsaak het nie.

Uiteindelik is die groot trop weer bymekaar en op pad in die rigting van die opening. Net toe dit wou voorkom asof hulle hierdie keer die grootste enkele trop van nie minder as 500 nie gaan deurjaag – sak 'n skielike donderbui uit wat die aanjaery so ontwrig dat net 100 deurgaan. Hierdie keer is dit ook nie sommer net 'n buitjie nie en ten einde raad moet die program vir die dag afgelas word.

Die boordery, die vervoer van wild na Golden Gate en die besoek van belangrike gaste het meegebring dat 'n aansienlike tyd verloop het voordat daar weer met die terugdryf voortgegaan kon word. Alles was egter maar deel van die werk, selfs die besoek van die belangrike gaste. En Joep het ook die gawe besit om met die grootste gemak met dié hooggeplaastes om te gaan.

Vroeg in Junie is die terugdryf hervat. Hierdie keer het oom Willie Jacobs ook daaraan deelgeneem. Binne twee dae is onderskeidelik 230 en 180 gemsbokke deurgejaag. Die volgende dag het 'n suidewind begin waai en die aanjaery in die wiele gery – die wild wou eenvoudig net nie teen die wind af trek nie. Nogtans is uiteindelik daarin geslaag om nog 300 terug te dryf, wat die groot totaal op bykans 1400 te staan gebring het.

Telkens moes die opening na die deurtog sorgvuldig toegespan word, om te voorkom dat die gemsbokke weer teruggaan en telkens moes dit weer oopgemaak word voordat opnuut met die aanjaery begin is. Intussen was daar ook nog stropery, kampwerk en 'n duisternis ander verpligtings.

So gou moontlik is die projek weer aangepak en in een

week is nog 300 gemsbokke, 5 volstruise, 'n eland en 4 leeus teruggedryf.

Kleiner troppe is later teruggedryf en met gereelde tussenpose ook leeus en ander boksoorte, maar die groot dryftog was voorlopig verby. In een geval was Joep verplig om 'n leeu te skiet en moes hy tot sy verbasing die volgende oggend vind dat die leeu se maat die hele nag by die dooie wag gehou en byna onophoudelik gebrul het.

Ook in die toekoms sou daar nog van tyd tot tyd op kleiner skaal groepies wild teruggedryf moes word, maar hierdie groot prestasie van Joep en sy twee kollega-seuns op 'n tydstip toe Joep ook al begin oud word het, sal ongeëwenaard bly. Al sou niemand dit kon raai aan sy flinke, soepele uiterlike nie, het die aftreeouderdom langsaam 'n werklikheid begin word. Hierdie grootste wildherwinningspoging sal egter onthou word – selfs wanneer hy self net 'n herinnering is.

Vreemde gebeurtenisse, skerp teenstellings, die herhaling van ou stereotipe patrone – dit alles is nog steeds maar deel van die lewe in die Kalahari, en sal dit bly.

Soms was dit komies. Soos die dag toe Joep weer gaan leeus terugdryf het wat die grensdraad oorgesteek en hulle aan die verkeerde kant gaan help het. Dit sou nog meermale gebeur. Op die besondere dag egter, wou Willem de Waal darem graag aan Joep wys hoe kordaat hy al met die leeus geword het. Die troppie het bestaan uit vier jong leeus, egte bontpootjies wat in hulle jeugdige voortvarendheid iets anders as die gewone dis gaan soek het. Aanvanklik het die aanjaery redelik goed verloop, dit wil sê, die aanjaers het darem so min of meer in die rigting van die wildtuinomheining gevorder. Die leeus was op hulle beurt reg van die begin af besonder brutaal.

Ongelukkig vir konstabel Willem de Waal was daar nou die voorbeeld van die leeutjie wat met die graaf omgedop en opgelaai is – iets wat geroep het om 'n teenprestasie. Die verskil is dat hierdie vier leeus minstens 'n jaar ouer as die besondere een was en 'n jaar maak die verskil tussen 'n leeu en 'n leeutjie.

Toe een van die wyfies ná 'n uur se aanjaag heeltemal steeks word en eenvoudig verseg om verder te loop, het Willem besluit dat dit nou die aangewese tyd is om sy slag te wys, al was dit dan sonder 'n graaf. Sonder enige kommentaar het hy agter van die bakkie afgespring, 'n stewige kort stompie opgetel en dit met 'n goedgemikte gooi in die rigting van die wyfie geslinger. Die stok het deur die lug gewoer-woer in die rigting van die knorrige wyfie en dit was, helaas, goed gemik. Die oomblik toe dit die leeu tref, het die stok haar soos 'n towerstaf van 'n steekse jong wyfie in 'n woedende ondier verander. Bo van die bakkie af het Damap nog gegil: "Pasop, die leeu bestorm op jou!"

Selfs dit sou nie gehelp het nie as Willem se reflekse nie so vinnig was nie, of as Joep nie dadelik besef het dat dinge skeefloop nie. In die haas van die oomblik was daar geen ander genade nie. Hy het die deur aan die bestuurderskant oopgehou om die vlugtende konstabel te ontvang. Anderkant om sou Willem dit nooit gemaak het nie al was hy maar sowat vyf meter voor die bakkie se regtermodderskerm.

In die nood van die oomblik het Willem die afstand in hoogstens een sekonde afgevlieg, opgemerk dat die naaste deur oopgaan en hom opgeraap vir 'n sprong oor die laaste twee meter. Dit het meegebring dat hy "blaps!" op Joep se skoot beland het, terwyl hy in sy angs (of verligting) Joep stewig met albei arms om die nek gegryp het. (Of bantam-om-die-nek, soos die Basters dit noem.)

Dit sal lank duur voordat Willem die einde van die storie en die gespot van sy bruin kollegas hoor. Nou ná vier jaar vertel hulle dit nog in die helderste kleure en met ewe veel genot oor. Willem wag maar sy dag af – die leeus het nog nie afgesien van hulle gewoonte nie.

Soms het daar skandalige dinge gebeur. Soos die keer toe 'n groep mense met aweregse motiewe 'n petisie aan die Raad gestuur het wat onder meer daarop bereken was om Joep se onkreukbare integriteit onder verdenking te plaas. Soos dit hoort is die saak deeglik ondersoek en het elke stelling punt vir punt onder die vergrootglas gekom. Dis genoeg om te noem dat daar geen gronde in enige van die aantygings was nie. Dit is maar 'n ou-ou waarheid dat mense wat dissipline moet uitoefen, nie 'n maklike taak het nie. Die vraag in watter mate die motief blote weerwraak was, is ook nie hier ter sake nie.

Soms was dit vreemd. Soos in 1964 toe die Kalahari ná 'n jaar van intense hitte, een van die koudste winters in menseheugenis beleef het. Nie alleen het temperatuur gedaal tot –9.3° C (op 4 Junie 1964) nie, maar die eerste keer sedert die stigting van die park het daar selfs sneeu geval. Sneeu in die Kalahari! Omgekeerde wêreld! Wat sou dit nog kon voorttower benewens hitte wat voëls in koelte doodbrand en sneeu? Benewens droogte en oorstromings? Benewens oorvloed en gebrek? Benewens kraakvars gesonde lug en koors?

Soms was dit teleurstellend. Soos die byna radelose gesoek na goeie water vir die beoogde Nossobruskamp. Veral gedurende 1964, toe almal wat daarby betrokke was gretig uitgesien het dat 'n aanvang met die bouwerk gemaak moes word en die een teleurstellende boorgat na die ander gesink is. Soms is daar geweldig diep afgegaan net om uiteindelik water te kry (nogal sterk) wat so vol minerale en soute was dat 'n elandbul wat daaraan gesuip het, daarvan gevrek het.

Op ander plekke is die geskikste en aantreklikste bouterreine gevind, soos op Ellieskolk, maar hier kon eenvoudig niks gedoen word nie by gebrek aan water. Gelukkig is die probleem uiteindelik, hoewel net gedeeltelik, opgelos en kon die ruskamp opgerig word.

Soms was dit byna katastrofies. Dit het in elk geval aan 'n ramp gegrens toe daar gedurende die periode April 1963 tot Maart 1964 nie minder nie as 150 leeus wat die grensdraad na Suidwes oorgesteek het, doodgeskiet is. So iets was genoeg om iemand met minder deursettingsvermoë as Joep met lamheid te slaan. Ná al die moeitevolle dryftogte, ná al die gevare, nadat hy bereid was om groot persoonlike skade te ly om een rowerleeu se lewe te spaar. Maar Joep kan nooit negatief wees in sy optrede nie, derhalwe het hy voortgegaan om met dieselfde ywer en toewyding sy leeus te gaan terughaal as hulle weggedwaal het. En hy het nog altyd dieselfde vreugde daaruit geput.

Soms was dit misdadig. Soos die sabotering van windpompe in die rivierbeddings deur klippe in die gate af te gooi; deur onderdele los te skroef en te verwyder. Ook soos die breek van sy radiostel. Hoe ver is vyande van die Gemsbokpark bereid om dit te voer? Maar meer nog, wat wil hulle eintlik bereik met so 'n sinnelose wraak?

Soms was dit geleentheid vir groot vreugde. Soos die huwelike van Stoffel en Elias. Sê die ou gesegde dan nie dat die Kalahari 'n Afrikanerbees se hemel en 'n vrou se hel is nie? En hier het elkeen 'n vrou geneem wat deur die loop van jare hulle met dieselfde toewyding en ywer en amperse jaloerse liefde vir die Kalahari in hulle taak sou werp. Dit was amper te veel om voor te hoop. Tog is dit so en groei die liefde steeds. En 'n paar jaar later maak die eerstes van 'n nuwe geslag wat hier sal opgroei hulle verskyning. "... en dat wij aan onze kinderen..."

Soms was dit 'n skade, al het dit onwillekeurig 'n glimlag ontlok. Soos die keer toe iemand van die ou kamele gesteel en een geslag het. Wat sou ou Gert hiervan sê dat iemand willens en wetens die stinkende ou kameeltjies met moeite in die nag kan kom steel en dan nog een opeet. Uit die Kalahari kom altyd iets nuuts hoe onverklaarbaar dit ook mag wees.

Soms was dit die ontvangs van hooggeplaastes. Soos in 1966 toe die Staatspresident die Kalahari besoek het, en met sy verkwiklike sin vir humor 'n foto van homself saam met een van die ou Boesmans laat neem het. Dit was ietwat van 'n skerp teenstelling in baie opsigte, maar ook in lengte.

Soms was dit 'n toets. Soos die warm somersdag toe Joep en Elias ná 'n patrollie op leeuspore die ongeluk gehad het om 'n verkoeler te breek. 'n Staptog van vyf-en-dertig kilometer was hulle voorland. Joep moes beslis gedink het aan twee vorige moeilike marse en ewe lakonies skryf hy in sy dagboek. "Dit was 'n proef, sodat ek kon sien of ek darem nog kan uithou." Hy het uitgehou. Trouens, daar was weinig toetse wat hy nie geslaag het nie. Ook die toets van of hy 'n man is – soos die park eens nodig had.

Eintlik was hierdie laaste gebeurtenis meer as 'n blote toets. Dit was ook in sy wese simbolies. Simbolies van die lang harde weg wat Joep moes bewandel oor 'n tydperk van ses-en-dertig jaar en van 'n uiteindelike geslaagde voltooiing van die taak. Simbolies ook van hoedat hy in die laaste jare letterlik sy aan sy met die twee seuns sou wandel en hulle algaande in die weë van hierdie dierbare Dorsland sou skool. Want weldra sou hulle op eie bene moes staan en sou alleen die lesse wat hulle van hom geleer het, hulle rigsnoer vir die toekoms wees.

"… en dat wij aan onze kinderen zullen seggen…" Dit was 'n erfenis. So was ook sy voorbeeld 'n erfenis. En sy lewenstaak – ook dié is 'n erfenis.

Nie net vir enkelinge nie.

Vir die hele nasie.

Gee my só 'n man!

## Metriseringstabel

1 voet = 0,3048 meter
1 duim = 2,54 sentimeter
1 gelling = 4,546 liter
1 myl = 1,609 kilometer
1 tree = 0,914 meter
1 vierkante myl = 2,59 vierkante kilometer
1 vierkante voet = 0,093 vierkante meter
1 morg = 2,116 akker = 0,856 hektaar

## Veranderde plekname

| Vroeër | Tans |
|---|---|
| Suidwes-Afrika | Namibië |
| Unie van Suid-Afrika | Republiek van Suid-Afrika |
| Rhodesië | Zimbabwe |
| Transvaal | Gauteng, Limpopo, Mpumalanga en dele van Noordwes |
| Oranje-Vrystaat | Vrystaat |
| Kalahari-gemsbokpark | Kgalagadi-oorgrenspark |